Kinder fordern uns heraus
Ratgeber für die Familie bei Klett-Cotta

Gertraud Finger

Brauchen Kinder Ängste?

Wie Kinder an ihren Ängsten wachsen

KLETT-COTTA

Klett-Cotta
© J. G. Cotta'sche Buchhandlung Nachfolger GmbH, gegr. 1659,
Stuttgart 2004
Alle Rechte vorbehalten
Fotomechanische Wiedergabe nur mit Genehmigung
des Verlags
Printed in Germany
Umschlag: Finken & Bumiller, Stuttgart
unter Verwendung einer Zeichnung von Sonja Füsti
Gesetzt in der 9,5 Punkt Melior von Dörlemann Satz, Lemförde
Auf säure- und holzfreiem Werkdruckpapier gedruckt
und gebunden von Clausen & Bosse, Leck
ISBN 3-608-94101-0

Bibliographische Information Der Deutschen Bibliothek
Die Deutsche Bibliothek verzeichnet diese Publikation in der
Deutschen Nationalbibliographie; detaillierte bibliographische
Daten sind im Internet über <http://dnb.ddb.de> abrufbar.

Inhaltsverzeichnis

Über dieses Buch 9

Ängste ändern sich im Laufe des Lebens 13
Säuglinge und Kleinkinder erschrecken vor
Neuem und Unbekanntem. 14
Vorschulkinder leben in ihrer eigenen Welt 21
Mit dem Schulalter beginnt der Ernst des Lebens 23

Bedrohung und Faszination – die beiden
Gesichter der Angst 25
Mit Hinlaufen und Weglaufen überwinden Kinder Ängste . 25
Die Lust an der Angst 29

Mit Phantasie und Magie gegen Ängste 33
Unklare Ängste werden zur Furcht vor Hexen und Riesen . 33
„Heimliche Begleiter" helfen, wenn Kinder
allein nicht weiter wissen 36
Ängste werden „weggespielt" oder mit
magischen Praktiken vertrieben 45

Ängste bei Dunkelheit und in der Nacht 52
In der Dunkelheit wird die Welt unheimlich 52
Einschlafängste, nächtliches Aufschrecken
und Alpträume 66

Die Angst vor Trennungen und Verlusten 84
Trennungsängste von Säuglingen und Kleinkindern 84
Wort-Magie gegen die Angst vor dem
Allein-gelassen-Werden 93
Wenn Kinder von den Eltern verlassen werden 101

Ein Vorschulkind kämpft gegen seine
Verlassenheitsängste 106
Der Tod – eine endgültige Trennung 109

Schulphobie als Trennungsangst 117
Warum erbricht Katja jeden Morgen vor der Schule? 117
Schulphobie – eine Trennungsangst am falschen Ort 127
Wie Kinder ihre Schulphobie oder
Kindergartenphobie selbst bekämpfen 134

Im Teufelskreis der Leistungsangst 141
Wie Kinder ihre Leistungsängste erleben 141
Die besonderen Ängste von Kindern
mit Teilleistungsstörungen 144
Aggressionen oder Selbstaufgabe als Antwort
auf Leistungsängste 153

Leistungsangst der Kinder und die Angst der Eltern . . 161
Wenn die Leistung der Kinder zum Lebensinhalt
der Eltern wird 161
Wenn Eltern zu sehr lieben 176
Wie Kinder sich gegen Erwartungen und Ängste
ihrer Eltern wehren können 180

Mit dem Blick in den Spiegel gegen Schulängste 186
Ein Interview mit der Sonderschullehrerin
Karin Ziegenfuß 186

Schüchternheit als soziale Angst 198
Schüchterne Kinder sind lieb und oft unglücklich 198
Die Scham und die Angst vor dem Beschämtwerden 207
Wie Kinder es schaffen, ihre Schüchternheit
zu überwinden 217
Wie Erwachsene schüchternen Kindern helfen können . . . 224

Gott und die Angst 230
Ein strenger und strafender Gott macht Angst 230
Wie ein angstmachendes Gottesbild entsteht 237
Ein gütiger und liebender Gott nimmt die Angst 240
Das Gebet als „Rettungsring" im „Meer der Ängste" ... 243

Ängste in Büchern helfen bei der Angst-
bewältigung im Alltag 250
Bücher als gedruckte Helfer 250
Soll man ängstlichen Kindern Märchen erzählen? 256

Hab keine Angst vor der Angst deiner Kinder! 264
Zehn Regeln für den Umgang mit kindlichen Ängsten ... 264

Angst und verwandte Gefühle 274

Literatur 278

Zur Autorin 282

Über dieses Buch

... jede wirklich durchlebte Angst stärkt uns um genau jene Kraft, die wir aufbringen mußten, um sie zu überstehen.
(Michel 1995, S. 98)

Der dreijährige Ben berichtet: „Ich hab von Piraten geträumt. Das war sooo schrecklich!"

Die fünfjährige Maja meint: „Ich heirate später einen Polizisten. Dann brauche ich nicht mehr so viel Angst zu haben!"

Der zehnjährige Frank sagt: „Und immer wieder die Angst vor den schlechten Noten. Ich laufe noch mal weg!"

Alle drei Kinder leiden unter ihren Ängsten. Es ginge ihnen viel besser, wenn sie keine Angst hätten. Angst ist schwer zu ertragen. Deshalb wünschen wir uns ein Leben ohne Angst. Doch wäre ein solches Leben wirklich besser?

Ein Leben ohne Angst gibt es nicht, und es wäre auch nicht gut. Denn die Angst fordert Kinder heraus, Leistungen zu vollbringen und Entwicklungsschritte zu machen, die sie ohne Angst nicht in Angriff genommen hätten. So wird Angst zum Motor ihrer Entwicklung und hilft ihnen beim Großwerden.

Dies gilt allerdings nur für normale Alltagsängste oder Entwicklungsängste. Ängste, die durch unkontrollierbare Umstände hervorgerufen werden, können von Kindern allein nicht bewältigt werden. Dann benötigen sie Hilfe aus ihrer Umgebung.

Wenn Angst im äußersten Fall zur Krankheit wird, brauchen Kinder Hilfe von Fachleuten. Angstkrankheiten werden in diesem Buch nicht besprochen. Es geht hier vielmehr um die „gesunde Angst". Auch sie ist schwer zu ertragen, doch Kinder zerbrechen nicht an ihr. Sie können sich gegen die Angst wehren und dabei ungeahnte Kräfte entfalten. In diesem Sinne „brauchen" Kinder Ängste, um sich zu entwickeln.

Kinder finden ungewöhnliche Wege der Angstbewältigung

Was jedem einzelnen Kind weiterhilft, hätte kein Erwachsener für es ausdenken können:

- Helma vertreibt Gespenster, indem sie laut schmatzend Apfelstücke kaut.
- Janet spielt mit alten Weinflaschen „Schule", um das gefürchtete Aufgerufenwerden zu üben.
- Sascha überwindet seine Spinnenangst dadurch, daß er alles über diese Tiere herausfindet.
- Hildegard vertraut einer alten Handtasche die Angst vor dem eigenen Vater an, weil sonst niemand etwas davon wissen will.
- Jonathan hat seit der Geburt der Schwester Angst, daß die Eltern ihn weniger lieben. Er wird artig und angepaßt, erfindet aber gleichzeitig den „bösen Emil", der all das tut, was er sich selbst verbietet.
- Lea albert herum und provoziert sogar Mutters Schläge, um nicht von der Leistungsangst ihrer Mutter angesteckt zu werden.

Neben Fallbeispielen aus dem Alltag der Kinder und aus der Erziehungsberatung enthält dieses Buch auch Zitate aus den Werken bekannter Schriftsteller wie Erich Kästner, Ulla Hahn, Thomas Mann, Zsuzsa Bánk, Elias Canetti und andere. Sie erzählen von ihren eigenen Kinderängsten und von denjenigen ihrer Romanfiguren.

Nahezu alles im Leben eines Kindes kann Angst erzeugen. Dieses Buch behandelt bekannte Ängste, wie die Angst vor Trennungen, vor Dunkelheit, vor Gespenstern oder Fabelwesen, vor den Blicken anderer Menschen und vor der Schule. Es beschreibt jedoch auch Ängste, über die in der Fachliteratur seltener etwas zu finden ist: Angst, die Erwartungen der Eltern nicht erfüllen zu können; Angst vor eigenen Gefühlen; Angst nach dem Tod eines geliebten Menschen; Angst vor Gott.

Über mich und meine Arbeit

Mit diesem Buch möchte ich einen Beitrag zur Verständigung zwischen Eltern und Kindern leisten. Dies gelingt, wenn Eltern sich anerkannt fühlen und den verborgenen Sinn hinter kindlichem Verhalten erkennen. Um diese Verständigung zu fördern, fing ich an, über meine Beratungstätigkeit zu schreiben. Daraus wurden Bücher, zuerst für Fachleute und dann für Eltern. Meine Bücher sollen Aufschluß darüber geben, wie und warum Kinder trauern, was auffällige Kinder uns sagen wollen und was die ungewohnten Äußerungen von behinderten Kindern bedeuten. Es geht aber auch um die Verunsicherung der Eltern angesichts der Trauer ihrer Kinder, um ihre Hilflosigkeit beim Umgang mit einem auffälligen Kind und um ihre Einsamkeit und Verzweiflung als Eltern behinderter Kinder.

Angst ist ein Thema, das ich gut kenne, denn ich selbst war ein ängstliches Kind. Manches, was in diesem Buch steht, habe ich selbst erlebt. Vieles habe ich von Kindern in der Beratungsstelle erfahren. Eltern und Freunde haben mir von ihren kindlichen Ängsten erzählt. Während des Schreibens entdeckte ich, wie viele Wege Kinder finden, um mit ihrer Angst fertig zu werden. Das hat mich fasziniert.

Ich bin Lehrerin und Diplom-Psychologin. Zuerst unterrichtete ich an einer Grundschule, dann arbeitete ich dreißig Jahre in einer privaten Erziehungsberatung und fünfzehn Jahre in der Frühförderung des Caritasverbandes Freiburg Stadt. Als Lehrbeauftragte an der Pädagogischen Hochschule Freiburg und bei Vorträgen und Fortbildungen konnte ich meine praktische Arbeit darstellen und mit anderen meine Erfahrungen austauschen.

Danken möchte ich allen, die mir – oft ohne es zu wissen – die Wege der Angstbewältigung gezeigt haben. Ich konnte nicht alle Kinder und Eltern fragen, ob ich ihre Geschichte aufschreiben darf. Doch die Namen der Kinder und ihre Lebensumstände sind so verändert worden, daß niemand sie erkennen kann. Ihre Aussprüche und der Ausdruck ihrer Gefühle sind jedoch übernommen worden. Allen Kindern herzlichen Dank dafür, daß ich lernen durfte, wie aus Ängsten neue Kräfte erwachsen.

Was dieses Buch will

Wissen vermitteln.

Es informiert über kindliches Denken und Handeln angesichts der Angst.

Mut machen.

Es ermutigt Eltern, die Ängste ihrer Kinder auszuhalten und nicht immer gleich helfend einzugreifen.

Freude bereiten.

Wie Kinder ihre Angst bewältigen, ist faszinierend zu lesen. Manche Erwachsene werden sich wieder an die Zeit erinnern, als sie selbst mit angehaltenem Atem und Herzklopfen in der gleichen Lage waren.

Ängste ändern sich im Laufe des Lebens

In jedem Alter sieht die Welt anders aus und andere Ängste bewegen das Kind. Auffallend ist, daß neue Entwicklungsschritte oft von Ängsten begleitet werden. Mit jedem Entwicklungsschritt wird das Kind offener für seine Umgebung, und es entdeckt vieles, was es bisher übersehen hat. Doch kann es all das Neue nicht immer einordnen. Deshalb reagiert es mit Ängsten. Angst ist ein Hinweis auf Neues und Unbekanntes, hinter dem sich mögliche Gefahren verbergen. Es können tatsächliche oder phantasierte Gefahren sein. So kann es geschehen, daß Kinder plötzlich Ängste vor Gegenständen und Situationen entwickeln, vor denen sie sich bisher nicht gefürchtet haben.

Der neun Monate alte Uwe ist mit seinen Eltern im Sommerurlaub am Meer. Er ist fasziniert vom Meer und krabbelt immer wieder auf allen Vieren ins Wasser. Auch als das Wasser immer tiefer wird, krabbelt er fröhlich weiter. Die Eltern müssen ihn jedes Mal aus dem Wasser retten und an Land tragen. Doch sobald sie ihn hingesetzt haben, geht seine Entdeckungsreise von neuem los. Es macht ihm nichts aus, wenn er dabei naßgespritzt wird. Er lacht vergnügt und protestiert, wenn die Eltern ihn wieder aus dem Wasser holen. Ein Jahr später machen die Eltern mit Uwe am gleichen Ort Ferien. Doch diesmal ist er wie ausgewechselt. Er hat Angst vor dem Wasser, klammert sich an die Mutter und geht nur an Mutters Hand so weit hinein, daß seine Füße etwas naß werden. Wird er naßgespritzt, läuft er schreiend weg.

Es scheint fast so, als ob aus dem mutigen Uwe ein Angsthase geworden ist. Doch Uwe war vor einem Jahr gar nicht mutig, sondern nur unerfahren. Er konnte sich noch nicht vorstellen, daß das Wasser für ihn gefährlich werden könnte.

Doch in dem Jahr zwischen den beiden Urlauben hat Uwe sich weiterentwickelt. Er beobachtet jetzt genauer, macht sich Gedanken und stellt sich vor, was alles passieren könnte. Das erhöht seine Angstbereitschaft; Großwerden ist nicht immer lustig. Uwe hat jetzt zwar mehr Angst als früher, aber auch mehr Möglichkeiten, mit seinen Ängsten fertig zu werden. Seine neu erwachte Phantasie hilft ihm, sich gefährliche Situationen auszumalen, sie erlaubt ihm aber auch, etwas gegen seine Angst zu unternehmen.

Säuglinge und Kleinkinder erschrecken vor Neuem und Unbekanntem

> *Auf die Frage, wann das Kind zuerst Angst vor der Außenwelt empfindet, wird die Antwort sein: wenn es zuerst zu lieben lernt, und zwar in jenem besitzergreifenden Sinn ... Aber Angst überhaupt bei der Trennung von der Mutter ist eine der unvermeidlichen Folgen dieser frühen Liebe des Kindes zu seiner Mutter.*
>
> (Fraiberg 1977, S. 41)

Weil Säuglinge noch wenig Vorstellungskraft besitzen, können sie sich zukünftige Gefahren nicht vorstellen. Erst in der zweiten Hälfte des ersten Lebensjahres beginnt die Angst, und zwar nach einem großen Entwicklungsschritt. Das Kind ist jetzt von seinem Wahrnehmungsvermögen und seinem Gedächtnis her so weit, daß es ein festes Bild von der Mutter hat, und gleichzeitig beginnt bei ihm die Angst, sie zu verlieren. Doch was empfindet ein Kind in der ersten Hälfte des ersten Lebensjahres? Es sind Vorformen der Angst, Gefühle von Mißempfinden und Erschrecken.

Das Erschrecken vor plötzlichen Veränderungen – eine Vorform der Angst

Mit der Geburt verläßt das Kind den Schonraum des Mutterleibes und ist vielen neuen Reizen ausgesetzt, die es noch nicht verarbeiten kann. Das Baby wird dadurch erschreckt und beunruhigt. Es hat ein Schutzbedürfnis und zeigt durch sein Verhalten, daß es sich nicht wohl fühlt. Babys reagieren auf alle plötzlichen Veränderungen. Das können laute Geräusche oder heftige Bewegungen sein, oder auch nur ein plötzlicher Wechsel in der Beleuchtung. Auch bei schnellen Lageveränderungen oder dem Gefühl, abzustürzen, erschrickt das Kind. Durch Weinen oder andere Unmutsäußerungen ruft es die Erwachsenen seiner Umgebung zu Hilfe. Es veranlaßt sie damit, es bei Gefahren zu schützen, es zu beruhigen oder zu trösten.

Angst, wenn Bezugspersonen anders aussehen

Wenn das Kind in seiner Entwicklung etwas weiter ist, lernt es die wichtigsten Menschen seiner Umgebung kennen und prägt sich deren Gesichtsausdruck ein. Dieses Bild seiner Bezugspersonen ist aber noch recht vage und sehr leicht störbar. Schon kleinste Veränderungen können das Kind erschrecken und Angst erzeugen.

Bernd ist ein halbes Jahr alt und sitzt gerne bei seinem Großvater auf dem Schoß. Er spielt dann mit seinen Händen in Opas Gesicht herum. Dabei kommt es vor, daß er dem Großvater die Brille vom Gesicht reißt. Sobald er die Brille in den Händen hat, fängt er an zu weinen, biegt sich zurück, streckt seine Hände nach der Mutter aus, damit diese ihn von Opas Schoß befreien kann. Setzt der Opa die Brille wieder auf, streckt Bernd die Hände nach ihm aus und will wieder auf seinem Schoß spielen.

Für Bernd ist der Opa ohne Brille nicht der Opa, den er kennt. Durch diese kleine Veränderung hat sich etwas Vertrautes, nämlich das Gesicht des Opas, schlagartig in etwas Fremdes verwandelt, vor dem er Angst hat. Auch Veränderungen in der Haarfarbe, ein großes Pflaster im Gesicht oder ein Kopftuch können solche Ängste hervorrufen.

Angst vor dem vergrößerten Kopfumriß

Wenn die Mutter mit einer neuen Hochschlagfrisur vom Friseur kommt oder die frisch gewaschenen Haare in ein Handtuch gewickelt hat, kann es sein, daß ihr Baby sie nicht mehr erkennt und heftig erschrickt. Durch Versuche hat man herausgefunden, daß Kleinkinder zuerst einen Kopfumriß erkennen, später auch andere Einzelheiten.

Als Heike mit einem halben Jahr getauft wurde, sollte die jüngere Schwester der Mutter, die achtzehnjährige Ursula, ihre Patentante werden. Ursula wollte den Tag besonders festlich begehen und kaufte sich einen großen schwarzen Hut. Am Tag der Taufe lag Heike fröhlich in ihrem Körbchen. Ursula wollte sie mit den üblichen Spielchen begrüßen, doch Heike schrie wie am Spieß. Ursula nahm sie auf den Arm, und Heike schrie noch mehr. Während des ganzen Gottesdienstes schrie das sonst so ruhige Kind. Es war durch nichts zu beruhigen. Erst zum Schluß schlief es erschöpft in den Armen der Mutter ein.

Die Angst vor dem vergrößerten Kopfumriß wird überwunden, wenn das Kind differenzierter sehen lernt und zwischen dem Menschen und seiner Kleidung unterscheiden kann. Der anderthalbjährige Joseph sieht in der Stadt eine Araberin mit einem großen schwarzen Kopftuch. Interessiert blickt er die Frau an, zeigt dann auf ihren Kopf und ruft freudig: „Mütze".

Das Fremdeln

Dies ist die bekannteste Angst eines Kindes im ersten Lebensjahr. Von vielen Fachleuten wird sie als die erste Angst bezeichnet. Ein Kind, das bisher beim Einkaufen die Nachbarin stets anlächelte und sich gerne von ihr auf den Arm nehmen ließ, dreht plötzlich den Kopf weg und versteckt sich hinter der Mutter, wenn die Nachbarin kommt.

Steffi ließ sich bisher immer von der Großmutter, die alle sechs Wochen zu Besuch kam, ins Bett bringen. Inzwischen ist sie sieben Monate alt geworden und das gemeinsame Abendritual, auf das die Oma sich so gefreut hat, gelingt nicht mehr. Steffi weint, sobald sie die Oma sieht und läßt sich nicht mehr von ihr anfassen.

Jetzt wird es für Eltern oft schwierig. Ihr Kind ist nicht mehr so freundlich und zugewandt wie bisher. Es hat Fremden gegenüber sein strahlendes Lächeln verloren. Auch können die Eltern ihr Kind nicht mehr so einfach abgeben. Doch diese Schwierigkeiten sind gleichzeitig Anzeichen einer neu erworbenen Reife. Das Baby ist jetzt klüger geworden und kann zwischen vertrauten und fremden Personen unterscheiden. Es kennt nun seine Eltern genau und reagiert mit Angst, wenn statt der vertrauten Menschen Fremde auf es zukommen. Wie groß die Angst vor fremden Menschen ist, hängt vom Temperament des Kindes und seinen bisherigen Erfahrungen ab. Ein Kind, das hauptsächlich mit seiner Mutter zusammen ist und wenig Kontakt zu anderen hat, wird mehr durch fremde Menschen erschreckt als ein Kind, das gewohnt ist, sich auf Fremde einzulassen.

Was will uns ein Säugling mitteilen, wenn er fremdelt?

Säuglinge können noch nicht sprechen, zeigen aber in ihrem Verhalten deutlich, wie sie bestimmte Situationen verstehen. Wollten wir das Verhalten eines fremdelnden Kindes in Sprache übersetzen, so könnte es heißen:
- Ich liebe meine Mama und meinen Papa und will sie immer bei mir haben.
- Diese fremde Frau da ist nicht meine Mama. Ich kenne sie nicht und will sie nicht.
- Ich gucke einfach weg, dann ist sie nicht mehr da. Ich halte mich an meiner Mama fest, dann kann mir nichts passieren.
- Aber die fremde Frau ist auch interessant. Ich werde sie aus der Ferne beobachten. Vielleicht lohnt es sich, zu ihr zu gehen.

Es hängt von den Umständen ab, wie stark sich die Angst vor dem Fremden bei Kleinkindern zeigt. Liegt das Kind allein im Bett oder in seinem Kinderwagen und ein fremdes Gesicht beugt sich ganz plötzlich darüber, so wird es heftige Angst entwickeln. Auf dem Arm der Mutter dagegen ist die Angst schon geringer. Wenn man dem Kind Zeit zur Gewöhnung läßt, wenn es sich erst von fern auf die fremde Person einstellen kann, gelingt der Kontakt leichter. Kinder wollen erst einmal prüfen, wer da auf sie zukommt. Später können sie dann von sich aus Schritte zur Annäherung wagen. Denn Kinder sind nicht nur ängstlich, sondern auch sehr neugierig. Sie sind an allem, was sie umgibt, interessiert. Fremde, die sich dem Kind nicht aufdrängen und ihm nicht direkt in die Augen blicken, sondern abwarten können, werden durch eine langsame Annäherung des Kindes belohnt. Noch leichter geht es, wenn die Eltern während des Kontakts mit Fremden beruhigend mit dem Kind sprechen.

Wie Kleinkinder sich selbst helfen, ihre Ängste zu überwinden

Die Jüngsten rufen um Hilfe.
Kinder in den ersten sechs Lebensmonaten können noch nichts gegen ihre Ängste unternehmen. Sie brauchen dazu die Unterstützung und Beruhigung durch die Erwachsenen ihrer Umgebung. Diese rufen sie mit ihrem Schreien und dem Entgegenstrecken der Hände herbei.

Ruth schließt die Augen und verjagt damit die Angst.
Die acht Monate alte Ruth sitzt auf ihrem Kinderstuhl am Mittagstisch. Da geht die Tür auf, und die Nachbarin kommt herein. Sie nähert sich dem Mädchen, doch Ruth dreht den Kopf und blickt weg. Als die Nachbarin immer näher kommt, schließt Ruth ganz fest die Augen. Ruth meint, daß es nur das gibt, was sie sieht. Deshalb kann sie alles, was sie nicht sehen möchte, einfach „wegzaubern".

Auch wenn Katrin nicht mehr essen möchte, schließt sie die Augen ganz fest, damit der Teller mit dem Brei endlich verschwindet. Solange Kinder noch nicht viel gegen ihre Ängste unternehmen können, ist das Weggucken und das Schließen der Augen eine Möglichkeit, angsterregenden oder unangenehmen Situationen zu entkommen. Erst gegen Ende des ersten Lebensjahres haben Kinder gelernt, daß die Gegenstände auch unabhängig von ihnen existieren.

Martin blickt zur Mutter, um zu erfahren, ob er Angst haben muß.
Unsere Ängste warnen uns vor gefährlichen Situationen. Doch wie können Kinder lernen, welche Gegenstände oder Situationen für sie gefährlich sind? Vieles können wir ihnen noch nicht erklären. Kinder haben jedoch selbst einen Weg gefunden, der ihnen hilft, die sie umgebenden Gefahren kennenzulernen. Wie das geschieht, zeigt uns der einjährige Martin.

Martin ist bei einem gleichaltrigen Freund eingeladen. Dessen großer Bruder hat viele Plastiktiere. Ein Krokodil mit einem Maul voller Zähne hat es Marin besonders angetan. Interessiert krabbelt er auf das Krokodil zu. Doch kurz vorher dreht er sich zur Mutter um und sieht sie an. Diese nickt ihm freundlich zu und sagt ihm damit, daß er das Krokodil ansehen darf. Martin krabbelt etwas weiter und schaut sich noch einmal um. Dann streckt er seinen Zeigefinger in Richtung auf das Krokodil, zieht ihn aber sogleich wieder zurück und blickt zur Mutter. Bei Martin wirken Neugier und Angst zugleich. In dieser zwiespältigen Situation holt er sich Hilfe. Dreimal „befragt" er das Gesicht der Mutter, ob er es wagen kann, sich dem Krokodil zu nähern. Hätte die Mutter erschrocken „nein" gerufen, hätte er innegehalten. Weil ihm aber die Mutter zulächelt und ihn sogar auffordert, das Krokodil zu berühren, wagt er es.

Ebenso wie Martin holen sich viele Kleinkinder aus dem Gesicht der Mutter die Informationen, die sie brauchen, um die Welt zu verstehen. Der „fragende Blick" zur Mutter hilft dem Kind gerade in unklaren Situationen, sich zurecht zu finden. Mutters Gesichtsausdruck sagt dem Kind, ob Gefahr droht oder ob es neugierig sein darf. Ein Säugling lernt darüber hinaus im Gesichtsausdruck seiner Mutter, ob diese sich ihm zuwendet und ob sie ihn mag. Die Mutter strahlt ihr Kind an, und das Kind lächelt zurück. Fachleute sprechen davon, daß Kinder sich im Gesicht ihrer Eltern „spiegeln" können.

Vorschulkinder leben in ihrer eigenen Welt

Wir brauchen nicht beunruhigt zu sein über das Vorhandensein von Ängsten im Leben des kleinen Kindes, wenn es fähig ist, mit ihnen fertig zu werden.
(Fraiberg, 1977, S. 20)

Im Vorschulalter sind viele Dinge für Kinder neu und ungewohnt und können Angst erzeugen. Auslöser für die Angst können Gegenstände oder Lebewesen in der Umgebung des Kindes sein, doch häufig sind es auch Wesen, die der Phantasie des Kindes entspringen. Im Vorschulalter fließen Wirklichkeit und Phantasie ineinander, Erlebtes und Erdachtes werden nicht immer getrennt. Die Kinder verstehen zwar mehr als vorher und verfügen über ein größeres Wissen, aber eben noch nicht genug, um sich alles zu erklären. Was das Kind nicht verstehen kann, deutet es auf seine Weise. Dabei nimmt es seine Phantasie zu Hilfe und schafft sich eine eigene Welt, die es verstehen und in der es erfolgreich handeln kann. Dabei glaubt es oft, das Geschehen beeinflussen zu können. Dieser Glaube entspringt dem „magischen Denken" der Vorschulkinder.

In der Welt der Vorschulkinder gibt es nicht nur angsteinflößende Ungeheuer, sondern auch gute Feen. Es gelten nicht nur die Regeln der Erwachsenenwelt, sondern auch kindgemäßes, für Kinder sinnvolles Verhalten. Kinder im Vorschulalter zu beobachten ist für uns Erwachsene besonders faszinierend, weil Kinder es schaffen, aus schwierigen Situationen Auswege zu finden, auf die wir nie gekommen wären.

Marco stellt seine Welt dar

Der vierjährige Marco, ein phantasiebegabter Junge, wird wegen verschiedener Ängste in der Psychologischen Beratungsstelle vorgestellt. Dort zeigt er uns gleich in der ersten Stunde, wie seine Welt aussieht. Er holt sich Spielmaterial und baut aus Klötzen ein großes Haus. Dann fügt er Puppen als Bewohner hinzu. Im Haus stellt er Mama und Papa nebeneinander. Beide schauen gegen die Wand, aber sie können nichts sehen, denn das Haus hat keine Fenster. Neben dem Haus baut Marco einen Garten mit einem Apfelbaum. Darunter sitzen sein großer Bruder, der schon Schulkind ist, und die kleine einjährige Schwester. Auch sie sehen nicht, was draußen passiert, sie spielen im Garten, von einer Mauer umgeben.

Auf dem Dach des Hauses sitzt Marco selbst. Er guckt als einziger auf den Platz vor dem Haus, wo sich aufregende Szenen ereignen. Was dort passiert, erfindet Marco während seines Spiels: Ein Playmobil-Männchen liegt auf dem Boden, und ein großer Saurier hält es mit seinen dicken Tatzen fest. Ein anderer Saurier ist mit bunten Bändern gefesselt und wird von einem Traktor weggeschleift. Aus dem offenen Maul eines Krokodils schaut ein anderes Playmobil-Männchen. Ein Löwe und ein Tiger stehen sich kampfbereit gegenüber.

Noch nie hat mir ein Kind so viele ausdrucksstarke Szenen gebaut. Marco zeigt, wie aufregend die Welt eines Vorschulkindes sein kann. Es geht um Kämpfe, um Bedrohungen, um Hilflosigkeit, um Verschlungenwerden, Gefesseltwerden, um Stärken und um Schwächen. In seiner selbstgebauten Szene kann er allein diese Welt sehen. Die Eltern bekommen davon nichts mit. Sie leben hinter dicken Mauern. Der Bruder ist schon zu groß, die Schwester noch zu klein, um Marcos Erlebnisse zu teilen. In der magischen Welt von Vorschulkindern gibt es manches, von dem die Eltern nichts wissen. Vorschulkinder setzen sich mit den unterschiedlichsten Gefühlen und Fabelwesen auseinander. Zu ihrer Welt gehört vieles, was Angst erzeugt, aber zugleich lernen sie auch, ihre Angst zu überwinden.

Mit dem Schulalter beginnt der Ernst des Lebens

Bevor ich in die Schule kam, konnte ich alles. Ich war Sheriff, Indianer und Räuber. Aber seitdem ich in die Schule gehe, weiß ich überhaupt nichts mehr.
(Cullum 1972, S. 38)

Der Schulanfang bringt für Kinder einen großen Wechsel in ihrem Leben mit sich. Von Erwachsenen hören sie Sätze wie: „Warte mal, bis du zur Schule kommst" oder „Das werden dir deine Lehrer schon austreiben" oder Sprüche wie: „Dann beginnt der Ernst des Lebens". Doch was bedeutet das für Kinder? Mit dem Schulalter entfernen sich die Kinder aus ihrer magischen Welt. Ungeheuer und andere Phantasiewesen verlieren an Bedeutung. Die Kinder werden jetzt realistischer. Aber neue Ängste rücken für sie in den Vordergrund. Im Schulalter geht es um Leistungsängste, soziale Ängste, Trennungsängste und die Angst, die Erwartungen der Eltern nicht erfüllen zu können.

Der Lebensraum der Kinder wird enger.
Sie selbst sind nicht mehr nach Belieben Phantasiegestalten wie Indianer oder Räuber, sondern Schulkinder.

Das Leben der Kinder wird fremdbestimmter.
Sie müssen pünktlich in der Schule sein und Ordnung halten. Womit sie sich dort beschäftigen, wird durch den Lehrplan bestimmt und von den Lehrern vorgegeben. Sie müssen sich an Regeln halten, im Unterricht und sogar in der Pause.

Die Kinder sollen etwas leisten und werden bewertet.
In der Grundschule gelten die Anforderungen, welche die Lehrer aufstellen. Ein Kind merkt bald, ob es mit den anderen in der Klasse mithalten kann. Gelingt ihm dies nicht, ist es enttäuscht, fühlt sich womöglich als Versager und entwickelt

vielleicht Ängste vor weiteren Anforderungen. Leistungsangst ist die Angst davor, eine geforderte Aufgabe nicht zu beherrschen, Fehler zu machen oder irgendwie zu versagen. Sie ist mit der Scham verwandt.

Das Leben der Kinder wird sozialer.
Sie sind nicht mehr allein, sondern gehören zu einer meist großen Schulklasse. Die Kinder vergleichen sich untereinander. Dabei geht es nicht nur darum, wer am besten rechnen kann, sondern auch darum, wer die „richtige" Kleidung trägt. Es entsteht ein Geflecht von sozialen Beziehungen. Dazu gehören Freundschaft und das Gefühl der Zugehörigkeit; aus der Zugehörigkeit können aber auch Abgrenzung und Ablehnung entstehen – für das abgelehnte Kind oft ein Grund, sich zu schämen.

Bedrohung und Faszination – die beiden Gesichter der Angst

> *Ich war ganz allein und wartete ... auf die Zigeuner. Ich lebte in panischem Schrecken vor ihnen ... Aber trotz dieser Angst hätte ich mir Ihren Anblick nicht entgehen lassen ... Ich wollte sie sehen, ich war besessen von ihnen, aber kaum hatte ich sie gesehen, packte mich wieder die Angst, daß sie es auf mich abgesehen hätten, und ich rannte schreiend davon. Das ging so eine ganze Weile hin und her ...*
> (Canetti 1980, S. 18/19)

Mit Hinlaufen und Weglaufen überwinden Kinder Ängste

Im Leben von Vorschulkindern gibt es täglich neue und aufregende Erlebnisse. Sie sind fasziniert von dem vielen Neuen und Unbekannten, das ihnen begegnet. Sie möchten es kennenlernen, bewegen sich darauf zu und flüchten gleich wieder, weil es so fremd ist. Sie pendeln zwischen Eroberung und Rückzug, zwischen selbstgewähltem Nervenkitzel und Sicherheit, zwischen Mut und Angst. Dies führt zu Gefühlsausbrüchen, zu einem plötzlichen Wechsel von Stimmungen und zu unvorhersehbaren Reaktionen, die von den Eltern manchmal als Trotz eingeschätzt werden. Das Pendeln der Kinder zwischen verschiedenen Gefühlen kann ihnen aber auch helfen, mit ihren Ängsten fertig zu werden. Das zeigen die folgenden Beispiele.

Elias flüchtet vor den Zigeunern und will sie gleichzeitig sehen

Jeden Freitag kam eine große Zigeunerfamilie in den Hof der Familie Canetti, um dort beköstigt zu werden und Lebensmittel mit nach Hause zu nehmen. Der damals drei- bis vierjährige Elias war von dieser bunten und sich feierlich bewegenden Menschenmenge fasziniert. Gleichzeitig hatte er große Angst, weil irgend jemand ihm erzählt hatte, daß Zigeuner Kinder stehlen. So glaubte er, sie hätten es auf ihn, das einzige Kind im Hause, abgesehen. Jeden Freitag wartete er gespannt auf die Zigeuner. Er drückte sich die Nase an der Fensterscheibe platt. Sobald er sie sah, lief er in die Küche, um die Mutter darüber zu informieren und sich von ihr beruhigen zu lassen. Aber statt bei der Mutter zu bleiben, lief er gleich wieder zurück, um zu kontrollieren, wie weit die Zigeuner inzwischen gekommen waren. Kaum hatte er sie gesehen, rannte er wieder zur Mutter, suchte ihre Nähe und ließ sich von ihr beruhigen. Dieses Pendeln zwischen dem Sich-der-Angst-Aussetzen und der Suche nach Beruhigung ist typisch für die Angstbewältigung von Vorschulkindern.

Wie Kinder ihre Angst vor dem Meer bewältigen

Die Psychologin Aletha Solter (1994) beobachtete bei Kindern am Meer ein ähnliches Verhalten. Das Meer mit seiner Weite und den Wellen, die sich am Ufer überschlagen, muß für Kinder mächtig und gefährlich aussehen. Wenn Kinder nicht nur ängstlich am Strand sitzenbleiben wollen, müssen sie sich mit dem Meer auseinandersetzen. Meistens geschieht dies nach dem gleichen Muster. Zunächst gehen die Kinder ein kleines Stück ins Wasser hinein, nur so weit, daß ihre Füße naß werden. Sobald eine Welle kommt, laufen sie schreiend und lachend wieder zurück. Dann beginnt das Spiel von vorne. Jedes Mal wagen sie es, ein Stückchen weiter ins Wasser zu gehen. Nach jeder Welle, vor der sie sich ans Land retten können, werden sie etwas mutiger. Für Aletha Solter steckt in diesem Verhalten mehr als nur ein Kinderspiel. Sie sieht darin ein Training der Kinder zur Angstbewältigung. Das Schreien und Lachen der Kinder, wenn sie vor den Wellen weglaufen, hilft innere Spannungen abzubauen. Die Kinder lernen die Kraft der Wellen kennen und ihre eigene Stärke einzuschätzen. Mit diesen neuen Erfahrungen werden sie sicherer. Sie wagen immer mehr und verlieren mit der Zeit ihre Angst vor dem Meer.

Weil Jörg sich vor dem Wolf fürchtet, muß er ihn sehen

Der fast vierjährigen Jörg will unbedingt einen Wolf sehen, und er bittet seine Eltern so lange, bis sie mit ihm in einen Zoo gehen. Auf dem Weg dorthin singt Jörg im Auto: „Wir sehen einen Wolf! Wir sehen einen Wolf!" Gleichzeitig macht er sich Mut, indem er sich immer wieder versichern läßt, daß der Wolf eingesperrt ist. Am Eingang des Zoos erkundigt sich die Familie, wo ein Wolf zu sehen ist. Der Wärter sagt: „Gehen Sie diesen Weg immer geradeaus, und am Ende in der Kurve ist das Wolfsgehege!" Jörg hat aufgepaßt und läuft sofort los. Die Eltern können ihm kaum folgen. Doch kurz vor der Kurve wird er langsamer. Er dreht sich um, wartet auf seine Eltern, nimmt Vaters Hand und zieht ihn auf die andere Seite des Weges, damit sie den Wolf zunächst aus der Entfernung betrachten können. Die Familie steht lange da und blickt aus sicherem Abstand auf die Wölfe, die hinter einem großen Drahtzaun hin- und herlaufen. Jörg sagt kein Wort, er drückt Vaters Hand ganz fest. Dann will er weitergehen, um die anderen Tiere zu sehen. Doch nach einiger Zeit will er wieder zu den Wölfen. Er nimmt wieder Vaters Hand und wagt, einige Schritte näher an das Gehege heranzugehen. Noch zweimal kehrt die Familie zu den Wölfen zurück, und jedes Mal geht Jörg ein Stück näher heran, bis er sie genau beobachten kann.

Bedrohung und Faszination – die beiden Gesichter der Angst

Auf dem Nachhauseweg spricht er nur von den Wölfen. Die anderen Tiere hat er kaum wahrgenommen. Auch den Großeltern, den Erzieherinnen im Kindergarten und seinen Freunden erzählt er von seinem Besuch bei den Wölfen. Und je mehr er erzählt, um so mutiger wird er in seinen Geschichten. Er malt Bilder von Wölfen. Doch nach einigen Tagen schwindet sein Interesse, und er malt nunmehr Polizisten und will alles über die Polizei wissen.

Jörgs Besuch bei den Wölfen zeigt, wie Kinder von Wesen, die ihnen Angst einjagen, angezogen werden. Sie setzen sich der Angst aus, vielleicht, um sie überwinden zu können. Auch Jörg entwickelt geradezu ein Programm, um seine Ängste vor Wölfen in den Griff zu bekommen: Zunächst fällt die Aktivität des Jungen auf. Er bettelt so lange, bis die Eltern mit ihm in einen Zoo gehen. Er läuft den Eltern im Zoo davon. Doch je mehr er sich dem Gegenstand seiner Angst nähert, um so unsicherer wird er. Jetzt will er den Wolf nur noch von ferne sehen. Dabei holt er sich die Unterstützung seiner Eltern. Er klammert sich an Vaters Hand und drückt diese ganz fest. Er teilt dem Vater damit seine innere Anspannung und Angst mit und zeigt ihm andererseits, daß er noch Beistand braucht.

Es ist erstaunlich, daß ein Vierjähriger zur Bewältigung seiner Angst Wege findet, welche man auch in anerkannten Therapien anwendet. In der sogenannten Verhaltenstherapie wird Angst überwunden, indem man sich nach und nach dem angsterzeugenden Anlaß nähert.

Die Lust an der Angst

> *Ich renne weg, und du erwischst mich, ich fliege in die Luft und lande an deiner Brust. Ich verstecke mich, und du suchst mich, zum Schein in der falschen Ecke, ich merke es und merke es nicht, mir stockt der Atem vor Angstlust, wenn du tapsend in meine Nähe kommst, und unser Geschrei mischt sich, wenn du mich mit einem Laut des Staunens und der Freude ergreifst.*
>
> (Moser 1983, S. 83/84)

Nervenkitzel für Säuglinge und Kleinkinder

Wir alle kennen Szenen, in denen der stolze Vater sein Kleinkind in die Luft wirft und das lachende und kreischende Kind wieder auffängt. Während das Kind durch die Luft fliegt, hat es Angst und genießt gleichzeitig die in ihm aufsteigende Erregung, denn es weiß, daß es in Vaters Armen sicher ist. Dieses Zusammenspiel von Angst und freudiger Erregung wird von Psychologen „Angstlust" genannt. Oft suchen Kinder den Nervenkitzel, sie bitten darum, immer wieder in die Luft geworfen zu werden. Sie möchten „Hoppe, hoppe Reiter" spielen, denn beim Fallenlassen erleben sie gleichzeitig Angst, Aufregung und Freude. Auch bei dem Spiel „Jetzt krieg ich dich" läuft das Kind lachend weg und fordert durch sein Weglaufen die Eltern immer wieder auf, es zu fangen. Spiele voller Aufregung und Nervenkitzel helfen dem Kind, mutiger zu werden. Es setzt sich freiwillig seiner Angst aus, manchmal sucht es sie direkt. Es wird von der Angst nicht überwältigt, sondern baut sie schrittweise ab.

Manchmal sehen Erwachsene nur das Lachen der Kinder. Aber lassen wir uns nicht täuschen. Es kann sein, daß Kinder aufregende Erlebnisse nicht vollständig verarbeiten und nachts schreiend aufwachen.

Die zweijährige Susi besucht gerne den Sohn der Nachbarin, weil dieser so wild mit ihr tobt. Beide Kinder lachen laut, Susi schreit fast vor Lachen und die Erwachsenen freuen sich an dem lebhaften Spiel der Kinder. Doch in den Nächten, nachdem Susi bei der Nachbarin war, schläft sie schlecht und wacht schreiend auf. Sie hat die aufregenden Spiele des Tages nicht verarbeiten können. Ein kleines Kind braucht immer wieder Zeiten, in denen es zur Ruhe kommt. Deshalb ist es nach aufregenden Tagen besonders wichtig, daß das Kind vor dem Einschlafen Zeit findet, um die Erlebnisse des Tages zu besprechen und zu verarbeiten.

Aufregende Mutproben für ältere Kinder

Manche Kinder fordern sich selbst heraus, indem sie waghalsige Dinge unternehmen. Sie klettern auf hohe Bäume, balancieren über wackelige Stege oder verlangen sich erfundene Mutproben ab. All diesen Unternehmen ist gemeinsam, daß die Kinder sich bewußt einer Angst aussetzen, dabei aber auch eine Art Glücksgefühl empfinden. Denn sie erleben sich selbst in dieser Situation ganz intensiv. Sie wissen um das Risiko, das sie eingehen, spüren ihre Ängste und erleben gleichzeitig, daß sie diese durch ihr mutiges Handeln in den Griff bekommen. Das ist ein sehr befriedigendes Erlebnis, denn es läßt die Kinder ihre Kraft erfahren. Auch der Besuch der Geisterbahn oder der Achterbahn auf der Kirmes läßt ein ähnliches Gefühl entstehen, denn dazu gehört Mut. Dort besteht der Mut nicht darin, Ängste durch ein geschicktes Verhalten zu überwinden, sondern allein darin, der Situation nicht auszuweichen, die Angst durchzustehen. Mut bedeutet ja nicht, keine Angst zu haben, sondern vielmehr trotz aller Ängste sich in die Situation zu begeben.

Von Erwachsenen, die Extremsport betreiben und gefährliche Abenteuer bestehen, wird ebenfalls berichtet, daß sie die Aufregung der Angst regelrecht suchen, um so das Gefühl der

Langeweile, der inneren Leere oder der Wertlosigkeit zu überwinden.

Angstlust kann sich auch beim Fernsehen entwickeln. Es gibt Kinder, die mit dem Videorecorder bestimmte Angstszenen aufnehmen und sie sich immer wieder ansehen. Dabei kennen sie die Handlung und wissen, daß es gut ausgehen wird. Sie sitzen beschützt auf dem Sofa und holen sich die Angst. Das Risiko ist gering, denn sie haben es in der Hand, den Apparat wieder auszustellen. Außerdem wissen sie, daß die Gefahr, die ihnen im Augenblick Bauchkribbeln verursacht, bald vorübergeht.

Was gehört zur Angstlust?

- Die Kinder setzen sich freiwillig einer Angst machenden Situation aus.
- Sie wissen dabei, daß diese Situation meist gut ausgeht.
- Sie genießen die in ihnen aufsteigende Spannung und Erregung.
- Sie erleben ein Gefühl der Stärke, weil sie die Angst aushalten oder sogar selbst etwas dagegen tun können.

Gemeinsam ertragene Angst bereitet größere Lust

Elias Canetti verbrachte seine ersten Lebensjahre in Bulgarien. Dort war es üblich, daß die Bauernmädchen mit zehn oder zwölf Jahren in den großbürgerlichen städtischen Familien aufgenommen wurden und für kleinere Hausarbeiten zur Verfügung standen. In Canettis Elternhaus lebten fünf oder sechs bulgarische Bauernmädchen, die gleichzeitig Spielkameraden des Vorschulkindes Elias waren. Abends, wenn die Eltern ausgingen, blieb er mit den Mädchen zu Hause. Dann setzten sie sich auf dem Sofa zusammen, Elias in der Mitte, und erzählten sich Geschichten von Wölfen und Vampiren. Canetti schreibt: „Kaum war eine zu Ende, begannen sie mit der nächsten, es war schaurig, und doch fühlte ich mich, auf allen Seiten fest an die Mädchen gepreßt, wohl. Wir hatten solche Angst, daß niemand aufzustehen wagte, und wenn die Eltern nach Hause kamen, fanden sie uns alle schlotternd auf einem Haufen." (1980, S. 15) Trotz seiner Angst hatte Elias ein wohliges Gefühl, wenn er sich mit den anderen gruselte. Die Erregung verband alle miteinander. Gleichzeitig wußten alle, daß sie demnächst von den Eltern aus diesem Zustand erlöst würden.

Ältere Kinder und Jugendliche bevorzugen eine Gruppe Gleichaltriger, um ihre Ängste zu bannen. Jugendliche verabreden sich zu einer „Video-Session", um gemeinsam aufregende Filme anzusehen. Das Treffen wird gestaltet wie eine Party, mit Essen und Trinken, gemeinsamem Gruseln und gemeinsamem Abstandnehmen. Dazu tauschen sich die Jugendlichen aus über bestimmte Effekte, über filmtechnische Tricks oder über Anspielungen auf frühere Filme. Dieser eher fachmännische Umgang läßt sie die Filme leichter ertragen. Auch werden Witze über den Film gemacht, und die Jugendlichen werden, je schlimmer der Film ist, um so alberner. Das gemeinsame Lachen schafft einen Abstand zu den Aufregungen des Films. So entwickeln Jugendliche gemeinsam eine Balance, bei der sie die Erregung und die Spannung genießen können, ohne die Angst und das Grauen zu nahe an sich herankommen zu lassen.

Mit Phantasie und Magie gegen Ängste

Kinder glauben an die Kraft der Phantasie, daran, daß man mit ihr zaubern kann. Wenn die Phantasie also Monster und Räuber zu schaffen vermag, dann kann sie sie auch bekämpfen und besiegen.
(Rogge 1999, S. 159)

Unklare Ängste werden zur Furcht vor Hexen und Riesen

Die magische Welt des Vorschulkindes ist bevölkert von Prinzessinnen, Feen und Zauberern, aber auch von Hexen, Kobolden und Monstern. All diese Wesen können auftreten, wenn die Wirklichkeit nicht verstanden wird oder schwer zu deuten ist. Ungewöhnliche Ereignisse erhalten so einen Sinn. In den dunklen Stellen im Rasen sieht das Kind zum Beispiel die Fußabdrücke eines Riesen, der ums Haus geschlichen ist. Die alte Frau vor dem Einkaufszentrum ist gewiß eine Hexe, die das Kind mitgenommen hätte, wenn die Mutter nicht gewesen wäre. Doch die Mutter hat von all dem nichts gemerkt.

Ein phantasiebegabtes Kind, das schon im Alltag phantastische Wesen sieht, wird seine nicht verstandenen Gefühle erst recht „magisch" deuten. Fachleute sprechen von „magischem Denken" in diesem Lebensalter. Wenn das Kind nicht genau weiß, was es empfindet, wenn ihm Worte für seine Gefühle fehlen, sucht es nach Bildern, um seine Gefühle faßbar zu machen. Kleine Kinder denken hauptsächlich in Bildern, sie „geben ihrer Angst ein Gesicht". Mit diesem Ausdruck wird die Fähigkeit kleiner Kinder beschrieben, ihre verschwommenen und unklaren Ängste sichtbar zu machen als Monster, Gespenster oder andere Phantasiewesen.

Seit der Geburt des Bruders hat Julia Angst vor einem Gespenst

Nach der Geburt ihres Bruders will die dreijährige Julia nicht mehr in ihrem Zimmer schlafen, weil in der Zimmerecke ein Gespenst auf sie wartet. Sie möchte lieber im Elternschlafzimmer bleiben, ganz nahe bei der Mutter. Hinter Julias Gespensterangst steckt eine andere, für sie sehr bedrohliche Angst. Es ist die Angst, die Liebe der Eltern zu verlieren, für die Eltern nicht mehr so wichtig zu sein, seitdem der Bruder da ist. Doch wie soll das kleine Mädchen den Eltern dies erklären? Julia hat nur das dumpfe Gefühl, von etwas bedroht zu sein. Diese Bedrohung drückt sie in ihrer Angst vor einem Gespenst aus, und zeigt den Eltern gleichzeitig, daß sie jetzt ihre Nähe besonders braucht.

Julias Gespensterangst ist aber nicht etwa nur ein Trick, mit dem sie die Aufmerksamkeit der Eltern erreichen will. Für sie ist das Gespenst tatsächlich vorhanden, und es jagt ihr Angst ein. Die Angst vor einem Gespenst ist für Julia leichter zu ertragen als eine unbestimmte Angst vor Liebesverlust. Ein Gespenst kann das Mädchen sich vorstellen, „es hat ein Gesicht", doch Angst vor Liebesverlust und die damit verbundenen Gefühle sind für das Kind nicht faßbar. Über ein Gespenst kann Julia reden, sie kann den Eltern sagen, daß sie davor Angst hat. Gegen ein Gespenst kann sie etwas unternehmen, ja sogar mit ihm kämpfen und dabei die eigenen Kräfte erfahren. Es würde nichts bringen, ihr das Gespenst auszureden. Erklärungen über den Verstand erreichen das Gefühl des Kindes nicht. Wirkliche Hilfe muß bei seinem Weltverständnis ansetzen. Wenn die kindliche Phantasie so bedrohliche Wesen schafft, muß die Phantasie auch eingesetzt werden, um solche Wesen zu überwinden.

Gertrud fürchtet sich vor dem Wolf, weil sie die Bedrohung durch die Soldaten nicht versteht

Die Freiburger Autorin Gertrud Ennulat fragt sich in einem persönlichen Gespräch, warum sie als Vorschulkind immer wieder das Märchen vom „Wolf und den sieben Geißlein" hören wollte. Es war ihr Lieblingsmärchen. Die Zeit, in der sie dieses Märchen brauchte, war die Zeit nach dem Zweiten Weltkrieg. Daran hat sie nur noch eine vage Erinnerung. Sie hat bei Kriegsende den Einmarsch der marokkanischen Soldaten gesehen und wohl auch miterlebt, wie die Soldaten in den Luftschutzkeller stürmten und sich die Frauen herausholten. Als Kind wußte sie nicht, was damals geschah, es wurde auch nicht mit ihr darüber gesprochen. Sie hat aber die Angst in ihrer Umgebung gespürt und ist davon angesteckt worden.

In dem Märchen vom „Wolf und den sieben Geißlein" fand sie dann treffende Bilder für ihre unklaren Ängste. In ihrer Phantasie war sie das jüngste Geißlein, das sich im Uhrkasten versteckte. Es fühlte sich bedroht und mußte mitansehen, wie die anderen verschlungen wurden. Es war Zeuge eines schlimmen Geschehens, wurde aber selbst gerettet. Nachher hatte es die Nähe der Mutter und konnte ihr all das erzählen, was es gesehen hat. Dieses Märchen gab ihren Ängsten „ein Gesicht". Deshalb wollte sie es immer wieder hören. Denn über das Märchen konnte sie ihre Ängste ausdrücken und mitteilen. Gleichzeitig konnte das Märchen sie beruhigen und trösten, weil das Gute am Ende siegt und das Böse vernichtet wird.

Welche Strategien zur Angstbewältigung Kinder in der Zeit des magischen Denkens entwickeln, wird im nächsten Kapitel gezeigt.

„Heimliche Begleiter" helfen, wenn Kinder nicht weiter wissen

Ein Kind, das seine Phantasie benutzt, um seine Probleme zu lösen, arbeitet an seiner eigenen geistigen Gesundheit. (Fraiberg 1977, S. 26)

Phantasievolle Kinder erfinden oft um das dritte Lebensjahr einen unsichtbaren Begleiter, mit dem sie sich unterhalten, mit dem sie spielen und den sie so behandeln, als lebte er wirklich mit ihnen zusammen. Er bekommt einen Platz am Tisch, schläft mit ihnen im Bett und wird ausgeschimpft oder gelobt, je nachdem, wie er sich verhält. Er teilt für eine begrenzte Zeit das Leben des Kindes und ist für das Kind tatsächlich vorhanden. Es gibt verschiedene Anlässe, aus denen heraus Kinder solche Phantasiefiguren erfinden. Meist steht das Kind vor einer unlösbaren Aufgabe, mit der es allein nicht fertig wird und deshalb einen Begleiter zur Unterstützung braucht. Die folgenden vier Beispiele zeigen, wie unterschiedlich heimliche Begleiter sein können.

Rocco, ein Phantasiehund, lernt gehorchen

Claudia ist ein ängstliches Kind, und sie fürchtet sich besonders vor Hunden. Wenn ihr ein Hund entgegenkommt, ruft sie schon von weitem „Pfui!" Doch manchmal fühlt sich ein Hund durch die Rufe des Mädchens angelockt und springt auf sie zu, springt vielleicht sogar an ihr hoch. In solchen Situationen läuft Claudia laut schreiend weg. Eines Tages hören die Eltern, wie Claudia im Garten laute Kommandos gibt. Sie ruft: „Sitz!" oder „Platz!" oder „Komm her!" Das klingt so, als würde Claudia einen Hund dressieren. Erstaunt blicken die Eltern aus dem Fenster, können aber keinen Hund erkennen. Claudia steht ganz alleine auf dem Rasen und ruft ihre Kommandos in die Luft.

Am selben Abend erscheint sie mit „Rocco, einem großen schwarzen Hund" zum Abendbrot. Er muß unter dem Tisch liegen, weil er nicht gehorcht hat. Zur Strafe bekommt er heute kein Essen. Der Vater muß seine Beine anziehen, weil Rocco so groß ist. Er nimmt die ganze Fläche unter dem Tisch ein. Doch die Eltern sehen ihn nicht. Nachts schläft Rocco unter Claudias Bett, tags muß er aufs Wort gehorchen. Claudia ist sehr streng mit ihm.

Claudia hat sich einen heimlichen Begleiter geschaffen. Sie hat einen großen schwarzen Hund gewählt, wohl um ihre Angst vor Hunden zu überwinden. In ihrer Phantasie ist sie stärker als der Hund, sie gibt die Kommandos, und Rocco muß gehorchen. Wenn er das nicht tut, wird er bestraft. So gewinnt Claudia in ihrer Phantasie die Kontrolle über Hunde, sogar über große schwarze Hunde, denen sie sich sonst ausgeliefert fühlte. Ihr Spiel mit Rocco gibt ihr das Gefühl, in einer unsicheren Situation bestehen zu können. Dieses Gefühl überträgt sie in die Wirklichkeit, wo sie dann Hunde nicht mehr durch ihre Unsicherheit anlockt.

„Emil hat Pippi, Kaka, Scheiße gesagt"

Die Eltern sind glücklich, daß ihr vierjähriger Jonathan die Geburt der kleinen Schwester so gut verkraftet hat. Er ist lieb zu dem Baby und geht ganz vorsichtig mit ihm um. Damit Jonathan nicht eifersüchtig wird, haben die Eltern ihn in letzter Zeit besonders gelobt und immer wieder betont, wie sehr sie sich freuen, daß er so lieb zu dem Baby ist.

Doch nach einiger Zeit wird es in der Familie unruhiger, und es geschehen Dinge, die niemand so recht erklären kann. Wenn die Mutter das Baby stillt, darf Jonathan ganz eng neben ihr sitzen und Bücher ansehen. Er lehnt dann seinen Kopf sanft an Mutters Arm und alle drei scheinen zufrieden zu sein. Doch plötzlich schlägt Jonathan seinen Kopf hart gegen die Mutter und hätte beinahe das Baby getroffen. „Jonathan, was soll das?" ruft die Mutter erschrocken. „Das war Emil, der hat mich geschubst. Emil ist böse!" sagt Jonathan ganz ruhig. „Wer ist Emil?" fragt die Mutter weiter. „Das ist mein Bruder, der wohnt in meinem Zimmer", antwortet der Junge.

Emil ist tatsächlich ein schwieriger Hausgenosse. Er macht vieles, von dem Jonathan längst weiß, daß es verboten ist. Jonathan muß viel mit Emil schimpfen. Das Schmusetier des Babys, ein kleines weißes Schaf, liegt plötzlich im Mülleimer. Jonathan weiß, daß Emil es hineingeworfen hat. Er ist böse auf Emil und putzt das Schäfchen wieder sauber. Eine ganze Tafel Schokolade ist verschwunden. Auch das war Emil, aber Jonathan bekommt vor lauter Schreck Leibschmerzen.

Eines abends hört die Mutter Jonathan laut in seinem Zimmer schimpfen: „So etwas sagt man nicht. Das ist böse!" Die Mutter kommt herein und fragt Jonathan, mit wem er spricht. Jonathan sieht die Mutter an und sagt: „Emil sagt so böse Wörter!" – „Was sagt er denn?" fragt die Mutter. – „Pippi, Kaka, Scheiße", antwortet Jonathan und fährt nach einer längeren Pause fort: „Emil ist böse. Er sagt, das Baby ist blöd, das Baby soll sterben." Die Mutter ist erschrocken, sie nimmt Jonathan liebevoll in die Arme, streichelt ihn über den Kopf und sagt: „Manchmal sind Babys blöd, manchmal können sie einen ärgern."

Die Mutter macht sich Sorgen. Sie sieht, wie unglücklich Jonathan ist. Er hat die Geburt der Schwester doch nicht so gut verarbeitet, wie die Eltern glaubten. Warum denkt er sich diesen bösen Emil aus? Warum kämpft er so mit ihm? Am liebsten würde die Mutter diesen Emil aus dem Hause werfen. Doch wie soll sie das anstellen, wenn es ihn gar nicht gibt?

Am nächsten Tag ruft die Mutter eine befreundete Psychologin an, um sich Rat zu holen. Die Psychologin erklärt der Mutter, daß Jonathan nach der Geburt der Schwester die Zuwendung und Anerkennung der Eltern ganz besonders nötig hat. Er hat erfahren, daß er diese erhält, wenn er lieb ist. So bemüht er sich, ein lieber, angepaßter Junge zu sein, der besonders nett zu seiner kleinen Schwester ist. Doch Jonathan ist auch wütend auf die kleine Schwester, die so viel Aufmerksamkeit erhält. Dies wagt er aber nicht zu zeigen, denn dann fürchtet er, die Liebe der Eltern zu verlieren. Seine Wut und seinen Wunsch, sich gegen die Eltern zu stellen, übernimmt sein unsichtbarer Bruder Emil, die von Jonathan erfundene Phantasiefigur. Jonathan hat seine eigenen, sich widersprechenden Gefühle aufgespalten und auf zwei Personen verteilt, auf den lieben Jonathan und auf den bösen Emil.

Die für das Kind ebenso wichtige Entwicklungsaufgabe, sich von den Eltern abzugrenzen, sich gegen sie zu stellen, übernimmt dann Emil. So wird der innere Kampf des Jungen zwischen Anpassung und Abgrenzung nach außen verlagert. Aber warum schimpft Jonathan so viel mit Emil, wo doch Emil gerade das tut, was er selbst auch gerne tun würde? Der Junge hat, um es den Eltern recht zu machen, deren Wertmaßstäbe übernommen und kritisiert seine eigenen negativen Gefühle, indem er Emil ausschimpft.

Emil ist Jonathans Schatten, seine dunkle Seite, die aber zu ihm gehört. Die Eltern müssen ihm helfen, auch mit dieser Seite zu leben. Dies gelingt, wenn sie ihrem Sohn erlauben, auch böse zu sein, auch seine Wut auf die Schwester auszudrücken. Er muß erfahren, daß es ganz in Ordnung ist, wenn man seine jüngeren Geschwister nicht immer mag. Wenn er dabei merkt, daß er dennoch von seinen Eltern geliebt wird, braucht er den Emil nicht mehr so dringend. Dann wird Emil von allein verschwinden.

Als Jonathan den Emil sagen ließ, die Schwester solle sterben, war seine Mutter sehr erschrocken. Um diesen Ausspruch zu verstehen, müssen wir wissen, daß Todeswünsche für kleine Kinder etwas ganz anderes bedeuten als für Erwachsene. Für Vorschulkinder bedeutet Totsein nur Fortsein. Sie können sich die Endgültigkeit des Todes noch gar nicht vorstellen. Wenn sie jemandem den Tod wünschen, wünschen sie, daß er für eine bestimmte Zeit fort ist und sie nicht mehr in ihrem Alltag stört.

„Ich hab einen Cowboy im Keller!"

Mark ist ein schüchterner Junge, der im Kindergarten Schwierigkeiten hat, sich einzugewöhnen. Als behütetes Einzelkind zieht er sich meistens von den anderen Kindern zurück und beobachtet sie aus der Ferne. Wenn ein Kind ihn anspricht, antwortet er nicht, sondern läuft weg. Mit der Erzieherin spricht er aber. Eines Tages erzählt er ihr: „Ich hab einen Cowboy im Keller." Als die Erzieherin sich weiter nach dem Cowboy erkundigt, erfährt sie, daß dieser „Marks Freund ist", daß er „ganz stark ist" und „ganz schnell rennen kann".

Ein Cowboy im Keller ist ein passendes Bild für Marks Situation. Ein Cowboy sollte auf einem Pferd sitzen und über die Prärie reiten, aber nicht in einem Keller eingesperrt sein. Doch Mark fühlt sich wie dieser eingesperrte Cowboy. Seine Schüchternheit hindert ihn, sich mit den übrigen Kindern anzufreunden. Die Erzieherin muß gefühlt haben, was Mark ihr mit dem Bild vom Cowboy im Keller sagen will. Sie läßt ihn nun täglich von dem Cowboy erzählen und lernt so die Sehnsüchte des kleinen Jungen kennen, der auch so sein möchte wie sein Cowboy. Sie macht den Cowboy zum Thema im Unterricht, damit auch die anderen Kinder an Marks Phantasie teilnehmen können. Es wird über Cowboys gesprochen, man schaut Bilderbücher über Cowboys an und die Kinder malen Cowboys. Mark, der immer außerhalb der Gruppe gestanden hat, kommt langsam hinzu, macht zaghaft mit und erzählt zum Schluß sogar, was er alles über Cowboys weiß.

"Frau Peps erzähle ich alles"

Das Vorschulkind Hildegard aus einem Roman von Ulla Hahn (2003) wächst in einer bildungsfernen Hilfsarbeiterfamilie auf, die alle Energie braucht, um ihre materielle Not zu bewältigen. Da bleibt keine Zeit für die besonderen Vorstellungen eines Kindes. Seine Gedanken und sein Wissensdurst werden als unnützes Zeug abgelehnt und dem Mädchen manchmal sogar mit körperlicher Gewalt „ausgetrieben". Niemand hört ihr zu, außer hin und wieder der Großvater.

In dieser Lage erfindet die kleine Hildegard „Frau Peps". Frau Peps ist kein Mensch, sondern eine abgetragene Handtasche, die schon Hildegards Großmutter gebraucht geschenkt bekam. Jahrelang nahm sie sie mit zur Kirche und nun, nachdem der Verschluß klemmt, hat sie sie ihrer Enkelin geschenkt. Mit dieser Tasche geht Hildegard hinter den Hühnerstall, stellt sie auf den Boden, setzt sich ihr gegenüber und schon verwandelt sich für das Kind die Handtasche in eine vornehme Dame, eben „Frau Peps". Der Hinterhof wird zum Wohnzimmer, in dem Hildegard und Frau Peps an einem gedeckten Kaffeetisch sitzen und sich unterhalten.

Frau Peps ist so alt und sieht so aus wie Hildegards Mutter. Doch anders als die Mutter interessiert sich Frau Peps für Hildegard und hört ihr gerne zu. Hildegard kann ihr alles erzählen, was sie erlebt hat. Sie sagt im Buch: „Frau Peps war meine Freundin. Mit Birgit, Hannelore, Heidemarie konnte ich spielen; sprechen tat ich mit Frau Peps. Keiner hörte mir so geduldig zu wie sie, keiner vermochte mich zu trösten, zu besänftigen, aufzumuntern wie sie." (S. 22)

So kann Hildegard ihrem trostlosen Alltag entfliehen und ihn gleichzeitig verarbeiten, indem sie Frau Peps alles erzählt. Einmal ist Hildegard beim Abtrocknen eine Sammeltasse hingefallen, weil der Bruder sie gestoßen hat, doch nur sie ist dafür geschlagen worden. Diese Geschichte muß Frau Peps sich immer wieder anhören. „Abends zerrte mich der

Vater am Großvater vorbei ins Wohnzimmer. Die Mutter hob das Röckchen hoch und hielt mich fest. Das Stöckchen sauste vierzehnmal, für jede Scherbe zweimal, einmal für Papa, einmal für Mama. Ich hatte dies Frau Peps schon oft erzählt. Jedesmal tat es weniger weh. Jedesmal graute mir weniger vor dem Mann mit dem Stöckchen hinter der Uhr, beinahe nicht mehr als vor dem Menschenfresser im Märchen." (S. 38)

Meist erzählt Hildegard, und Frau Peps hört zu. Doch manchmal, wenn die Geschichten das Mädchen zu sehr bewegen, braucht sie mehr als das Erzählen. Dann übernimmt Frau Peps Hildegards Rolle und klagt, und Hildegard kann ihr Trost spenden. Hildegard verläßt dann die Rolle des Opfers und übernimmt die Rolle der Helferin.

Auch die Geschichte mit der zerbrochenen Sammeltasse und den darauf folgenden Schlägen erzählt „Frau Peps" so, als ob sie es selbst erlebt hätte. Die Erzählerin im Buch sagt dazu: „Wie tat sie mir leid, die arme, verhauene Frau Peps mit den Scherben der Tasse Vergißmeinnicht. Nicht weinen, Frau Peps, nicht weinen, murmelte ich in die dunkle Öffnung der Tasche hinein und streichelte meinen Kopf, bis Frau Peps ganz ruhig wurde und ich mit dem Gesicht auf der Tasche einschlief." (S. 24)

Zusammenfassung

Vier Kinder haben in schwierigen Situationen einen heimlichen Begleiter erfunden und mit ihm ihre Angst überwunden oder ihre Wirklichkeit etwas erträglicher gemacht. Sie waren noch zu schwach, ihr Leben zu verändern. Aber die Phantasie ist ein sicherer Ort, um andere Lebenswege auszuprobieren. Hier kann das Kind „Nothelfer" erfinden, die ihm beistehen. Das gibt Mut und stärkt für die Auseinandersetzung in der Wirklichkeit:

- **Claudia** überwindet ihre Angst vor Hunden, indem sie in der Phantasie übt, stärker als ein großer schwarzer Hund zu sein.

- **Jonathan** kämpft gegen seine negativen Gefühle, aus Angst, die Liebe der Eltern zu verlieren. Er läßt seinen heimlichen Begleiter all das anstellen, was er sich selbst verboten hat.

- **Mark** überwindet seine Einsamkeit, indem er einen Cowboy erfindet, der sein Freund wird. Dieser Freund kann alles, was Mark noch nicht zu tun wagt.

- **Hildegard** entflieht ihrer trostlosen Umgebung und der Angst vor ungerechter Bestrafung, indem sie sich von Frau Peps zum Kaffee einladen läßt.

Allen Kindern ist gemeinsam, daß der heimliche Begleiter eine Seite ihrer Persönlichkeit darstellt, welche sie selbst noch nicht leben können oder dürfen. In der Phantasie probieren sie aus, wie es ist, anders zu sein. Dies können sie später in die Wirklichkeit übertragen.

Müssen Eltern sich Sorgen machen, wenn ihre Kinder heimliche Begleiter erfinden?

Wenn Eltern merken, daß ihr Kind mit unsichtbaren Wesen umgeht und sogar mit ihnen spricht, erinnert sie dies vielleicht an schizophrene Menschen, die Stimmen hören. Dann fürchten Eltern um die seelische Gesundheit ihrer Kinder und möchten diese Phantasiefiguren schnell verscheuchen. Doch die Angst der Eltern ist unbegründet. Die unsichtbaren Begleiter kleiner Kinder sind eher Anzeichen für die seelische Gesundheit der Kinder. Sie erfinden ihre Begleiter, weil sie im Augenblick keine andere Möglichkeit haben, mit ihren Problemen fertig zu werden. Sobald ihre Probleme gelöst sind und die Kinder den nächsten Entwicklungsschritt gemacht haben, verschwinden auch die heimlichen Begleiter genau so plötzlich, wie sie gekommen sind.

Hildegard, die in ihrer Vorschulzeit der erfundenen Frau Peps alles erzählte, um ihr Leben zu verstehen und zu ertragen, braucht sie nicht mehr, seitdem sie lesen kann. Denn nun kann sie sich und ihre Gefühle in den Geschichten, die sie liest, wiederfinden. Sie sagt: „Anfangs besprach ich diese Geschichten mit Frau Peps. Doch je beredter das Gedruckte zu mir sprach, desto weniger hatte sie zu sagen. Schließlich schwieg sie ganz. Eine Weile klemmte ich sie mir noch untern Arm, versuchte hin und wieder mit ihr ins Gespräch zu kommen. Doch Frau Peps war zur Tasche geworden. Und die Tasche blieb eine Tasche. Eine Tasche, die nicht mehr zuging, speckig, abgetragen, zu nichts mehr zu gebrauchen. Ich verscharrte sie beim Haselnußstrauch." (S. 65)

Lügen Kinder, wenn sie Phantasiefiguren erfinden?

- Lügen heißt, bewußt die Unwahrheit zu sagen, um dadurch besser dazustehen. Dazu sind Kinder in der Zeit des magischen Denkens noch gar nicht fähig.
- Vieles, was Erwachsene als Lüge betrachten, ist kindliche Phantasie oder mangelndes Unterscheidungsvermögen zwischen Phantasie und Wirklichkeit.
- Kinder machen sich ihr eigenes Bild von der Welt und halten das, was sie sich vorstellen, für Wirklichkeit. Sie „dichten" die Wirklichkeit so um, wie sie es für sich brauchen.

Ängste werden „weggespielt" oder mit magischen Praktiken vertrieben

> *Kinder haben die märchenhafte Kraft, sich in das zu verwandeln, was immer sie wünschen.*
>
> (Jean Cocteau)

Was Kinder bewegt, übernehmen sie in ihr Spiel. Das können Bedrohungen sein, Auseinandersetzungen, Abschiede, Kränkungen und alle möglichen Ängste. Jeder beliebige Gegenstand kann für sie zum „Mitspieler" werden. Besonders Vorschulkinder mit ihrer großen Phantasie können alles so verwandeln, wie sie es brauchen, um sich ihren Kummer „von der Seele zu spielen".

Kreise auf der Tapete und Weinflaschen werden zu „Mitspielern"

Der Schriftsteller Elias Canetti berichtet, daß die Kreise auf der Tapete seines Kinderzimmers in seinem Spiel zu Menschen wurden. Mit ihnen sprach er, für sie erfand er Geschichten, und er forderte sie zu „kühnen Taten" heraus. Waren die Geschwister oder die Gouvernante in der Nähe, so flüsterte er mit den „Tapetenleuten" oder dachte sich die Geschichten nur aus. Doch sobald er alleine war, ging es laut her. Er feuerte sie an, mutig und tapfer zu sein, er beschimpfte sie, wenn sie sich weigerten, eine große Aufgabe zu übernehmen. Von seinen „Tapetenleuten" forderte er Mut und Waghalsigkeit, weil er sich selbst nicht zutraute, mutig zu sein. Wagten sie eine Herausforderung nicht, dann konnte er sie verachten. Dann waren sie schwächer als er, und er konnte sich besser fühlen. Canetti schreibt: „... allein hatte ich immer ein wenig Angst, und was ich selber empfand, schrieb ich ihnen zu, *sie* waren die Feigen." (1980, S. 47)

In dem Spielfilm über das Leben der Schriftstellerin Janet Frame spielen Kinder mit alten Weinflaschen „Schule". Mit den Flaschen können sie all die Herabsetzungen und Verletzungen, die sie durch die Lehrerin erfahren, neu inszenieren und damit verarbeiten. Von anderen Kindern weiß ich, daß sie mit Knöpfen „Schule" gespielt haben. Und noch ein Beispiel: Der zweijährige Moritz nimmt beim Essen in jede Hand eine Nudel und läßt beide Nudeln miteinander schimpfen. Er wiederholt so seine Auseinandersetzungen mit seinem großen Bruder, bei denen er so häufig unterliegt.

Spielen ist für Kinder kein Rückzug aus der Wirklichkeit, sondern es dient dazu, die Wirklichkeit zu bewältigen. Wenn Kinder tatsächlich erlebte Niederlagen noch einmal durchspielen, können sie einen anderen Ausweg ausprobieren und so neue Handlungsmöglichkeiten gewinnen. Es ist für sie auch leichter, das, was sie in der Wirklichkeit ängstigt, im Spiel an sich herankommen zu lassen. Indem sie „so tun als ob", können sie Möglichkeiten erfinden, um mit der bedrohlichen Situation anders umzugehen. Kinder nehmen ihr Spiel ernst. Sie brauchen es, um alles zu verarbeiten, was sie bewegt, und um sich gleichzeitig auf die Anforderungen der Wirklichkeit vorzubereiten. Dabei ist ihnen jedes Mittel recht, sie können aus jedem beliebigen Gegenstand eine Angstgeschichte machen.

Wenn Katrin den Nikolaus spielt, braucht sie ihn weniger zu fürchten

Als Katrin etwas über drei Jahre alt war, hörte sie draußen stampfende Schritte. Dann klopfte es plötzlich laut an die Tür. Als die Mutter öffnete, stand dort ein Mann in einem langen roten Mantel, mit einer großen Pelzmütze und einem weißen Bart. Es war der Nikolaus. Katrin war so erschreckt, daß sie sich weinend hinter der Mutter versteckte. Auch das mitgebrachte Geschenk konnte sie nicht beruhigen. In den folgenden Tagen zuckte Katrin bei jedem neuen Geräusch zusammen, sie klammerte sich immer wieder an die Mutter und machte nachts ins Bett.

Um ihr Kind zu beruhigen, erzählte die Mutter, daß es gar keinen Nikolaus gibt. Sie sagte, daß der Nachbar sich nur als Nikolaus verkleidet habe. Katrin wollte das nicht glauben. Sie hatte ihn doch wirklich gesehen. Um ihre Tochter zu überzeugen, zeigte ihr die Mutter die Mütze und den Bart des Nikolaus und ließ Katrin damit spielen. Zunächst wagte Katrin nicht, diese Kleidungsstücke anzufassen. Später setze sie sich die Mütze auf, hielt sich den Bart vors Gesicht und verwandelte sich so selbst in einen Nikolaus.

Mit stampfenden Schritten lief sie hinter den Eltern, ihren Geschwistern und Cousinen her und freute sich, wenn diese schreiend wegliefen. Dieses Spiel spielte Katrin so intensiv, daß es den Eltern schon lästig wurde. Sie mußte es immer wieder spielen. Doch während des Spiels verloren sich ihre Ängste vor dem Nikolaus. Katrin hatte sich mit ihrem Spiel von ihrer Angst befreit.

Wenn das Kind in die Rolle des Verfolgers schlüpft

- Wenn das Kind sich spielend in ein Monster verwandelt, kann es selbst bestimmen, was das Monster tut.
- Damit verliert das Monster seinen Schrecken, das Unberechenbare.
- Das Kind kann im Spiel sogar über Dinge, vor denen es vorher Angst hat, lachen.
- Es erzeugt selbst die Angst und ist ihr nicht mehr ausgeliefert.
- Es kann andere in Angst versetzen und so beweisen, daß es selbst viel weniger Angst hat als die anderen.

Magische Vorstellungen können Ängste vertreiben

Wenn Kinder mit Weinflaschen „Schule" spielen, wenn sie in den Kreisen auf der Tapete Soldaten sehen, dann erweitern sie ihre Welt auf magische Weise. Sie „beschwören" sie, indem sie leblosen Gegenständen Leben einhauchen und durch bestimmte Handlungen und Gesten Gefahren abwehren.

Der vierjährige Adrian hat Angst vor Gespenstern. Die Mutter schlägt ihm vor, diese zu malen. Adrian malt ein Bild und zerreißt es danach in kleine Stücke, um sicher zu sein, daß er die Gespenster zerstört hat. Sie können ihm jetzt nichts mehr antun.

In Fatimas Kinderzimmer stehen mehrere Kasperlefiguren. Tagsüber stören sie das Kind nicht. Doch abends, wenn es dunkel wird, fürchtet Fatima die Augen der Hexe. Sie dreht dann die Hexe und alle anderen gefährlichen Figuren mit dem Gesicht zur Wand und bannt so die drohende Gefahr.

Benjamin hat Angst, wenn der Hund des Nachbarn am Gartentor hochspringt und bellt, wenn er vorbeiläuft. Er glaubt aber, daß der Hund weniger wild reagiert, wenn er ganz vorsichtig geht und vor allem nicht auf die Fugen zwischen den Steinplatten tritt. Diese Aufgabe ist für Benjamin schwierig. Er muß sich dabei anstrengen.

Die drei Kinder haben jeweils eine Methode gefunden, mit der sie ihre Angst verringern können. Manchmal, wie bei Benjamins Beispiel, verlangen sich Kinder viel ab, um ihre Ängste zu überwinden. Doch sie sind ganz sicher, daß ihre Wege der Angstbewältigung zum Erfolg führen.

Vorschulkinder vertrauen darauf, daß sie mit ihren Wünschen und Gedanken die Welt beeinflussen können. So sagt ein Kind in einer Erzählung von Marica Bodrožić: „Ich war sicher, daß das Blau des Himmels nur deshalb so blau war, weil ich es mir wünschte." (2002, S. 91)

Das Mädchen hatte von seiner Mutter eine blaue Strickjacke geschenkt bekommen, von der die Mutter sagte, der Mann im Mond habe sie für sie gestrickt. Seitdem glaubt sie, daß der Mond ihr ständig folgt. Sie probiert verschiedene Wege aus. Welchen Weg sie auch wählt, der Mond begleitet sie überall hin. Das ist für sie ein bißchen beunruhigend, aber auch stärkend, denn sie fühlt sich auserwählt. Seit sie die Strickjacke besitzt, gibt es eine geheimnisvolle Verbindung zwischen ihr und dem Mond. Sie fühlt etwas von dem Leuchten des Mondes in sich und braucht keine Angst mehr zu haben. Doch sie weiß, daß sie das ihrem Freund nicht erzählen kann. Sie sagt: „Die blaue Strickjacke verlieh mir Kräfte, die er nicht verstanden und mir auch nicht zugetraut hätte." (2002, S. 88)

Das magische Denken der Vorschulkinder ist kein vereinfachtes oder primitives Denken. Es ist eine andere Art, die Welt zu verstehen. Im magischen Denken können Kinder die Welt verwandeln, so wie es ihnen paßt. Sie können Gefahren heraufbeschwören oder auch überwinden. In keiner anderen Zeit ihrer Entwicklung glauben Kinder so sehr an ihren Einfluß auf die Welt. Sie fühlen sich stark und vertrauen ihren geheimen Kräften.

Kann magisches Denken für Kinder gefährlich sein?

- Vorschulkinder glauben, ihre Umgebung mit Handlungen oder Gedanken beeinflussen zu können.
- So glauben sie manchmal von schwer verstehbaren Ereignissen, sie hätten sie selbst verursacht.
- Wenn die Eltern sich getrennt haben, wenn der Großvater gestorben ist, suchen Kinder nach Gründen. Dabei glauben sie oft, das Unglück sei ihre Schuld.
- Sie können sich jahrelang mit Schuldgefühlen plagen, ohne daß Erwachsene etwas davon wissen.

- Deshalb muß man, wenn etwas Schlimmes passiert ist, den Kindern erklären, daß weder ihre Gedanken noch ihr Verhalten es bewirkt haben.

Bei großen Belastungen greifen auch noch Schulkinder auf magische Praktiken zurück

Das magische Denken ist eigentlich typisch für Vorschulkinder. Schulkinder verstehen die Welt schon besser und haben realistische Erklärungen für das, was passiert. Doch in großer Not, wenn keine anderen Lösungsmöglichkeiten vorhanden sind, versuchen auch Schulkinder und sogar Erwachsene ihre Probleme mit magischen Praktiken zu lösen. Zwar sind sie nicht mehr so felsenfest davon überzeugt, daß dies zum Erfolg führt, aber sie versuchen es.

Ein Kreuz wird auf das Schulheft gelegt.
Der achtjährige Tim hat Probleme mit der Rechtschreibung. Obwohl er sich sehr anstrengt, macht er immer wieder Fehler und bekommt schlechte Noten. Dann sind seine Eltern unzufrieden und schimpfen. Als wir in der psychologischen Untersuchung überlegen, was man gegen seine Schwierigkeiten unternehmen könnte, gesteht er mir, daß er schon einen Weg gefunden hat. Doch davon darf niemand etwas wissen. Er hat ein kleines silbernes Kreuz, das seine Oma früher als Halskette trug. Dieses Kreuz trägt er immer in seiner Hosentasche. Wenn in der Schule ein Diktat geschrieben wird, nimmt er heimlich das Kreuz heraus und fährt mit ihm über das Geschriebene. Dabei verdeckt er das Kreuz so mit der Hand, daß niemand es bemerken kann. Denn er weiß, daß seine Methode ungewöhnlich ist, und er fürchtet, von den Kameraden ausgelacht und von den Eltern ausgeschimpft zu werden. Er glaubt auch selbst nicht mehr so ganz daran, daß das Kreuz ihm bessere Noten beschert. Doch in seiner Lage ist es vielleicht eine Möglichkeit, zu guten Ergebnissen zu gelangen.

Monika darf nicht sprechen, damit ihre Wünche erfüllt werden.

Monika ist schon elf Jahre alt. Sie hat gerade von der Grundschule in eine weiterführende Schule gewechselt. Im Mathematikunterricht kommt sie nicht richtig mit und hat schon einige schlechte Arbeiten geschrieben. Sie hat große Angst, daß sie die weiterführende Schule wieder verlassen muß. Immer wieder denkt sie mit Sorgen an den Mathematikunterricht, und sie wünscht sich, in diesem Fach bessere Leistungen zu erreichen. Dieser Wunsch beschäftigt sie Tag und Nacht, und weil der Wunsch so groß ist und für sie so unerfüllbar erscheint, hat sie sich einen magischen Weg ausgedacht. Sie glaubt, daß sie sich etwas wünschen darf, wenn sie ein Postauto sieht. Der Wunsch geht aber nur in Erfüllung, wenn sie so lange schweigt, bis ihr nacheinander drei Männer mit einer Brille begegnet sind. Monikas Wunsch ist immer gleich. Sobald sie ein Postauto sieht, wünscht sie sich, bessere Mathearbeiten zu schreiben. Ob dieser Wunsch in Erfüllung geht, hängt davon ab, ob Monika lange genug schweigt. Das ist oft nicht einfach. Denn gerade in dem Augenblick, in dem sie den Wunsch ausgesprochen hat, kann ihr eine Freundin begegnen, die freudig auf sie zuläuft und mit ihr sprechen will. Wenn Monika dann schweigt, ist die Freundin enttäuscht, manchmal auch wütend. Dann gilt Monika als stur oder eingebildet, dabei denkt sie nur an die Mathearbeiten und weiß keinen besseren Weg, mit ihrem Problem fertig zu werden.

Ängste bei Dunkelheit und in der Nacht

Die Wahrheit ist, daß die Nacht all das enthält, was man in sie hineinlegt, und da man nichts sehen kann oder nur sehr wenig, bietet sie der Phantasie unbegrenzten Spielraum ... Die Erfinder der besten Gruselgeschichten wissen, daß die Angst bei Nacht sich selbständig macht und sich an alles heften kann.
(Alvarez 2000, S. 57)

In der Dunkelheit wird die Welt unheimlich

Im Religionsunterricht im zweiten Schuljahr sollten Schülerinnen und Schüler Angstbilder malen, und später wurde mit jedem Kind einzeln über seine Ängste gesprochen. (Schwendemann 2002) Am häufigsten nannten die Kinder Dunkelängste, gefolgt von Ängsten vor einem bedrohlichen Tier oder vor einem Unfall oder Verletzungen. Warum macht die Dunkelheit oder die Nacht solche Angst?

Wir Menschen sind „Tagtiere", unser wichtigstes Sinnesorgan sind die Augen. Unsere Augen geben uns Informationen über unsere Umgebung und helfen uns bei der Orientierung. Sobald es dunkel wird, nimmt der Einfluß unserer Augen ab. Nun müssen wir uns mit dem Gehör, dem Tastsinn oder sogar dem Geruchssinn orientieren. Doch diese Sinne sind wenig geübt, deshalb erhalten wir über sie weniger Informationen. Die uns bei Tage so vertraute Welt wirkt plötzlich fremd. Das hinterläßt ein Gefühl von Unsicherheit und Hilflosigkeit.

Wenn die Sicherheit und Klarheit des Tages schwindet, kann Angst entstehen. Angst in der Dunkelheit ist eine unbestimmte, unklare Angst, ebenso wie die Dunkelheit selbst von uns Menschen unklar und unbestimmt erlebt wird. Aus dem Dunkeln kann etwas kommen, das uns bedroht. In das Dunkel kann Schreckliches hineingesehen werden. So sehen Kinder in einer sich bewegenden Gardine einen auf sie zukommenden Geist, sie glauben, daß hinter Ecken oder in Gängen Ungeheuer lauern, und harmlose Geräusche werden für sie zu den Schritten von Räubern. Kinder können alles in das Dunkel hineinsehen.

Gegen das Unheimliche, das aus dem Dunkeln kommt, können Kinder aber auch etwas unternehmen. Sie kämpfen mit Phantasie und Witz gegen ihre Dunkelängste, wenn zum Beispiel Gespenster durch das Kauen von Apfelstücken verscheucht oder mit einer Faschingsmaske getäuscht werden. Andere Kinder benutzen ihren Verstand, sie versuchen alles zu erklären und nehmen dadurch der Dunkelheit ihren Schrecken. Eine dritte Gruppe von Kindern macht sich die Dunkelheit vertraut. Sie lernen, sich im Dunkeln zu orientieren, und brauchen sich deshalb nicht mehr zu fürchten. Von all diesen Kindern handeln die folgenden Geschichten.

Helma sieht Gespenster über den Bilderrahmen klettern

Wenn Helma schlafen geht, schaut sie von ihrem Bett aus auf ein großes Ölgemälde mit einem dicken, goldenen Rahmen. Das Bild ist so angebracht, daß der untere Rand die Wand berührt und der obere Rand eine Handbreit ins Zimmer ragt. Das Bild hängt also schräg über Helmas Kopf. Hinter dem Bild ist Schatten, ein dunkles Dreieck zwischen dem Bild und der Wand.

Wenn es Nacht wird und die Straßenlaterne nur wenig Licht ins Zimmer wirft, sieht Helma, wie aus dem jetzt tiefschwarzen Dreieck kleine fingergroße Gestalten krabbeln. Helma nennt sie „Fingergespenster", weil sie so klein und dünn sind wie Fingerpuppen. Sie haben aber schreckliche Gesichter. Sie lehnen sich über den Bildrand und blicken von oben auf sie herab. Manchmal grinsen sie sie an. Helma liegt steif im Bett und wagt nicht, sich zu bewegen. Sie wagt auch nicht, in eine andere Richtung zu sehen. Denn dann könnten die Gestalten unbemerkt über den Bildrand klettern und auf sie springen. Wenn Helma die Gestalten ansieht, hat sie sie unter Kontrolle. So liegt sie mit weit aufgerissenen Augen höchst angespannt im Bett und wehrt sich gegen das Einschlafen, weil sie die Gespenster im Auge behalten muß. Wenn die Angst zu groß wird, schlüpft sie vorsichtig aus dem Bett, schleicht sich in das Schlafzimmer der Eltern und versteckt sich unter Mutters Bettdecke. Dort schläft sie sofort ein.

Wie Helma und ihre Mutter die Gespenster vertreiben

Helmas Ängste sind nicht ungewöhnlich: Viele kleine Kinder sehen in der Dunkelheit schlimme Gestalten und Phantasiewesen. Solche Kinderängste werden erst gefährlich, wenn sie länger andauern, stärker werden und wie bei Helma Einschlafstörungen oder andere Störungen hervorrufen. Dann brauchen die Kinder Unterstützung bei der Verarbeitung ihrer Ängste. An Helmas Geschichte wird nun gezeigt, wie Eltern und Kinder gemeinsam Gespensterängste überwinden können. Dabei wird deutlich, daß Eltern sich oft von den Gedanken der Kinder leiten lassen können.

Sich nicht über die Ängste der Kinder lustig machen.
Wir Erwachsenen wissen, daß hinter einem Bilderrahmen keine Gespenster wohnen. Doch es hilft Helma nichts, wenn wir über das Wort „Fingergespenster" lachen oder ihr beweisen wollen, daß es keine Gespenster gibt, die so klein und dünn sind wie Finger. Auch der Ausspruch der Erwachsenen: „Da brauchst du keine Angst zu haben. Da ist doch nichts!" kann für Helma kein Trost sein. Denn dieser Ausspruch wischt ihre Gefühle einfach weg und stellt sie sogar als dumm dar. Vernünftiges Zureden bei unsinnigen Ängsten vertreibt

die Ängste nicht, sondern führt häufig dazu, daß das Kind seine Ängste verheimlicht und nie mehr davon spricht. Es ist aber deshalb nicht weniger ängstlich. Helmas Mutter diskutiert nicht mit ihrer Tochter darüber, ob Gespenster über den Bilderrahmen klettern oder nicht. Sie nimmt die Ängste ihrer Tochter zunächst einmal ernst. Sie hört Helma zu, spricht mit ihr, und beide suchen nach einer Lösung.

Es hilft nichts, vor der Angst wegzulaufen.
Die Mutter macht Helma einen ersten Vorschlag zur Angstüberwindung, der typisch für viele Eltern ist. Sie sagt: „Mach einfach die Augen zu oder krabbel unter die Bettdecke." Mutters Ratschlag ist menschlich und liebevoll gemeint, doch er hilft ihrem Kind nicht weiter. Er lädt ein, vor der Angst wegzulaufen. Doch wer vor der Angst wegläuft, den holt sie ein. Wenn Helma sich versteckt, sieht sie die Gespenster nicht mehr. Das wird sie kurzfristig entlasten. Doch ihre Angst wird so nicht überwunden, denn Helma weiß, daß die Gespenster noch da sind, auch wenn sie wegsieht. Es wird sogar gefährlicher, wenn sie wegsieht. Denn dann kann sie die Gespenster nicht mehr kontrollieren und weiß deshalb nicht, was sie gerade anstellen. Und das könnte eventuell etwas ganz Schlimmes sein.

Zu viel elterliche Hilfe blockiert die Angstbewältigung.
Wenn Kinder Ängste haben, können die Erwachsenen ihnen helfen, indem sie ihre Nähe und ihren Beistand anbieten. Dies ist für die Kinder tröstlich und beruhigend. Es darf aber nicht die einzige Hilfe zur Angstüberwindung bleiben, denn es macht die Kinder von den Erwachsenen abhängig. Hätte Helmas Mutter sich neben ihr Bett gesetzt und ihre Hand gehalten, wäre Helma sicherlich schneller eingeschlafen. Doch die Lösung des Problems läge dann ganz allein bei der Mutter. Nur in Mutters Beisein und mit Mutters Hand könnte Helma ihre Angst überwinden. Eigene Wege zur Angstüberwindung

brauchte sie dann nicht mehr zu suchen. Denn Mutters Beistand ist immer vorhanden, und es ist so einfach, sich darauf zu verlassen. Helma wäre dann von der Mutter abhängig. Wenn die Mutter aus irgendwelchen Gründen nicht anwesend sein könnte, wäre Helma hilflos und könnte sich in die Angst hineinsteigern.

Der Angst entgegentreten.
Helma weicht der Angst nicht aus und überläßt es auch nicht ihrer Mutter, etwas zu unternehmen, nein, Helma tritt der Angst selbst entgegen. Sie versucht, mit sogenannten magischen Praktiken ihre Angst zu bannen. Bei Vorschulkindern finden wir solche Angstbewältigung häufig. Zunächst glaubt Helma, daß die Fingergespenster ihr nichts tun können, wenn sie sie nur lange genug anstarrt. Doch diese Methode überfordert das Kind, denn sie führt zu Einschlafstörungen und Verspannungen. Helma muß einen anderen Weg finden. Weil die Gespenster so klein sind, glaubt Helma, daß man sie leicht erschrecken kann. Helma hat eine Idee. Sie wird die Gespenster mit unbekannten Geräuschen erschrecken. Sie wird den Teller mit Apfelstücken, den die Mutter ihr abends hinstellt, mit ins Bett nehmen und dort laut und schmatzend essen. Solche Geräusche haben die Gespenster noch nie gehört. Sie wagen es dann nicht, aus dem dunklen Dreieck herauszuklettern und über den Bildrand zu grinsen. Sie bleiben in ihrem Versteck. So hat Helma selbst die Gespenster verscheucht. Sie kann wieder gut schlafen, braucht aber in den folgenden Wochen noch Apfelstückchen zum Einschlafen, bis sie ganz sicher ist, daß die Gespenster sich verzogen haben.

Den Kräften des Kindes, auch den magischen Kräften, vertrauen.
Die Lösung, die Helma und ihre Mutter gemeinsam gefunden haben, enthält alle bisher genannten Punkte. Helmas Ängste werden ernst genommen. Es geht nicht darum, ob die Gespen-

ster da sind oder nicht, sondern es geht darum, wie Helma sie verscheuchen kann. Sie tritt alleine ihrer Angst entgegen und findet eine magische Praktik, mit der sie ohne Mutters Hilfe die Gespenstern vertreibt. Daß diese Praktik noch Spaß macht, weil Helma nun laut und unverschämt schmatzen kann, ist ein zusätzlicher Gewinn.

Angst ist stets mit Anspannung verbunden und verträgt sich nicht mit Entspannung. So ist zum Beispiel Lachen ein gutes Mittel gegen die Angst. Helmas Schmatzen macht ihr Freude. Sie erlebt sich als frech und provozierend. Das stärkt ihr Selbstbewußtsein und macht sie weniger anfällig für Ängste.

Die psychische Wirklichkeit beachten.
Dennoch bleibt die Frage, ob Gespenster durch das Kauen von Apfelstücken vertrieben werden können. Natürlich nicht! Aber es geht hier nicht um Realität, sondern um Gefühle, um eine psychische Wirklichkeit. Helma sieht die Gespenster, sie weiß genau, daß sie da sind, auch wenn Erwachsene sie nicht sehen können. Sie fühlt sich den Gespenstern ausgeliefert, erlebt sich als schwach und hilflos. Sie braucht die Möglichkeit, aktiv zu werden, etwas gegen die Angst zu unternehmen, damit sie sich wieder als stark und kompetent erleben kann.

Was sie gegen die Angst unternimmt, ist zweitrangig. Helma und ihre Mutter entscheiden sich für das Kauen von Apfelstücken. Helma hätte auch die Gespenster malen können, um die Bilder danach zu verbrennen oder einzusperren. Sie hätte die Gespenster aus Knete herstellen können, um sie nachher zu zerquetschen. Wichtig ist, daß Helma etwas tut und daß sie die Gespenster mit magischen Praktiken oder im Spiel besiegt. Der magische Glaube dieser Altersstufe ist so stark, daß es keinen Zweifel gibt. Welche magische Praktik sie auch anwendet, es wird ihr gelingen. Helma ist ganz sicher, die Gespenster wirklich verjagt zu haben.

Tiefenpsychologische Deutung von Helmas Geschichte

Helmas Ängste können durch unterschiedliche Theorien erklärt werden. Die Tiefenpsychologie zum Beispiel nimmt an, daß Kinder ihre eigenen negativen Gefühle oft nicht wahrhaben wollen oder auch nicht ausleben dürfen. Sie müssen sie dann verdrängen und verlegen sie in die Außenwelt. Von dort begegnen sie ihnen wieder als Bedrohung durch Geister, Gespenster, Räuber oder Diebe.

Helma ist ein artiges, angepaßtes Kind. Solange sie ihre – möglicherweise vorhandenen – Aggressionen nicht zugeben will, verlagert sie sie nach außen und fühlt sich dann von den Gespenstern bedroht. „Dunkelangst entsteht dann, wenn wir Dunkles auf die dunkle Außenwelt projizieren ... Angst schafft Dämonen, Angst schafft Monster, aber Monster machen natürlich auch Angst." (Kast 1996, S. 63)

Einen Schutzengel zur Hilfe holen.
Als Helmas Ängste auftraten, hat niemand an einen Schutzengel gedacht. Wenn Kinder noch nicht stark genug sind, selbst der Angst entgegenzutreten, brauchen sie das Gefühl, daß etwas gegen ihre Angst unternommen wird. Ein Schutzengel kann den Kindern Sicherheit geben und das Gefühl, daß sie der Situation nicht alleine und hilflos ausgeliefert sind. Als die dreijährige Christina aus unerklärlichen Gründen plötzlich nachts Angst entwickelte, fuhr die Mutter mit ihr in die Stadt, und sie suchten gemeinsam einen aus Holz geschnitzten Engel aus. Dieser wurde neben Christinas Bett befestigt, um aufzupassen, daß ihr nichts geschieht. Jeden Abend, wenn sich die Mutter von Christina verabschiedete, sprach sie im Beisein des Kindes noch einmal den Schutzengel an und bat ihn, gut auf Christina aufzupassen. Mit dem Gefühl, daß noch jemand bei ihr ist und aufpaßt, konnte Christina wieder ruhig schlafen.

Den angsterzeugenden Wesen einen Streich spielen.
Die fünfjährige Carolin ist ebenso phantasievoll wie Helma und findet einen eigenen Weg, ihre Angst vor den nachts in ihr Zimmer kommenden Geistern zu überwinden. Kein Erwachsener hätte diesen Weg für Carolin ausdenken können. Wenn Carolin im Bett liegt, glaubt sie, daß Geister in ihr Zimmer schweben und nach ihr suchen. Um sich vor diesen Eindringlingen zu schützen, setzt sie sich eine Katzenmaske aufs Gesicht, die sie noch vom Fasching her hat. Wenn nun die Geister kommen, können sie Carolin nicht finden. Sie sehen nur eine Katze im Bett liegen. „Ach, da ist ja nur eine Katze", denken die Geister und schweben wieder aus dem Zimmer hinaus.

Kleine Forscher holen sich Wissen gegen ihre Dunkelängste

Helma und Carolin haben mit phantastischen Erklärungen und magischen Praktiken ihre Angst vor den nächtlichen Ungeheuern überwunden. Doch nicht alle Kinder suchen diesen Weg. Es gibt auch die kleinen Forscher, die ihre Angst überwinden, indem sie ihren Verstand einsetzen. Sie schauen genau hin und suchen nach Wissen, um den Gegenstand ihrer Angst besser verstehen zu können. Denn, was man versteht, macht weniger Angst. Angst entsteht meist in unklaren Situationen, in denen man nicht weiß, was auf einen zukommt.

Kleine Forscher sind die Kinder, die bei Dunkelheit Licht anschalten. Sie wollen wissen, was tatsächlich passiert. Durch das Anschalten des Lichts bekommen die in der Dunkelheit so unheimlich wirkenden Gegenstände wieder ihr bekanntes Aussehen, oder sie verschwinden. Doch auch das Anschalten des Lichts erfordert Mut. Meist müssen die Kinder dazu das schützende Bett verlassen und alleine durch das dunkle Zimmer bis zum Lichtschalter gehen.

Sascha überwindet seine Spinnenangst, indem er alles über Spinnen lernt

Der achtjährige Sascha glaubt, daß eine dicke schwarze Spinne nachts, wenn er im Bett liegt, über ihn hinwegkrabbelt. Tags versteckt sich die Spinne in einer Zimmerecke. Doch wenn es dunkel wird, kommt sie aus ihrem Versteck. Plötzlich juckt Saschas Gesicht oder seine Haare, und er meint, die Füße der Spinne auf seinem Kopf zu spüren. Dann läuft er weinend ins Zimmer der Eltern. Auch tags hat er Angst vor Spinnen. Die Mutter weiß nicht, wie sie ihm helfen kann. Sie zeigt ihm in einem Lexikon das Bild einer Spinne und erklärt ihm alles, was sie selbst über Spinnen weiß. Das findet Sascha, der ein sehr aufgeweckter Junge ist, wirklich interessant. Nun will er noch mehr über Spinnen wissen. Er sammelt Bilder von Spinnen, ordnet sie und klebt sie in Alben. So lernt er die verschiedenen Arten von Spinnen kennen und kann Kreuzspinnen, Tigerspinnen und Kellerspinnen unterscheiden. Er weiß, wie sie ihre Netze bauen und wie sie ihre Nahrung fangen. Er wird zu einem Spezialisten für Spinnen. Je mehr er über sie weiß, um so interessanter werden sie für ihn. Er begegnet Spinnen nun mit der Neugier eines Wissenschaftlers und nicht mehr mit der Angst eines kleinen Jungen. Wenn er eine Spinne sieht, läuft er nicht mehr weg, sondern sieht genau hin. Seitdem er tags Spinnen beobachtet und ihre Nester bewundert, hat er auch nachts keine Angst mehr. Er weiß jetzt, daß Spinnen gar nicht so dick und schwarz sein können, wie er es sich in seinen Ängsten vorgestellt hat.

Olga prüft, ob der Teufel wirklich unter ihrem Bett liegt

Olga gehörte als Kind zu den kleinen Forschern. Sie überwand als kleines Mädchen ihre Angst, indem sie nachprüfte, ob das, was ihr Angst machte, auch wirklich vorhanden war. Sie fürchtete sich vor einem Teufel mit großen haarigen Händen. Wenn die Eltern ihr „Gute Nacht" gesagt, das Licht gelöscht und das Zimmer verlassen hatten, kam der Teufel. Er legte sich unter Olgas Bett. An beiden Seiten des Bettes kamen ganz langsam seine großen haarigen Hände hervor und bewegten sich auf Olga zu. Die Hände wollten das Mädchen ergreifen, es packen und wegtragen, sodaß es die Eltern nie mehr wiedersehen würde. Vor lauter Angst legte Olga sich ganz steif in die Mitte des Bettes, damit die haarigen Hände des Teufels sie nicht erreichen konnten. Sie wagte nicht, sich zu bewegen und zu atmen. Ihre Augen hielt sie fest geschlossen, um die Hände nicht sehen zu müssen. Zusätzlich versteckte sie sich unter der Bettdecke. Ihr ganzer Körper und sogar der Kopf waren von der Decke bedeckt.

Olgas Angst vor den haarigen Händen dauerte lange. Mal war sie stärker, mal weniger stark ausgeprägt, aber sie war immer vorhanden. Eines nachts, als die Angst wieder besonders groß war und Olga nicht schlafen konnte, fragte sie sich, ob wirklich ein Teufel unter ihrem Bett lag. Diese Frage hatte sie sich noch nie gestellt. Doch nachdem sie einmal gedacht war, mußte sie auch geprüft werden. Olga war immer sehr wißbegierig. Sie wollte es wissen, und zwar sofort! Vorsichtig stand sie auf, Angst stieg in ihr hoch, und sie glaubte, jeden Augenblick von dem Teufel gepackt zu werden. Sie stürzte zum Lichtschalter und knipste das Licht an. Jetzt war es hell, und alles war nicht mehr so schlimm.

Doch sie mußte noch einen Schritt weitergehen, der viel gefährlicher war als der erste. Sie mußte unter das Bett sehen und riskierte dabei, dem Teufel ins Gesicht zu blicken. Mit klopfendem Herzen stand sie neben dem Lichtschalter und wartete einen Augenblick. In ihrem Inneren kämpfte die Wißbegierde gegen die Angst. Doch der Forscherdrang siegte. Sie mußte selbst herausfinden, ob der Teufel unter dem Bett war. Es gab für sie keinen anderen Weg. Sie zitterte, als sie sich bückte, um unter das Bett zu schauen. Dort sah sie – niemanden. Sie konnte es kaum fassen. Zu lange hatte sie in Angst vor dem Teufel mit den haarigen Händen gelebt. Diese Angst konnte nicht durch ein einmaliges Experiment überwunden werden. Auch in den folgenden Nächten blickte Olga unter ihr Bett. Ihr Herzklopfen dabei verringerte sich und schließlich gab sie ihre Nachforschungen auf. Der Teufel mit den haarigen Händen kam nie zurück.

Noch heute, als Erwachsene, ist Olga stolz darauf, daß sie ihre Angst vor dem Teufel mit den haarigen Händen selbst überwunden hat, indem sie nachforschte, ob der Teufel wirklich existiert. Der Mut dieses kleinen Mädchens ist zu bewundern. Solange Olga sich vor ihrer Angst versteckte, konnte diese nicht verschwinden. Doch dann hat sie nach einem Wissen gesucht, das ihre Angst auflösen konnte.

Sich mit der Dunkelheit vertraut machen

Die Großmutter wohnte in einem großen alten Haus, das für die Enkel viele Geheimnisse barg. Es gab einen Boden mit Kisten voll alter Sachen, und einen Keller, der von einem Ende des Hauses zum anderen führte und in dessen Mitte sich ein Luftschutzkeller befand.

Wenn die Enkel ihre Großmutter besuchten, gehörte es zu einer Mutprobe, von einer Seite des Hauses zur anderen durch den Keller zu laufen, ohne das Licht anzuschalten. Die großen Kinder gingen voran und nahmen die kleinen bei der Hand. Zunächst ging es einige Stufen hinunter in einen Vorraum, in den noch etwas Tageslicht fiel. Dann kamen dickwandige Türen, die mit doppelten Griffen geöffnet und geschlossen wurden. Das war der Eingang zum Luftschutzkeller. Nach der ersten Tür folgte eine zweite, ebenfalls dickwandige Tür. Nachdem die erste Tür geschlossen wurde, war es stockfinster. Die zweite Tür konnte nur ertastet werden. Wurde diese geöffnet, mußten die Füße nach den Stufen suchen, die in den Luftschutzkeller führten. Dann ging es ein Stück geradeaus, bis die Füße wieder an Stufen stießen, die diesmal nach oben führten. Mit den Händen mußten dann die beiden Ausgangstüren und die großen daran befestigten Griffe gesucht werden.

Hatten die Kinder den Luftschutzkeller hinter sich, war der schwierigste Teil ihres Weges überwunden. Es folgte ein langer dunkler Flur mit Türen an der rechten und linken Seite, hinter denen verschiedene Kellerräume lagen. Am Ende des Flurs gab es eine alte, nicht mehr benutzte Waschküche. Schließlich eine Treppe, die nach oben immer heller wurde und über die man ins Freie gelangte. Der dunkle Weg durch den Keller war für alle Kinder eine Mutprobe. Nachdem die großen Kinder die kleinen geführt hatten, kam die Zeit, in der die Kleinen sich selbst auf den Weg machten. Sie nahmen sich an der Hand und sprachen sich zwischendurch Mut zu. So lernten alle Enkel den Weg durch den Keller kennen, tastend und fühlend. Die heute erwachsenen Kinder können noch genau den Weg beschreiben, obwohl sie ihn jahrelang nicht mehr gegangen sind, denn Großmutters Haus ist abgerissen worden. Manchmal staunen sie, daß sie dabei so wenig Angst hatten. Es bedeutete ja Anerkennung, wenn ein Kind soweit war, den Weg durch den Keller mitzugehen. In der Erinnerung bleibt er „Omas Keller", ein Stück Heimat, ohne etwas, das Angst machen könnte.

Die meisten Kinder heute haben keinen Keller, in dem sie von anderen Kindern lernen können, wie man sich orientiert, ohne zu sehen. Doch auch Eltern können ihren Kindern helfen, die Dunkelheit etwas weniger unheimlich zu erleben. Sie können zum Beispiel die vertrauten Räume etwa dunkler machen, so daß das Kind noch ein bißchen sieht, sich aber schon mit den Händen zurechtfinden muß. Dann gilt es Gegenstände zu finden, die man vom Tage her kennt, eine Puppe, ein Spielzeugauto oder das Schaukelpferd.

Als weiteren Schritt gibt es Spiele mit geschlossenen oder mit verbundenen Augen. Nun ist das Kind ganz allein auf den Tastsinn, das Gehör oder den Geruchssinn angewiesen.

Beim Spiel „Blinde Kuh" muß es die anderen Familienmitglieder fangen und ihren Namen nennen. Bei den „Kim-Spielen" der Pfadfinder geht es darum, Gegenstände mit dem Tastsinn, dem Geruchssinn oder dem Geschmackssinn zu erkennen. Ein Kind mit verbundenen Augen kann auch von einem sehenden Kind oder einem Erwachsenen geführt werden. Es soll dabei den Weg oder bestimmte Gegenstände auf dem Weg wiedererkennen. Bei diesem Spiel lernt das Kind auch, sich anderen anzuvertrauen, weil es sich allein nicht mehr orientieren kann. Deshalb dürfen bei diesem Spiel Kinder auf keinen Fall hereingelegt werden.

Kinder brauchen Informationen über tatsächliche Sachverhalte

Viele Kinderängste entwickeln sich, weil die Kinder Situationen nicht klar einschätzen können und sie nach ihren eigenen Vorstellungen erklären. Solche Erklärungen können verworren und angsterregend sein. Wenn das Kinderzimmer zum Beispiel neben der Straße liegt, leuchten nachts die Scheinwerfer der vorbeifahrenden Autos herein, und ein Lichtstreifen läuft über die Wand. Die Kinder sehen das Licht durch ihr Zimmer gleiten und wieder verschwinden. Oft glauben sie, daß Gespenster an der Wand entlanglaufen, und sie fürchten sich. In solchen Situationen können Erwachsene helfen, indem sie den Kindern zeigen, daß der durch das Zimmer gleitende Lichtstrahl von den Autos hervorgerufen wird. Diese Information hilft, den tatsächlichen Sachverhalt zu verstehen. Die Kinder brauchen sich dann nicht mehr zu fürchten, denn was man erklären kann, macht weniger Angst.

Es ist etwas anderes, einem Kind einen Sachverhalt, den es falsch deutet, zu erklären, als ihm seine Ängste ausreden zu wollen. Wer einem Kind einen Sachverhalt „wirklich" erklärt, läßt das Kind genau hinschauen und die Zusammenhänge selbst entdecken. Dann wird in dem Kind die Haltung und Einstellung eines kleinen Forschers geweckt. Wer einem Kind seine Ängste ausreden will, macht genau das Gegenteil. Dann wird das Kind aufgefordert, nicht hinzusehen und seinen eigenen Gefühlen nicht zu trauen. Die Angst eines Kindes vor ungewöhnlichen Wesen entspringt einer tiefen inneren Verunsicherung. Solche Gefühle kann man nicht einfach wegwischen und es bringt nichts, gegen sie zu argumentieren.

Ein Kinderbuch von John Irving: „Ein Geräusch, wie wenn einer versucht, kein Geräusch zu machen"

Das Besondere an diesem Buch sind die Bilder der Zeichnerin Tatjana Hoffmann. Ihre Bilder sind „gemalte Kinderangst". Ein kleiner Junge mit seinem Teddy läuft ganz alleine durch das dunkle Haus voller Schatten, gespenstischem Licht und nicht klar zu erkennenden Gegenständen.

Mitten in der Nacht wacht Tom auf. Er hat ein seltsames Geräusch gehört. Tom weckt den Vater. Dieser fragt, wie sich das Geräusch denn wirklich angehört hat. Doch wie kann ein Kind angstmachende Geräusche beschreiben? Allein im dunklen Kinderzimmer klingt alles so anders. Tom versucht, das Geräusch zu beschreiben, und seine Antworten zeigen, wie aufregend das Geräusch ist und wie es die Phantasie des Jungen anregt. Er sagt zum Beispiel: „Es war so ein Geräusch, wie wenn in Mamis Schrank ein Kleid lebendig wird und von seinem Kleiderbügel runterklettern will." Der Vater hört sich Tom Beschreibungen an und fragt nach, um sie besser zu verstehen. Dann schlägt er vor, ins Kinderzimmer zurückzukehren, um gemeinsam dem gespenstischen Geräusch zu lauschen. Als es wieder auftritt, schreit Tom: „Es ist ein Monster!" Doch der Vater erklärt ihm, daß eine Maus in der hohlen Wand krabbelt. Sie wohnen nämlich in einem Holzhaus. Er zeigt Tom, wie er selbst die Maus verjagen kann. Er muß nur an die Wand klopfen. Tom kann wieder ruhig einschlafen, er hat eine sachliche Erklärung für einen angstmachenden Sachverhalt erhalten.

Einschlafängste, nächtliches Aufschrecken und Alpträume

> *Jede Familie kennt die – oft als Unart angesehene – Angst vor dem Einschlafen. In ihr spiegeln sich die Grundängste der Menschheit; die Angst vor dem Unbekannten, dem Verloren- und Vergessensein und letztlich dem Tod.*
>
> *(Keyserlingk 1999, S. 10)*

Was macht das Einschlafen so schwierig?

Wenn es Abend wird, beginnt für viele Eltern der schwierigste Teil des Tages. Müde von dem durch die Kinder bestimmten Tagesablauf bringen sie ihre Kinder ins Bett und hoffen, noch einige Zeit für sich zu haben, um fernzusehen oder mit dem Partner zu sprechen. Doch plötzlich steht das Kind wieder im Wohnzimmer, weil es noch etwas trinken möchte, weil es der Mama noch einen Kuß geben möchte, weil es nicht schlafen kann, oder weil es Angst vor der Nacht hat. Nun beginnt das Verhandeln. Haben die Eltern noch genügend Kraft, schicken sie ihr Kind freundlich, aber bestimmt wieder weg. Sind sie vom Tag ausgelaugt, schimpfen sie, oder sie geben dem Kind nach, legen sich mit ihm ins Bett, damit es besser einschlafen kann und schlafen dabei vielleicht selbst ein. So verpassen sie die Zeit, die ihnen selbst und ihrer Partnerschaft gehören sollte.

In den ersten drei Lebensjahren eines Kindes sind Schlafstörungen das Verhalten, über das die meisten Eltern in der Praxis eines Kinderarztes klagen. Warum ist das Einschlafen und Durchschlafen für Kinder so schwierig? Der Übergang vom Tag zur Nacht, von der bekannten und vertrauten Welt in die geheimnisvolle Dunkelheit, macht den Kindern Angst. Einschlafen bedeutet, sich vom Tag zu verabschieden, die Familienmitglieder zu verlassen und sich ganz allein dem Schlaf anzuvertrauen. Während des Einschlafens verliert das Kind die Kontrolle über das, was passiert. Auch das kann Angst machen. Kinder fragen sich vielleicht: Was passiert mit mir, wenn ich schlafe? Was passiert mit den Eltern? Ist die Welt, wenn ich aufwache, noch genau so, wie sie vorher war?

Einschlafängste sind häufig Ängste vor Trennung oder Verlust. Einschlafschwierigkeiten, die die Eltern stören, weil das Kind immer wieder bei ihnen erscheint, sind für das Kind eine Möglichkeit, die Trennung herauszuzögern. Aber wie sollen Kinder das, was sie ängstigt, in Worte fassen? Sie wissen es ja selbst nicht so genau. Deshalb sprechen sie von Monstern, von Geistern und Gespenstern und meinen damit ihr Gefühl, dem Unbekannten und Unheimlichen ausgeliefert zu sein.

Hilfen gegen Einschlafängste

Sich vom Tag verabschieden.
Tagsüber nehmen Kinder viele Eindrücke auf, ohne die Zeit zu haben, sie zu verarbeiten. Wenn sie dann aus dem Tagesgeschehen heraus ins Bett geschickt werden, können sie noch nicht schlafen, sondern müssen das, was sie tags erlebt haben, erst aufarbeiten. Es fällt Kindern schwer, sich von dem Trubel des Tages zu verabschieden. Sie brauchen vor dem Ins-Bett-Gehen noch etwas Zeit, in der es ruhiger wird, in der sie Abstand gewinnen können. Der Abschied vom Tag fällt Kindern leichter, wenn sie gemeinsam mit dem Vater oder der Mutter die Ereignisse des Tages besprechen können.

Rituale geben Sicherheit.
Ein abendliches Ritual kann das Kind auf das Einschlafen vorbereiten. Dazu muß die Reihenfolge der Tätigkeiten gleich bleiben. Eine immer gleiche und dem Kind dadurch vertraute Abfolge gibt ihm das Gefühl: „Es ist alles in Ordnung!" Das Kind weiß, was es erwartet. Schritt für Schritt verabschiedet es sich von den Ereignissen des Tages, so daß ein sanfter Übergang in die Nachtruhe gelingt.

Die Tür einen Spalt geöffnet halten.
Einschlafen bedeutet, sich zu verabschieden von den Eltern und von den Gewißheiten des Tages und allein in eine ungewisse Dunkelheit zu gehen. Bleibt die Tür zum Kinderzimmer geöffnet, fühlen die Kinder sich nicht mehr so allein. Sie hören die vertrauten Geräusche und wissen, daß die Eltern in der Nähe sind.

Ein Nachtlicht anzünden.
Bei Dunkelheit bekommen alle Gegenstände ein anderes Aussehen. Dies kann Kinder verunsichern. Ein kleines Nachtlicht läßt die Gegenstände ums Bett herum klar erkennen, und das Kind kann sich ebenso orientieren wie am Tage.

Ein Schmusetier als Tröster.
Mit einem Schmusetier im Arm fühlt das Kind sich nicht mehr so allein. Das Kind hat jemanden eng bei sich, kann ihn an sich drücken und sogar mit ihm sprechen.

Sich an die Dunkelheit gewöhnen.
Das Kind muß den Übergang zum Einschlafen allein vollziehen. Dies ist die wichtigste Hilfe gegen Einschlafstörungen und oft so schwer durchzuführen, weil die Eltern mit ihrem ängstlichen Kind Mitleid haben. Sie möchten ihm so gerne helfen, ruhig einzuschlafen. Dann tragen sie ihr Kind herum oder sie wiegen es auf ihren Armen in den Schlaf. Sie halten

seine Hand, kuscheln mit ihm oder stillen es, bis ihm die Augen zufallen. Doch diese „Einschlafhilfen" haben einen Nachteil. Sie bewirken, daß das Kind nicht mehr alleine einschlafen kann.

Alle Kinder und auch wir Erwachsenen wachen nachts mehrmals auf. Wenn wir aufwachen, merken wir, ob alles noch so ist, wie es beim Einschlafen war. Ist es so, können wir uns umdrehen und wieder ruhig weiterschlafen. Ist es nicht so, bleiben wir wach. Weil viele Kinder nur mit Hilfe der Eltern einschlafen, finden sie den Schlaf nur unter Bedingungen, „die sie nachts nicht alleine wieder herstellen können." (Kast-Zahn 1996, S. 36) Sie wachen auf, weinen und rufen nach ihren Eltern, damit diese sie wieder in den Schlaf bringen, wie sie es gewöhnt sind.

Zuviel Hilfe der Eltern beim Einschlafen kann Durchschlafstörungen bei Kindern und Eltern hervorrufen. Denn das natürliche nächtliche Aufwachen wird dann von den Kindern mit dem Gefühl verbunden, daß ihnen etwas fehlt. Sie schreien so lange, bis die Eltern die „Einschlafbedingungen" wieder herstellen. Wenn das Kind dann wieder eingeschlafen ist, sind die Eltern oft hellwach. Dies bestätigen auch psychologische Untersuchungen über das Schlafverhalten von Vorschulkindern. Kinder, die allein einschlafen können, wachen nachts weniger auf, und wenn sie aufwachen, können sie sich selbst beruhigen.

Kinder dagegen, deren Eltern beim Einschlafen anwesend sind, wachen nachts häufiger auf und beruhigen sich erst, wenn die Eltern sich ihnen zuwenden. Um solch einen Kreislauf zu vermeiden, sollten Eltern sich nach einem abendlichen Ritual zurückziehen und ihrem Kind zutrauen, daß es sich selbst beruhigen kann. Wie Eltern diesen Rückzug gestalten können, steht in dem Buch: „Jedes Kind kann schlafen lernen." (Kast-Zahn 1996)

Ein Gutenachtbuch für alle, die sich vor der Dunkelheit fürchten

Das Buch „An einem großen stillen See" von Jutta Richter erzählt die Geschichte eines Kindes und eines Mannes, die beide nicht einschlafen können. Das Kind soll einschlafen, aber die Nacht ist dunkel „und aus der Zimmerecke kriecht die Furcht". Kein Mittel hilft, selbst das Lied von den vierzehn Englein kann es nicht beruhigen. Der Mann und das Kind treffen sich und erzählen sich ihre Ängste. Der Mann fürchtet sich zum Beispiel, weil er so langsam ist. Doch der Engel der Langsamkeit flüstert ihm zu: „Laß dir Zeit!" Das Kind kann nicht einschlafen, weil es nicht glaubt, daß die Engel, die es beschützen sollen, es im Dunklen finden. Aber der Eulenengel hat andere Augen als die Menschen. Er kann auch im Dunklen auf das schlafende Kind acht geben.

So gibt es gegen jede Angst einen Engel. Jeder hat eine andere Aufgabe und gibt anderen Trost und Zuversicht. Der mutige Neinengel, der fröhliche Brennnesselengel, die flinken Möwenengel und viele andere schützen vor Gefahren, räumen Stolpersteine weg, zeigen den Weg, regen die Phantasie an oder bringen die Kinder zum Lachen. Sie alle sind Retter in der Not, und wer an sie glaubt, für den „hebt die Nacht ihre dunkle Decke ein Stückchen hoch und verliert ihren Schrecken". – Zu diesen Geschichten gibt es träumerische Bilder von Susanne Janssen. Kleinere Kinder können noch nicht die Aufgaben aller Engel verstehen, aber sie können sie im Buch anschauen. Es ist ein Buch für alle Altersstufen und spricht Erwachsene ebenso an wie Kinder.

Sind Angstträume normal?

Alle Menschen träumen, auch wenn sie beim Aufwachen nichts mehr davon wissen. Bis zu fünfmal pro Nacht träumen wir, wobei die Träume gegen Morgen immer länger werden. Insgesamt verbringt jeder Mensch ungefähr zwei Stunden pro Nacht träumend. Wieviel Zeit wir träumend verbringen, kann so genau festgestellt werden, seitdem Forscher in den 50er Jahren entdeckten, daß wir in der Zeit des Träumens ganz schnell die Augen bewegen. Dieses Phänomen wird in der Wissenschaft mit Rapid-Eye-Movement (REM) bezeichnet.

Über die Inhalte der Träume sagt dies noch nichts aus. Vielerlei Inhalte sind möglich. Auch Angstträume sind Teil des normalen Schlafverhaltens und gehören zur kindlichen Entwicklung. Wenn ein Kind wöchentlich einen Alptraum hat, brauchen sich seine Eltern keine Sorgen zu machen. Nicht jedes Kind, das schlecht träumt, hat zugleich auch ein Problem. Dazu gibt es im kindlichen Leben zu viele Auslöser für einen Angsttraum. Die kindliche Entwicklung schreitet schnell voran. Immer wieder müssen neue Situationen bewältigt werden, müssen Gefühle und Erlebnisse verarbeitet werden. Während unser Körper schläft, arbeitet unser Gehirn weiter und bereitet die Ereignisse des Tages nach. Kinder haben viel zu verarbeiten. Manchmal ist es zu viel, so daß sich Angstträume entwickeln. Auch aufregende Erlebnisse des Tages, zuviel und zu spätes Fernsehen oder Computerspiele, auffällige Geräusche, aber auch körperliche Empfindungen wie eine verstopfte Nase, ein zu voller Bauch oder Fieber können Angstträume auslösen.

Erst wenn Angstträume mehrmals in der Woche vorkommen, wenn sie als besonders schrecklich erlebt werden oder stets den gleichen Inhalt haben, braucht ein Kind Hilfe. Träume können auch zu Einschlafproblemen führen, weil das Kind schon vor dem Einschlafen Angst vor den Monstern hat, die ihm im Schlaf begegnen.

Wie Träume in der Vergangenheit verstanden wurden

Träume als Botschaften der Götter. Im Altertum und in der Bibel galten Träume als Botschaften der Götter. Die Persönlichkeit des Träumenden und seine Lebensgeschichte spielten dabei keine Rolle. Er war nur Medium, um die Botschaften weiterzugeben. Die Traumdeutung war Aufgabe von Priestern, Propheten oder besonderen Menschen, die durch ihr enge Beziehung zu den höheren Mächten deren Botschaften verstehen konnten.

Träume als Botschaften des Unbewußten. Der Psychoanalytiker Sigmund Freud schrieb im Jahr 1900 das Buch „Die Traumdeutung". Für ihn sind Träume Botschaften des Unbewußten im Menschen, die der Träumer selbst oder mit Hilfe eines Therapeuten deuten kann. In der Folgezeit haben sich verschiedene psychologische „Schulen" herausgebildet, mit verschiedenen Auffassungen vom Wesen des Traumes. Doch allen gemeinsam ist der Gedanke, daß Träume etwas mitteilen, was der Mensch im Wachzustand oft noch nicht weiß.

Träume als körperliche Vorgänge. Ein halbes Jahrhundert nach Freuds Traumdeutung wurden die Augenbewegungen während des Träumens entdeckt, und es entwickelte sich eine naturwissenschaftliche Traumforschung, die die Vorgänge im Gehirn während des Schlafens und Träumens untersuchte. Dabei wurde festgestellt, daß viele Lebewesen träumen. Die meisten Säugetiere träumen, Neugeborene und sogar Kinder im Mutterleib träumen.

„Das gesunde Gehirn *muß* träumen!"

Träume müssen wohl für die Entwicklung des Menschen wichtig sein. Dies zeigen auch Untersuchungen im Schlaflabor. Werden Versuchspersonen immer dann geweckt, wenn sie träumen, werden sie im Wachzustand unzufrieden und können Aufgaben viel schlechter lösen als andere, die ebensooft geweckt wurden, aber ausreichend träumen durften. Gemäß der modernen Schlafforschung ist der Traum ein wichtiger biologischer Vorgang. „Das gesunde Gehirn *muß* träumen!" sagen die Forscher und begründen es so: „Im Traum werden Nervenverbindungen und Programme aktiviert, um sie sozusagen instandzuhalten." (Ernst 1991, S. 22/23) Säuglinge träumen viel mehr als Erwachsene, weil sich ihr Gehirn noch entwickelt.

Was sagt die heutige Traumforschung über den Inhalt der Träume?

Auch wenn die Träume „von selbst" entstehen, weil sie biologisch notwendig sind, haben ihre Inhalte doch etwas mit unserem Leben zu tun. In Schlaflabors wurde festgestellt, daß Menschen unter seelischen Belastungen mehr träumen und daß die Inhalte ihrer Träume mit ihren augenblicklichen Gefühlen zusammenhängen. Träume scheinen zwei wichtige Aufgaben zu haben: Sie sollen die Probleme des Tages ordnen und entwirren und gleichzeitig dem Träumenden helfen, sich als Person zu erleben. „Während des Träumens frischen wir das Programm auf, das uns sagt, wer wir sind." (Ernst 1991, S. 24) Dies gilt auch für die Kinderträume, die im folgenden beschrieben werden.

Patrick kann im Traum seine Eltern nicht finden

Patrick malt in der psychologischen Untersuchung seinen Angsttraum und erzählt dabei: „Ich bin ein kleiner Pinguin und bin ganz alleine auf dem Eis. Mama und Papa sind einkaufen gegangen." Er malt das Kaufhaus, in dem seine Eltern einkaufen. Das Haus hat zwei Türen. Patrick sucht seine Eltern und geht in das Haus. Er fährt fort: „Ich gehe in die eine

Tür hinein. Mama und Papa gehen aus der anderen Tür hinaus. Ich finde sie nicht und weine." Patricks Traum verweist auf sein Problem. Er ist das mittlere Kind von drei Geschwistern, ein „vergessenes Kind", weil sich seine Eltern überwiegend mit seinen Brüdern beschäftigen. Sein jüngerer Bruder ist geistig behindert und braucht viel Zeit und Kraft der Eltern, die alles tun, um ihn zu fördern. Sein älterer Bruder ist sehr begabt und deshalb der Stolz und Trost der Eltern. Auch er wird besonders gefördert, darf mit dem Vater am Computer spielen und hat gerade einen tollen Schulranzen und ein Fahrrad geschenkt bekommen.

Patrick steht allein gelassen zwischen seinen Brüdern. Im Traum ist er ein Pinguin, ein etwas witzig wirkender Vogel, der es gewohnt ist, auf eisigem Grund zu leben. Obwohl er so niedlich ist, ist er allein. Wenn er die Eltern sucht, um bei ihnen zu sein, sind sie gerade mit anderen Dingen beschäftigt. Sie gehen fort, kaufen ein, doch ihren Sohn, den kleinen Pinguin, lassen sie allein.

Moritz träumt von Explosionen und vom Feuer

Der achtjährige Moritz bastelt gern und experimentiert viel. Er baut mit dem Fischer-Technik-Baukasten, schraubt Uhren auseinander und gilt als „Mamas Handwerker". Vieles, was im Haushalt nicht mehr funktioniert, kann Moritz reparieren. Er ist ein zufriedener Junge, der sich gut selbst beschäftigen kann. Doch seit seine Eltern sich getrennt haben, hat Moritz sich verändert. Er ist stiller geworden und wird von wiederkehrenden Angstträumen heimgesucht. Seine Träume haben alle einen ähnlichen Inhalt. Er „verbindet" zum Beispiel zwei Häuser mit elektrischen Kabeln. Doch dann gibt es einen entsetzlichen Knall, die Häuser explodieren und brennen aus. Moritz wacht erschrocken auf, weint und ist lange nicht zu beruhigen.

Auch in der Wirklichkeit versucht Moritz, seine Eltern zu

„verbinden". Er schafft es, daß sie sich treffen. Doch meist sind diese Begegnungen für alle Beteiligten unangenehm. Zwar nehmen sich die Eltern soweit zusammen, daß es nicht zu Auseinandersetzungen und gegenseitigen Beschuldigungen kommt, doch bleibt die Atmosphäre steif und gezwungen. Dennoch hofft Moritz, daß die Eltern wieder zusammenkommen. Seine Träume jedoch verlaufen anders. Sie zeigen, daß er die Eltern nicht mehr verbinden kann. All seine Bemühungen bleiben ohne Erfolg. Die Häuser oder andere Gegenstände, die er im Traum verbindet, explodieren oder verbrennen.

Moritz ist in seinen Träumen weiter als in seinem Wachbewußtsein. Er „weiß" im Traum, daß er die Eltern nicht mehr zusammenbringen kann. Doch will er das, was ihm die Träume sagen, nicht wahrhaben. Deshalb läßt ihn jeder Traum, der ihm die Wahrheit sagt, so erschrecken und so lange weinen. Sich wiederholende Träume zeigen, daß der Träumende mit diesem Thema noch nicht fertig ist. Seine Träume vermitteln Moritz Erkenntnisse, gegen die sich sein Wachbewußtsein noch wehrt.

„Jeder Traum ist ein Brief an uns – und es lohnt sich, ihn zu lesen"

Dieser Ausspruch stammt von Günter Harnisch (1995, S. 9), dem Leiter der Gesellschaft für Traumforschung und Traumtherapie. Harnisch meint, daß Träume uns Botschaften senden. Wenn wir sie erkennen, lernen wir uns selbst besser kennen. Wenn wir die Träume unserer Kinder verstehen, erfahren wir mehr über ihre Probleme. Dies hilft uns dann, mit den Kindern anders umzugehen. Das bedeutet jedoch nicht, mit den Kindern über ihre Träume zu diskutieren. Eine Interpretation seiner Träume durch Erwachsene kann einem Kind, vor allem einem Vorschulkind, selten weiterhelfen. Patricks Traum von dem kleinen Pinguin, der seine Eltern nicht findet, verlangt uns keine große Deutungsarbeit ab. Patricks Traum ist ein Hilferuf an seine Eltern. Er braucht die Nähe und Aufmerksamkeit seiner Eltern und keine Traumdeutung.

Moritz versteht seinen „verbindenden" Traum schon fast allein. Auch er braucht keine Traumdeutung, sondern mehr Klarheit in seiner Wirklichkeit. Man muß mit dem Jungen darüber sprechen, daß die Eltern nicht mehr als Paar zusammenleben werden, daß aber jeder als Vater und als Mutter für ihn da sein wird. Auch wenn eine solche Information weh tut, hilft sie dem Jungen mehr, als gemeinsame Treffen es können, bei denen die wirklichen Gefühle verschleiert werden.

Wovon handeln kindliche Angstträume?

In den meisten Angstträumen sind die Kinder einer Situation hilflos ausgeliefert. Solche Träume erzeugen bei Kindern Ängste, weil sie ihnen zeigen, daß sie der Situation nicht gewachsen sind. Die schreckliche Situation stammt meistens aus der Wirklichkeit der Kinder. Sie nehmen die Probleme des Alltags mit in die Nacht und verarbeiten sie dort weiter. Oft werden im Traum Ängste, die tief in den Kindern schlummern, konkret und beispielhaft dargestellt. Der Traum liefert „Bilder" für Gefühle.

In den drei am häufigsten vorkommenden Angstträumen erleben Kinder, daß sie verfolgt werden, oder daß sie fallen, oder daß sie einen Verlust erleiden. In solchen Situationen fühlen Kinder sich hilflos und bekommen Angst. In den Verfolgungsträumen ist das Kind zum Beispiel auf der Flucht vor einem Riesen, vor einem bösen Tier oder einem Gespenst. Jemand ist hinter ihm her und bedroht es. Das Kind rennt, so schnell es kann, und kommt doch nicht vorwärts. Bei den Fallträumen stürzt das Kind in eine Schlucht oder in dunkle Löcher. Sein Fall in die Tiefe wird immer schneller, und das Kind kann ihn nicht aufhalten. Bei Verlustträumen geht es um Verwandte oder enge Freunde, die man nicht treffen kann, die verlorengehen oder die sterben.

Verlustträume bei Erwachsenen können auch auf ungelebte Lebensmöglichkeiten hinweisen. Eine Frau, die keine Kinder bekommen hat und darunter leidet, hat einen immer wiederkehrenden Verlusttraum. Sie träumt, daß sie ein Baby verloren hat, daß sie es überall sucht und nirgends finden kann. Schweißgebadet wacht sie auf und kann nicht mehr einschlafen.

Bei älteren Kindern sind Schulträume häufig. Bei einer Untersuchung von 600 kindlichen Schulträumen waren fast zwei Drittel Angstträume. (Harnisch 1995, S. 131) Meistens handelt es sich um Leistungsängste. Doch dahinter verbirgt sich auch die Angst der Kinder, abgelehnt zu werden, wenn ihre Leistungen nicht den Erwartungen entsprechen. Schulangstträume handeln von Prüfungen, davon, daß statt des Lehrers ein Monster den Unterricht erteilt, oder auch, daß die Schule einfach nicht mehr zu finden ist. Wenn die Schule verschwindet oder abbrennt, steckt dahinter der Wunsch, der Schule zu entkommen, ein Wunsch, der zugleich Angst macht.

Wie Kinder mit ihren Angstträumen fertig werden

Kinder erleben, daß sie von ihren Angstträumen regelrecht „überfallen" werden. Sie haben keine Möglichkeit, einen Angsttraum zu verhindern. Dennoch entwickeln sie Strategien, um ihre Angstträume zu verarbeiten.

Kinder möchten ihre Träume erzählen.
Bis zum dritten Lebensjahr wissen Kinder nicht, daß sie träumen. Sie halten ihre Träume für ebenso wirklich wie die Eindrücke des Tages. Sie glauben auch, daß andere Menschen ebenso wie sie ihre Traumbilder sehen können. Wenn kleine Kinder über ihre Träume sprechen, holen sie sich jemanden, der zuhört, sie tröstet und vielleicht sogar helfend eingreift. Indem sie das, was sie bewegt, in Worte kleiden, können sie gleichzeitig innerlich Abstand gewinnen. Angst, die ausgesprochen wird, verliert etwas von ihrer Bedrohlichkeit. Oft erfah-

ren Eltern erst über die Traumerzählung ihres Kindes von seiner Not. Erst wenn sie die Botschaft des Kindes verstehen, können sie helfend eingreifen.

Kinder möchten ihre Träume darstellen.
Wenn Kinder ihre Träume zeichnen oder sogar im Rollenspiel darstellen, erhält das Bedrohliche der Nacht eine Gestalt. Auch das schrecklichste gemalte Monster hat vielleicht lustige Seiten. Es hat eine witzige Frisur, und bei genauem Hinsehen guckt es gar nicht mehr so böse. Wer die freundlichen Seiten eines Monsters entdeckt, braucht sich nicht mehr so zu fürchten. Wenn das Monster allzu schrecklich ist, kann man es im Spiel besiegen. Die gemalten Monster oder Gespenster können zerrissen, verbrannt oder eingesperrt werden. Auch wenn ein Kind sich selbst als Gespenst verkleidet und in dieser Verkleidung zum Beispiel seine Eltern erschreckt, verliert es langsam seine Angst vor Gespenstern. Ältere Kinder können ihre Träume aufschreiben oder ein Traum-Tagebuch führen. Hierbei nimmt das Kind die Sache selbst in die Hand, es „verarbeitet" den Traum und kann dadurch Abstand zum Traumgeschehen gewinnen.

Johannes versteckt seinen Traum unter der Bettdecke.
Der sechsjährige Johannes hat einen ungewöhnlichen Weg gefunden, mit seinen Träumen umzugehen. Johannes wacht nachts schreiend auf, und sein Vater tröstet ihn, indem er ihm vorschlägt, am nächsten Tag über seinen Traum zu sprechen. Am nächsten Tag fragt der Vater Johannes nach seinem Traum, doch der Junge will ihn nicht erzählen. Der Vater fragt: „Hast du den Traum denn vergessen?" – „Nein", antwortet Johannes „aber ich habe ihn versteckt. Ich habe ihn unter meiner Bettdecke versteckt. Dort wartet er. Wenn so ein schrecklicher Traum wiederkommt, kann ich sagen: ‚Ich kenn dich ja, du sitzt ja unter meiner Bettdecke.' Dann brauche ich keine Angst mehr zu haben." Johannes hat seinem

Alptraum einen Platz zugewiesen, von dem aus er nicht mehr gefährlich sein kann, weil er das Kind nicht mehr überraschen kann. Außerdem vertraut Johannes darauf, daß einmal durchgestandene Ängste beim zweiten Mal nicht mehr so schlimm sind.

Magische Praktiken gegen magische Ängste.
Angstträume gehören zur Welt der Vorschulkinder, und es entspricht ihrem Denken, sich dagegen mit magischen Praktiken zu wehren. Solche Praktiken entwickeln die Kinder meist selbst. Auch Eltern sollten sich nicht scheuen, dem Kind mit magischen Praktiken beizustehen. „Psychologische Interpretationen von Alpträumen helfen dem Kind nichts. Eher kann es einmal nötig sein, einen Geist, der sich hinterm Vorhang eingenistet hat, zu verscheuchen und sei's mit einem Besenstiel." (Rabenschlag 2001, S. 135) Das Kind braucht „mutige" Eltern, die sich den nächtlichen Bedrohungen entgegenstellen und es selbst dabei aktiv mitwirken lassen. So kann es geschehen, daß Eltern „mit dem Kind auch einmal nachts auf Großwildjagd gehen." (S. 101)

Einen Traumfänger basteln.
Kinder fühlen sich ihren Träumen hilflos ausgeliefert. Deshalb hilft es, wenn sie selbst etwas gegen ihre Träume unternehmen können und zum Beispiel einen Traumfänger basteln. Ein Traumfänger ist ein Netz mit einer großen Eingangsöffnung und einer kleinen Ausgangsöffnung. Das Gerät stammt aus der Kultur der Indianer und hängt bei vielen indianischen Kindern über dem Bett. Nach dem Glauben der Indianer werden den Kindern von guten und von bösen Geistern Träume geschickt. Die bösen Träume verfangen sich in dem Netz. Nur die guten Träume finden den Weg durch die kleine Öffnung zu dem Kind.

Ein Buch gegen Angstträume

In dem Bilderbuch „Das Traumfresserchen" von Michael Ende und Annegret Fuchshuber (1978) kann die Prinzessin Schlafittchen aus Angst vor ihren vielen bösen Träumen nicht mehr einschlafen. Sie wird immer blasser und magerer. Da niemand ihr helfen kann, geht der König selbst auf Wanderschaft, um Hilfe zu suchen. Lange ist er unterwegs, bis er am Ende der Welt das Traumfresserchen findet. Wenn Menschen es mit einem bestimmten Spruch einladen, kommt es überall hin und frißt die bösen Träume auf. Aber die schönen und guten Träume läßt es den Menschen. Von der Zeit an sagt die Prinzessin jedesmal, wenn sie Angst vor bösen Träumen hat, den Spruch auf, und das Traumfresserchen kommt. Sie hat es nie gesehen, kann aber wieder gut schlafen. Dieses Buch kann Kinder anregen, über ihre schlimmen Träume zu sprechen und ein Traumfresserchen zu malen oder zu basteln, das die Kinder dann von ihren bösen Träumen erlösen soll.

Dem Angsttraum einen guten Schluß geben.
Harnisch (1995, S. 109/110) schlägt vor, Angstträume bei Tage in einem Zustand meditativer Entspannung zu einem guten Ende umzuträumen. Seine Erfahrungen zeigen, daß Veränderungen auf der Traumebene auch das tatsächliche Leben beeinflussen. Er berichtet von einem zehnjährigen Jungen, der große Angst vor seinem Vater hatte und in immer wiederkehrenden Angstträumen von einem großen Bären angegriffen und verfolgt wurde. Der Junge überwand seine Angstträume, indem er sich in einem entspannten Wachzustand vorstellte, den großen Bären zu füttern. In den folgenden Träumen wurde der anfangs so aggressive Bär immer friedlicher, bis der Alptraum ganz verschwand. Auch in der Wirklichkeit verringerte sich die Angst des Jungen vor seinem Vater.

Veränderungen in der Lebenssituation des Kindes.
Jedes kurz zurückliegende, für das Kind schlimme Erlebnis kann Angstträume auslösen. Wenn das Kind dieses Erlebnis im Wachzustand durch Weinen und Wütendsein verarbeiten kann, wird es seine Nachtruhe nicht länger stören. „Bei Kindern, die tagsüber genug Möglichkeiten haben, schmerzhafte Erlebnisse durch Weinen zu verarbeiten, tauchen Alpträume seltener auf." (Solter 1994, S. 66) Es müssen nicht immer schlimme, einschneidene Erlebnisse sein, die zu Angstträumen führen. Auch kleinere Begebenheiten, die das Kind nicht verarbeiten konnte, können seinen Schlaf stören, wenn das Kind zu wenig Zeit hatte, sich von den Ereignissen des Tages zu verabschieden.

Weniger Fernsehen und Computerspiele am Abend.
Langes Fernsehen am Abend erhöht das Alptraum-Risiko. Dies gilt nicht nur für Kriminalfilme oder Gruselfilme, sondern auch für harmlose Geschichten und Computerspiele. Dem kindlichen Gehirn werden durch die schnelle Folge der Szenen und Bilder mehr Eindrücke zugemutet, als es problemlos verarbeiten kann. Diese Bilder muß das Kind träumend verarbeiten.

Bei massiven Störungen gibt es professionelle Hilfen.
Wenn Kinder mehrmals in der Woche unter heftigen Alpträumen leiden, deuten diese Träume auf schwerwiegende Probleme hin. Dann sollten die Eltern mit ihrem Kinderarzt sprechen oder einen Kinderpsychologen aufsuchen. Das Zentralinstitut für seelische Gesundheit in Mannheim bietet bei massiven kindlichen Angstträumen telefonische Beratung oder ein zweiwöchiges Training zur Überwindung der Angst an. **(Kontaktadresse: Dr. Michael Schredl, Tel: 0621/1703787)**

Der „Nachtschreck"

Die Eltern sind gerade eingeschlafen, als sie durch lautes Schreien aus dem Kinderzimmer geweckt werden. Sie stürzen

Ängste bei Dunkelheit und in der Nacht

ins Zimmer und sehen, daß ihr zweijähriger Daniel in seinem Bett steht und laut schreit. Mit aufgerissenen Augen starrt er in eine Zimmerecke, wo die Eltern nichts entdecken können. Nach Daniels Verhalten müßte es in der Ecke von Ungeheuern wimmeln. Er schwitzt und atmet heftig. Die Mutter spricht ihn an, doch er hört sie nicht. Sie will das schreiende Kind auf den Arm nehmen und trösten, doch Daniel schlägt um sich. Er scheint noch gar nicht wach zu sein. Der Vater rüttelt ihn, um ihn zu wecken, doch Daniel wird nicht wach und merkt nichts von den Anstrengungen der Eltern. Noch immer blickt er in die Zimmerecke und schreit. Plötzlich wird er wach und sieht die Eltern an, als sei nichts geschehen. Er läßt sich ohne Protest hinlegen und schläft sofort wieder ein. Die Eltern dagegen sind erschrocken und können lange nicht schlafen. Sie fragen sich: „Was hat unser Sohn? Ist er krank? Ist sein Gehirn in Ordnung? Woher kommt solche Verwirrtheit? Haben wir etwas falsch gemacht?"

Doch die Sorgen der Eltern sind unbegründet. Daniel hatte gerade ein nächtliches Erschrecken im Schlaf, auch „Nachtschreck" genannt oder in der Fachsprache „pavor nocturnus". Der Nachtschreck kann zwischen dem zweiten und fünften Lebensjahr auftreten und kommt daher, daß Kinder aus dem Tiefschlaf aufwachen, ohne vollständig wach zu werden. Solche Zustände dauern zwischen fünf und fünfzehn Minuten, sind von außen nicht zu beeinflussen und verschwinden plötzlich wieder. Die Kinder haben keine Erinnerung daran. Obwohl diese Anfälle oft schlimm aussehen, haben sie keine tieferen psychologischen Ursachen.

Wodurch diese Anfälle hervorgerufen werden, können die Schlafforscher noch nicht mit Sicherheit sagen. Es wird eine Unreife des Gehirns vermutet, die mit fortschreitendem Alter überwunden wird. Die Forscher konnten aber feststellen, daß sich diese Anfälle aus dem Tiefschlaf heraus entwickeln und besonders stark sind, wenn das Kind schon längere Zeit im Tiefschlaf verbracht hat. Deshalb hilft es oft, die Tiefschlafphasen zu verkürzen, indem das Kind regelmäßig und nicht zu spät ins Bett gebracht wird und tagsüber kleine Schlafpausen nimmt. In der Freiburger Kinderschlafambulanz ist festgestellt worden, daß bei kleineren Kindern Pavoranfälle zurückgehen, wenn die Eltern den Mittagsschlaf wieder einführen. (Rabenschlag 2001, S. 144)

In der folgenden Übersicht sind das typische Verhalten bei Angstträumen und bei Nachtschreck einander gegenübergestellt.

	Angstträume	Nachtschreck
Alter	3 bis 10 Jahre	2 bis 5 Jahre
Zeitpunkt	in der zweiten Nachthälfte, nach dem Traum	in der ersten Nachthälfte, aus dem Tiefschlaf heraus
Wachheit	vollständiges Erwachen	unvollständiges Erwachen
Verhalten	Weinen, Angst	Weinen, Schreien, Um-sich-Schlagen, Verwirrung, Schwitzen, schneller Puls
Bezug zu den Eltern	Ruf nach den Eltern	Eltern nicht wahrgenommen, Sichwehren gegen Zuwendung
Erneutes Einschlafen	schwierig, längerer Angstzustand	leicht, weil das Kind gar nicht richtig aufwacht
Erinnerung an das Geträumte	ja	nein
Hilfen	Zuwendung nachts: Trost, Verständnis	abwarten, Kind vor Verletzungen schützen; tagsüber Schlafzeiten einführen

Die Angst vor Trennungen und Verlusten

Trennungen haben immer zwei Seiten. Sie bedeuten Befreiung von einengenden Fesseln einerseits und andererseits das Gefühl, allein und verlassen auf der Welt zu sein.
Und doch sind Trennungserlebnisse und Abschiednehmen grundlegende Voraussetzungen dafür, daß Kinder sich schrittweise in der Welt zurechtfinden.
(Suer 1998, S. 30)

Trennungsängste von Säuglingen und Kleinkindern

Trennungsängste treten in allen Altersstufen auf, denn Menschen haben ihr Leben lang Angst davor, jemanden, den sie lieben, zu verlieren. Auf die Frage, wann ein Kind zum ersten Mal wirklich Angst empfindet und nicht nur Erschrecken, antwortet die Psychotherapeutin Selma Fraiberg (1977, S. 41): „... wenn es zuerst zu lieben lernt." Wenn ein Baby zu fremdeln beginnt, weiß es, wer seine Mutter ist. Es erlebt sie als das Wichtigste in seinem Leben und will sie immer bei sich haben. Die Liebe eines Babys ist besitzergreifend, es braucht die Nähe seiner Eltern, und es wird untröstlich, wenn es sie nicht mehr sieht. Ein Baby weiß noch nicht, daß die Mutter zurückkommen kann, nachdem sie fortgegangen ist.

Kinder zwischen dem neunten Lebensmonat und dem vierten Lebensjahr leiden am meisten unter Trennungsängsten. Jüngere Kinder begreifen das Getrenntsein noch nicht genügend, während ältere Kinder schon Möglichkeiten kennen, die Zeit der Trennung zu überbrücken. Sie haben das Bild ihrer Eltern verinnerlicht, sie besitzen bereits ein Zeitempfinden und durften schon oft erfahren, daß die Mutter wiederkommt.

„Hänschen-Klein geht allein in die weite Welt hinein ..."

In dem Augenblick, in dem das Baby seine Mutter kennengelernt hat und nur in ihrer Nähe sein will, beginnt es auch schon, sie zu verlassen. Das Kind kann jetzt krabbeln und übt mit Begeisterung diese neue Tätigkeit. Doch das neue Lebensgefühl, sich selbst fortbewegen zu können, ist verbunden mit der Angst, plötzlich alleine zu sein. Es krabbelt neuen Abenteuern entgegen und krabbelt gleichzeitig von der Mutter weg. Der „stolze Eroberer" bricht in unbekannte Gegenden auf und erschrickt plötzlich, weil alles Vertraute fehlt.

In der ersten Zeit kann nur die Mutter das Kind aus seiner Einsamkeit erlösen. Doch später lernt das Kind, daß es ja wieder zurückkrabbeln kann. Es kann das Weggehen und Wiederkehren immer wieder üben und so an seinen Ängsten arbeiten. Es kann das, was es am meisten fürchtet, nämlich von der Mutter verlassen zu werden, selbst herbeiführen, indem es sie verläßt, und wenn die Angst zu groß wird, kann es wieder zurückkrabbeln.

Wenn das Kind dann laufen kann, beginnt das „Hänschen-Klein-Alter". Im Alter von zwei Jahren stürmen die Kinder in die Welt hinaus und flüchten sich dann schnell wieder in die Arme der Mutter.

Svens Familie hat einen großen Garten, den Sven alleine noch nie erkundet hat. Bisher hat er immer in der Nähe des Hauses gespielt. Doch jetzt, mit zwei Jahren, drängt es ihn weiter. Er läuft ein Stück in den Garten, dreht sich um, winkt der Mutter fröhlich zu und läuft laut lachend weiter. Glücklich kommt er am Ende des Gartens an. Er blickt zurück, sieht das Haus nicht mehr, die Mutter nicht mehr und ist so erschrocken, daß er laut schreiend umkehrt. Selbst in den Armen seiner Mutter braucht er lange Zeit, um sich zu beruhigen.

So geht es kleinen Kindern häufig. Sie möchten eigene Wege gehen und unbekannte Gegenden erforschen. Doch gleichzeitig sind sie nicht sicher, ob sie es schaffen. Der Weg in die Eigenständigkeit ist stets von Rückschritten bedroht. Oft können die Kinder es kaum erwarten, bis sie in den Kindergarten dürfen. Doch wenn der Augenblick gekommen ist und sie sich von der Mutter verabschieden müssen, weinen sie, klammern sich an die Mutter und möchten am liebsten wieder mit ihr nach Hause zurückkehren.

Für die ersten Schritte in die Unabhängigkeit brauchen Kinder noch den Rückhalt und die Stärkung der Eltern. Ohne die Eltern fühlen sie sich schnell verloren. Aus Tatendrang wird dann Unsicherheit, aus Mut wird Angst und Panik. Dann befürchten Kinder, daß die Mama nie mehr zurückkommt oder daß der Papa sie vergessen hat. Alleine fühlen sie sich schwach und hilflos. Sie brauchen die Nähe der Eltern, damit sie bei den vielen Schritten in die noch unbekannte und so faszinierende Welt hinaus nicht von ihren Ängsten überrollt werden.

„Aber Mutter weinet sehr, hat ja nun kein Hänschen mehr ..."

Nicht nur für Kinder ist das „Hänschen-Klein-Alter" schwierig und mit intensiven Gefühlsschwankungen verbunden. Auch Eltern erleben diese Zeit auf Grund ihrer eigenen Lebensgeschichte als spannungsgeladen. Mit Freude entdecken sie die größere Selbständigkeit ihres Kindes, weil sie dadurch für ihr eigenes Leben wieder Freiheiten gewinnen können, Freiheiten, die sie zugunsten ihres Babys aufgegeben hatten. Doch diese so herbeigesehnten neuen Freiheiten machen auch Angst, denn sie sind verbunden mit einer Trennung von ihrem Kind. Die enge Verbundenheit aus der Säuglingszeit wird nun in Frage gestellt. Als Sven bis ans Ende des Gartens lief, so daß er die Mutter nicht mehr sehen konnte, hatte auch seine Mutter ein seltsames Gefühl. Sie war stolz, daß ihr kleiner Junge losstürmte, um die Welt zu entdecken, und war gleichzeitig traurig, daß diese Entdeckungsreise von ihr fortführte. So schwanken Eltern und Kinder hin und her zwischen dem Wunsch nach mehr Eigenständigkeit und der Sehnsucht nach der alten und so vertrauten Nähe. Beiden fällt die Trennung schwer, und beide können Trennungsängste entwickeln und sich gegenseitig mit ihren Ängsten anstecken.

Franziska möchte alles allein tun und hat doch Angst davor

Sich trennen bedeutet auch, etwas Eigenes beginnen, sich selbst ausprobieren, die Unterstützung der Eltern ablehnen. Im zweiten und dritten Lebensjahr werden die Worte „nein" und „alleine" ausprobiert. Die Kinder haben jetzt einen größeren Bewegungsraum, sie haben mehr Kräfte und erproben, wie sie ihren eigenen Willen durchsetzen können. Glücklich und stolz stellen sie fest, was sie schon alles können. Sie wollen sich nicht mehr wie früher helfen lassen. Wohlgemeinte Ratschläge und Hilfsangebote der Eltern werden trotzig abgelehnt. Sie stoßen die Eltern weg, treten und schlagen sie und klammern sich im nächsten Augenblick doch wieder an sie.

Die fast dreijährige Franziska ist mit ihrem Vater auf einen Spielplatz gegangen. Dort gibt es einen Kletterbaum. Ein solches Gerät hat sie noch nie ausprobiert. Fasziniert blickt sie immer wieder aus der Ferne zu dem Baum hinüber. Wenn sie auf der Rutsche sitzt, wenn sie schaukelt, zeigt sie mit ihren Fingern auf den Baum, lacht und ruft freudig: „Kletterbaum! Kletterbaum!" Schließlich faßt sie den Mut, es auszuprobieren. Der Vater möchte ihr dabei helfen, doch Franziska schlägt nach ihm, tritt ihn und ruft: „Alleine, alleine!" Der

Vater tritt einen Schritt zurück und beobachtet seine Tochter. Diese hat sich auf den untersten Ast des Baumes gestellt, strahlt über das ganze Gesicht und ruft glücklich: „Kletterbaum! Kletterbaum!" Strahlend steigt sie noch einen Ast höher. Vom dritten Ast aus blickt sie nach unten. Der sichere Boden ist nun weit weg. Sie erschrickt, ihr Gesicht wird blaß. Wie soll sie da wieder herunterkommen? „Papa helfen!" schreit sie. Der Vater fängt das verängstige Kind auf und trägt es auf eine Bank. Fanziska bleibt still neben ihm sitzen. Heute möchte sie nichts mehr alleine machen, doch morgen wird sie sich wieder gegen Vaters Hilfe auflehnen und erneut erfahren, wieviel Angst man überwinden muß, um groß zu werden.

Wie Babys und Kleinkinder auf Trennungen reagieren

Der englische Psychiater John Bowlby (1983) untersuchte Kleinkinder, die in Krankenhäuser oder Heime eingeliefert wurden, und fand bei vielen Kindern das gleiche Verhaltensmuster:

Protest:
Zunächst protestieren die Kinder gegen die Trennung. Sie sind wütend, schimpfen und schreien laut. Während des Schreiens sind sie innerlich noch mit der Mutter verbunden und möchten sie durch ihr Rufen zurückholen.

Verzweiflung:
Bei einer länger anhaltenden Trennung versteht das Kind nicht, warum die Mutter seinem Rufen nicht folgt. Es gibt den Kampf auf, wird ruhiger, nachdenklicher, manchmal melancholisch und insgesamt weniger ansprechbar. Seine Reaktionen werden gedämpfter. Es ist eine Zeit der stillen Verzweiflung und Traurigkeit.

Hoffnungslosigkeit:
Hält die Trennung weiter an oder gibt es mehrere schwierige Trennungserfahrungen, reagiert das Kind mit Gleichgültigkeit. Es hat die Hoffnung aufgegeben, daß die Mutter zurückkommt. So löst es sich innerlich von ihr und erkennt diese manchmal nicht mehr, wenn es sie wiedersieht. Es bekommt einen leeren Gesichtsausdruck und zeigt keine Freude, wenn die Mutter tatsächlich wieder da ist.

Wie Babys und Kleinkinder die Trennung üben

Im Versteckspiel wird das Verschwinden und Wiederkommen geübt.
Trennungen sind leichter zu ertragen, wenn die Kinder wissen, daß die Eltern zurückkommen. Doch dessen sind sie zunächst noch nicht sicher. Sie müssen die Frage: „Kommt die Mama wieder?" so lange stellen, bis sie sie mit „Ja" beantworten können. Das kann lange dauern. Sie stellen ihre Frage beim Versteckspielen. Dies Spiel ist besonders beliebt in der Zeit, in der die Kinder mit ihren Trennungsängsten zu kämpfen haben. Denn beim Versteckspiel wird das Verschwinden und Wiederkommen geübt, mit den dabei beteiligten Gefühlen. Erst wenn das Kind im Spiel das Wiederkommen der Mutter oft genug erfahren hat, kann es daran glauben, daß sie auch in der Wirklichkeit zurückkommt. Das Spiel hat stets zwei Seiten: Einmal versteckt sich das Kind, und die Mutter sucht es, ein anderes Mal versteckt sich die Mutter.

Wenn die Mutter sich versteckt, hält das Kind den Atem an, es befürchtet für einen Augenblick, sie zu verlieren. Um so glücklicher ist es, wenn es die Mutter nach dieser Aufregung wieder umarmen kann. Im Spiel lernt das Kind, daß die Mutter, auch wenn sie für kurze Zeit verschwunden ist, zuverlässig wiederkommt. Außerdem hilft ihm das Spiel, eine Situation, unter der es in der Wirklichkeit leidet, in ein lustiges Erlebnis zu verwandeln.

Wenn sich das Kind selbst versteckt, erfährt es, wie die Mutter es sucht, wie sie sich aufregt, wenn sie es nicht finden kann. Das Kind befürchtet einen Augenblick lang, daß die Mutter es tatsächlich nicht mehr findet. Um so größer ist die Freude, wenn die Mutter ihr Kind entdeckt und sich beide lachend in die Arme fallen. Jüngere Kinder können die Anspannung des Versteckspiels noch nicht lange aushalten. Sie möchten sofort gefunden werden. Deshalb laufen sie der Mutter schon entgegen, sobald diese ruft: „Wo ist denn mein Peter?"

Emma kann sich mit ihrem Teddy leichter von der Mutter trennen.

Als Emmas Mutter nach neun Monaten Babypause wieder arbeiten geht, wird Emma zur Pflegemutter gegeben. Doch sie verläßt das Haus nicht ohne ihren Teddy. Ihn schleppt sie überall hin mit. Wird sie müde, drückt sie den Teddy an ihr Gesicht und streicht mit einer Hand immer wieder über sein Ohr, ihr Blick wird träumerisch, und die Augen sind halb geschlossen. Der Teddy ist ganz grau und „abgeliebt", seine Ohren glänzen speckig, auch hat er ein Auge verloren. Die Eltern nehmen diesen schmuddeligen Teddy nur ungern mit. Sie möchten ihn durch ein anderes Stofftier ersetzen. Deshalb kaufen sie ein niedliches, weiches Schäfchen. Emma nimmt das Schäfchen auf den Arm, spielt auch kurz mit ihm, doch dann weint sie nach ihrem Teddy. Emma will sich nicht von ihrem Teddy trennen. Die Eltern müssen ihn wieder aus dem Müll holen.

Der Teddy wird den Eltern langsam lästig; dennoch hat Emma mit diesem Teddy eine erstaunliche Leistung vollbracht. Sie hat einen Gegenstand gefunden, der ihr hilft, sich von ihrer Mutter zu trennen. Fachleute bezeichnen so etwas als „Übergangsobjekt", weil es den Übergang von der engen Bindung an die Mutter zur Selbständigkeit erleichtert. Emmas Teddy ist ihr Übergangsobjekt. Ihn kann sie überallhin mitnehmen. Er ist immer verfügbar, im Gegensatz zu den Eltern, die noch ein eigenes Leben haben.

Wenn das Kind sich ein Übergangsobjekt wählt, hat es einen wichtigen Entwicklungsschritt vollzogen. Es löst sich aus der engen Mutterbindung und wird selbständiger. Aber es ist nicht allein bei der schwierigen Aufgabe, sich die Welt zu erobern. Es wird von jemandem begleitet, der ihm in unbekannten Situationen beisteht und seine Zärtlichkeitsbedürfnisse erfüllt. Deshalb braucht das Kind sein Schmusetier so sehr und will es überall hin mitnehmen. Das Kind entwickelt eine besonders enge Bindung zu seinem Schmusetier, ja, das Schmusetier wird zum ersten selbst gewählten Liebesobjekt des Kindes. Deshalb kann ein selbstgewähltes Schmusetier nicht einfach durch ein anderes ersetzt werden.

Mit Hilfe des Übergangsobjekts wird der erlebte Verlust, nämlich die Trennung von der Mutter, so verarbeitet, daß das Kind dabei gewinnt: Es hat Trost gesucht und eine Trostquelle gefunden, es hat seine Welt erweitert und neue Gefühle kennengelernt. Emma zum Beispiel liebt ihren Teddy, obwohl er im Unterschied zu den Eltern nicht ihre Grundbedürfnisse nach Nahrung und Betreuung befriedigt. Sie liebt ihn um seiner selbst willen.

Was ist ein Übergangsobjekt?

- Ein Übergangsobjekt hilft dem Kind, sich von der Mutter zu trennen.
- Meist ist es ein weicher Gegenstand, der an die Mutter erinnert und den das Kind braucht, wenn es sich alleine fühlt.
- Das Kind klammert sich an diesen Gegenstand und sucht bei ihm Trost in schwierigen Situationen, wie beim Schlafengehen oder bei Trennungen.

- Gefühle, die bisher nur der Mutter galten, werden auf das Übergangsobjekt übertragen.
- Das Kind liebt sein Übergangsobjekt, läßt es an seinem Leben teilhaben, und das erleichtert ihm, sich aus der Abhängigkeit von der Mutter zu lösen.

Das Schweinchen Molly hilft Lars, wenn er allein ist und Angst bekommt.
Die Geschichte des zweieinhalbjährigen Lars zeigt, daß Kinder sich ihr Übergangsobjekt selbst wählen und daß solch ein Gegenstand noch etwas mehr vermag, als die Trennung von den Eltern zu erleichtern. Als Lars geboren wurde, kaufte die Mutter eine niedliche weiche Ente, damit ihr Kind stets einen Tröster bei sich haben sollte, wenn es sich allein und unverstanden fühlte. Die Ente lag in Lars' Bett, doch er beachtete sie kaum. Die Mama war meist um ihn herum, so daß er die Ente gar nicht brauchte.

Mit zweieinhalb Jahren ging Lars dreimal pro Woche in eine Spielgruppe. Die Mutter packte das Entchen in seine Tasche, damit er, wenn er sich plötzlich allein fühlte, etwas von zu Hause bei sich fand. Doch das Entchen wurde in der Tasche von zu Hause in die Spielgruppe und wieder zurück getragen, ohne daß Lars es jemals herausnahm. Eines Tages gab es für die Kinder in der Spielgruppe einen Krabbelsack, aus dem jedes Kind sich ein gebrauchtes Spielzeug nehmen durfte. Lars entschied sich für ein dickes rosa Schweinchen. Es entsprach nicht dem Geschmack seiner Mutter, aber Lars hatte es viel lieber als das Entchen. Er nannte das Schweinchen „Molly" und brauchte es immer dann, wenn er sich einsam fühlte oder wenn er Kummer hatte. Mußte er in der Spielgruppe weinen, weil ihm seine Mama plötzlich fehlte, so drückte er Molly an sich. War er enttäuscht oder wütend, so lutschte er an Mollys Ohren oder biß sogar in Mollys Beine. Molly half Lars, seine Gefühle auszudrücken und sie dadurch zu überwinden.

Einmal ging die Spielgruppe gemeinsam ins Kino. Das war für Lars, der bisher noch nie im Kino war und auch noch nie zu Hause ferngesehen hatte, ein schrecklich aufregendes Ereignis. Molly mußte natürlich mit. Wenn nun auf der Leinwand etwas Schreckliches geschah und Lars Angst bekam, hielt er schnell Molly in die Luft und rief: „Tanner!" Das Wort „Tanner" war für Lars ein Zauberwort. Er hatte es erfunden, um sich vor Gefahren zu schützen. Immer wenn er an Gartentoren vorbei mußte, hinter denen Hunde bellten, rief er: „Tanner!" So wurde das Wort auch diesmal eingesetzt gegen die Gefahren, die ihm von der Leinwand drohten.

Etwas aufgeregt, aber auch glücklich und stolz kam er aus dem Kino. Er erzählte seinen Eltern, daß er mit Molly zusammen alle bösen Tiere verjagt habe. Er war nicht alleine im Kino all dem Aufregenden und Ängstigenden ausgeliefert, sondern Molly war bei ihm. Molly war vor ihm, und Lars saß dahinter. Er konnte sich, wenn es gefährlich wurde, hinter Molly verstecken. Er glaubte felsenfest, daß das gute Ende nur durch ihn und Molly herbeigeführt wurde. So verließ er das Kino als Sieger. Sein selbstgewähltes Übergangsobjekt hatte ihm geholfen, eine schwierige Situation zu bestehen.

Wort-Magie gegen die Angst vor dem Allein-gelassen-Werden

Wenn ein Kind zu sprechen beginnt, wird die Erziehung einfacher

Es ist bekannt, daß die Erziehung eines Kindes einfacher wird, sobald das Kind zu sprechen beginnt. Denn nun können Eltern und Kind sich austauschen, und es kommt nicht mehr zu so vielen Mißverständnissen. Vorher mußte das Kleinkind weinen, wütend mit den Füßen auf den Boden stampfen, vielleicht sogar die Mutter schlagen, wenn diese seine Wünsche nicht verstand. Auch die Mutter brauchte viel Geduld, wenn ihr Kleinkind nicht verstehen konnte, was sie von ihm wollte. Jetzt ist eine Verständigung zwischen beiden möglich. Das Kind kann jetzt sagen, wenn es sich falsch behandelt fühlt, und muß nicht mehr vor lauter Enttäuschung mit einer Handbewegung alle Spielsachen vom Tisch wischen.

Die Kindererziehung wird auch deshalb leichter, weil das Kind mit der Sprache seine Impulse besser kontrollieren kann. Es kann jetzt Verbote befolgen, indem es das, was die Eltern ihm verbieten, laut vor sich hersagt. Dies gelingt schon Kindern, die erst ganz wenige Worte kennen. So steht die fast zweijährige Britta vor Vaters Schallplattensammlung, schüttelt mit dem Kopf und sagt laut „nein!" Indem sie das Wort ausspricht, erinnert sie sich daran, daß sie die Platten nicht herausnehmen darf. Vorher mußten die Eltern stets „nein!" rufen, wenn Britta schon mit der Hand nach den Platten griff.

Auch einer Gefahrensituation kann das Kind eher ausweichen, wenn es sprechen kann. Kommt es in die Nähe eines Bügeleisens oder der Herdplatte, kann es sich selbst mit dem Ausruf „heiß!" daran erinnern, daß diese Gegenstände gefährlich sind. Gleichzeitig bremst das Wort den Impuls, das Bügeleisen oder die Herdplatte zu berühren.

Wie Joseph mit Wort-Magie seine Trennungsängste überwindet

Der Anblick der Mutter oder ihre Stimme geben Sicherheit.
Joseph ist neun Monate alt und erkundet die Welt, indem er von einem Zimmer ins andere krabbelt. Bei diesen Entdeckungsreisen entfernt er sich von der Mutter. Merkt er, daß er sich zu weit entfernt hat und die Mutter nicht mehr sieht, muß er weinen und so seine Mutter herbeirufen. Er kann aber auch ganz schnell zurückkrabbeln, um sich zu vergewissern, daß

seine Mama noch da ist. Nur der tatsächliche Anblick der Mutter befreit ihn von der Angst, von ihr verlassen zu sein.

Mit etwa fünfzehn Monaten ist Joseph schon weiter. Jetzt kann er länger in einem Zimmer bleiben, in dem die Mama nicht ist. Er hält aber durch ständiges Rufen den Kontakt zu ihr aufrecht. Er ruft „Mama!", und die Mutter antwortet, daß sie noch da ist. Das genügt ihm, und er kann sein Spiel fortsetzen. Joseph braucht seine Mutter nun nicht mehr zu sehen, aber er muß sie rufen und eine Antwort von ihr bekommen. Joseph kennt jetzt den Namen seiner Mutter, er kennt ihre Stimme und weiß, daß sie da ist, wenn sie auf sein Rufen antwortet. Die Sprache wird zur neuen Verbindung zwischen beiden.

Immer wieder muß nach der Mutter gefragt werden.
Im nächsten Entwicklungsschritt geht es darum, wirkliche Trennungssituationen zu verkraften. Die Mutter ist ausgegangen, und Joseph ist stundenweise allein mit einem Mädchen, welches er als Babysitter kennt. Immer wieder fragt er „Mama?" oder „Papa?", und das Mädchen antwortet mit den gleichen Sätzen, daß der Papa arbeitet und die Mama einkaufen geht. Diese Information hilft ihm, ruhig zu bleiben und weiterzuspielen. Sie beruhigt ihn aber nur für kurze Zeit. Dann wird ihm wieder bewußt, daß die Eltern ihm fehlen, und er muß erneut nach ihnen fragen und braucht erneut die Vergewisserung, daß sie bald zurückkommen.

Das Wiederholen des Abschiedsrituals beruhigt.
Als Joseph neunzehn Monate alt ist, müssen beide Eltern für drei Tage verreisen, und die Oma, die er gut kennt, soll auf ihn aufpassen. Die Eltern haben sich mit einem Küßchen, mit dem Winken der Hand und dem neu erlernten Wort „tschüß" verabschiedet. Nachdem sie gegangen sind, ist Joseph zunächst sehr anhänglich. Er will von der Oma auf dem Arm herumgetragen werden. Dann verläßt er Omas Arm, läuft in die Küche,

steht dort alleine und sagt einige Male fragend: „Mama?" oder „Papa?" Er überlegt einen Augenblick, gibt ein Küßchen in den leeren Raum, winkt in die leere Küche und sagt „tschüß". Er wiederholt das erlebte Abschiedsritual mehrere Male und macht sich so klar, wie alles gelaufen ist. Obwohl er ganz alleine in der Küche steht, ist er nicht mehr so allein. Denn in seinem stets wiederholten Abschiedritual sind Mama und Papa ja bei ihm. Auch scheint das Ritual ihn zu trösten, denn er hat schon in früheren Situationen erlebt, daß Mama und Papa zurückkommen, wenn sie vorher „tschüß" gesagt haben. Das Wort „tschüß" verbindet alle drei.

Sich vom Tag verabschieden.
Der Übergang vom Tag zur Nacht ist für viele Kinder schwierig. Oft fühlen sie sich allein und verlassen. Es erleichtert den Übergang, wenn Kinder die vielen Erlebnisse des Tages besprechen können und sich so vom Tag verabschieden können. Deshalb erzählt die Oma Joseph, was sie an dem Tag alles gemacht haben. Dabei werden die Namen der Kinder vom Spielplatz aufgezählt, und die Oma sagt bei jedem Kind, daß es jetzt auch schläft und die Augen zumacht. Nachdem alle Kinder, die er tags auf dem Spielplatz getroffen hat, aufgezählt wurden, verlängert Joseph von sich aus die Liste der Namen, indem er „Mama?" – „Papa?" – „ich?" fragt. Die Oma sagt, daß Mama und Papa und er selbst auch bald schlafen und die Augen schließen. Joseph will auch schlafen, er dreht den Kopf zur Seite und schließt seine Augen ganz fest, doch er kann noch nicht schlafen.

Da die Oma nicht weitererzählt, er aber noch nicht schlafen kann, zählt er selbst noch einmal alle auf, die ihm jetzt fehlen. Es sind die Freunde vom Spielplatz, der Hund, das Auto, der Bagger und natürlich Mama und Papa. Die ganze Reihe beendet er mit „ich". Wenn er „ich" sagt, schlägt er sich dabei auf die Brust. Josephs Aufzählung ist zu einer selbst erfundenen Einschlafmelodie geworden, mit dem Refrain: „Mama, Papa, ich". Das beruhigt und tröstet ihn, denn es erinnert ihn an alle, die zu ihm gehören und macht ihm deutlich, daß Mama, Papa und ich eine Einheit sind.

Mit seiner Einschlafmelodie hat Joseph eine großartige Leistung vollbracht. Er hat selbst etwas gegen seine Angst vor dem Verlassenwerden und gegen seine Einsamkeit unternommen. Mit wenigen Worten hat er eine Brücke gebaut zwischen sich und den abwesenden Eltern. Damit dies gelingen kann, muß er in seinem Denkvermögen und seiner Sprache einen bestimmten Entwicklungsstand erreicht haben und in Abwesenheit der Eltern gut betreut werden.

Mit ungefähr 18 Monaten ist die Sprache eines Kindes so weit fortgeschritten, daß es die Worte für bestimmte Personen und Gegenstände kennt. Gleichzeitig ist es in der Lage, sich einen Gegenstand bildhaft vorzustellen, auch wenn dieser nicht anwesend ist. Damit löst sich das Denken von der konkreten Wahrnehmung, und die Kinder können jetzt phantasieren. Phantasieren bedeutet ja, sich Gegenstände oder Situationen in der Vorstellung herbeizuholen und sie auszuschmücken.

Früher bedeutete für Joseph das Wort „Mamam" vieles. Er meinte damit seine Mutter, seinen Vater, vielleicht sogar den Hund, seine Flasche, den Brei und eventuell noch andere Bedürfnisbefriedigungen. Jetzt bezeichnet er mit dem Wort „Mama" die Person seiner Mutter und niemanden sonst. Seitdem er das Wort für seine Mutter hat, kann er sie herbeirufen. Und wenn sie persönlich nicht kommen kann, ruft er ihr Erinnerungsbild herbei. Seine selbstkomponierte Einschlafmelodie ist wie ein Zauberspruch. Er holt die abwesenden Menschen und Dinge zurück, indem er ihren Namen ausspricht. Es ist eine Art Wort-Magie, denn das Wort für Gegenstände und Personen kann diese ersetzen. Er überwindet das Gefühl des Verlassenseins, indem er alle, die ihm jetzt fehlen, benennt. Dadurch sind sie bei ihm, zwar nicht in Wirklichkeit, aber in seiner Vorstellung.

Sprache und Angst

- Sobald Kinder sprechen können, sind sie ihrer Angst nicht mehr so hilflos ausgeliefert.
- Mit der Sprache wird die sonst so diffuse und unklare Angst benannt. Dadurch kann das Kind Abstand schaffen.
- Beunruhigende Erlebnisse kann das Kind sich immer wieder erzählen und sie dadurch besser verarbeiten.
- Wenn das Kind Worte für seine Angst hat, kann es diese den Erwachsenen mitteilen und sie zur Hilfe auffordern.
- Es kann mit seinen Worten „zaubern", indem es abwesende Menschen in seiner Vorstellung herbeiruft. Später kann es Phantasiefiguren erfinden, die ihm helfen, seinen Alltag zu bewältigen.
- Worte können auch Angst machen, wenn Kinder unbedachte Aussprüche der Erwachsenen wörtlich nehmen. Aussprüche wie: „Wir verkaufen dich!" oder „Du bringst uns noch ins Grab!" sollten vermieden werden, denn das Kind glaubt an das, was die Erwachsenen ihm sagen.

Wie Karin sich mit Mutters Worten tröstet

Auch die zweijährige Karin braucht Worte, um mit der Trennung von der Mutter fertig zu werden. Als die Mutter wegen einer geschäftlichen Angelegenheit dringend in eine andere Stadt muß, bringt sie Karin zur Nachbarin. Gleichzeitig gibt sie dort einen Sack mit Spielsachen und Karins Lieblingspudding ab und sagt ihrem Kind zum Abschied: „Mutter kommt gleich wieder!" Als die Tür ins Schloß fällt und die Mutter verschwunden ist, ruft Karin unter Tränen: „Mutter pommt dleich wieder!" Diesen Satz wiederholt sie zwei Stunden lang. Kein Spielzeug, keine Aufmunterungsversuche der Nachbarin und auch nicht der Lieblingspudding können Karin aus ihrer Traurigkeit befreien. Für sie gibt es nichts auf der Welt als Mutters Abschiedsworte, die sie ständig wiederholt. Sie klammert sich an diese Worte und tröstet sich mit ihnen über das Verlassensein hinweg.

Karins Traurigkeit ist schlimm, doch ohne Worte wäre sie noch schlimmer. Ohne Worte müßte sie befürchten, für immer verlassen zu sein. Doch Karin hat das Versprechen der Mutter behalten, daß sie gleich wiederkommt. Dieses Versprechen muß sie sich immer wieder vorsagen. Die ständige Wiederholung beruhigt sie. Doch sie kann noch nicht ruhig abwarten, bis die Mutter zurückkommt. Das Gefühl des Verlassenseins ist so groß, daß Karin dagegen anreden muß und sich selbst immer wieder mit der Hoffnung trösten muß, daß die Mutter gleich wiederkommt.

Soll die Mutter dauernd bei ihrem Kind bleiben, damit es sich nicht ängstigt?

Wenn Eltern sehen, wie sehr ihre kleinen Kinder unter der Trennung leiden, glauben sie manchmal, sie dürften ihnen keine Trennung zumuten. Doch diese Schutzhaltung kann nachteilig für das Kind sein, weil es dann nicht lernt, mit seinen Ängsten fertig zu werden. Häufig sind neue Entwicklungsschritte von Ängsten begleitet. Das ist ganz natürlich und auch richtig, denn das Kind muß erst neue Fähigkeiten erwerben, mit denen es den neuen Anforderungen begegnen kann.

Trennungen müssen nicht zwangsläufig die Entwicklung eines Kindes gefährden. Wenn das Kind sie durchsteht, kann es daran wachsen. Trennungserlebnisse sind Voraussetzungen dafür, daß das Kind sich gut in der Welt zurechtfindet. Nur wenn ihm die Trennung gelingt, kann es neue Bindungen eingehen. Jeder Mensch, an den das Kind sich bindet, gibt ihm etwas und vermittelt ihm Erlebnisse und Erfahrungen, die die Eltern ihm nicht geben können. So kann jeder neue Mensch ein Gewinn für das Kind sein. Der Kinderarzt und

Diplom-Psychologe Ulrich Rabenschlag schlägt deshalb vor, statt von „Trennungsangst" von „Trennungslernen" zu sprechen. Kinder lernen in vielen kleinen Schritten, sich von den Eltern zu trennen, und jeder kleine Schritt bringt das Kind ein Stückchen weiter.

Wie Eltern ihrem Kind die Trennung erleichtern können

Weil Kleinkinder in den ersten sechs Lebensmonaten das Gesicht der Eltern noch nicht erkennen, aber sehr intensiv auf deren Geruch reagieren, können Eltern, wenn sie das Kind verlassen müssen, ein Kleidungsstück, das nach ihnen riecht, bei dem Kind lassen. Ein solches Kleidungsstück erinnert an den Körperkontakt zur Mutter, und es schafft eine Verbindung zwischen dem Kind und seiner augenblicklich abwesenden Mutter.

Etwas älteren Kindern hilft es, wenn sie den Abschied mitgestalten können und so mit den Eltern gemeinsam ein Ritual entwickeln. Stets gleiche Worte und gleiche Handlungen (Küßchen geben, winken) machen den Abschied und das Wiederkommen vohersehbarer und beruhigen.

Mit größeren Kindern kann man darüber sprechen, warum die Eltern weggehen müssen und daß sie danach wiederkommen. Ein besonders interessantes Spielzeug, das die Kinder nur in dieser Zeit bekommen, verkürzt die Zeit des Alleinseins. Da Kinder noch kein Zeitverständnis haben, hilft manchmal ein Punkt oder ein Bild auf der Uhr, das den Kindern anzeigt, wann die Mama wiederkommt. So sehen sie, daß die Zeit des Getrenntseins begrenzt ist und bald überwunden sein wird.

Wenn Eltern sich aus beruflichen und persönlichen Gründen häufiger von den Kindern trennen müssen, ist es wichtig, daß die Zeit, die sie gemeinsam mit ihrem Kind verbringen, genutzt wird. Die Qualität der gemeinsam verbrachten Zeit ist für das Kind oft wichtiger als die Dauer.

Die Abwesenheit der Eltern wird besser ertragen, wenn die Kinder von einer Person betreut werden, die sie schon kennen und die feinfühlig auf sie eingeht. Das Kind wird sich dann auf die Bezugsperson einstellen und auch sie gerne haben. Manchmal ist es für Eltern schwierig zu sehen, daß es neben ihnen noch jemanden gibt, den das Kind mag.

Wenn Kinder von den Eltern verlassen werden

Dann erfanden wir Erklärungen und Ausreden für unsere Mutter, dafür, daß sie nicht da war. Wir taten so, als könnte es dafür Gründe geben. Wir wollten niemand sein, den man vergißt, mühelos, niemand von dem man sich entfernen kann ohne Abschied, ohne Hindernis.

(Bánk 2002, S. 99)

Schon eine vorübergehende Trennung von den Eltern kann für Kinder eine große Belastung sein. Es wurde schon gezeigt, wieviele Wege Kinder finden, um eine solche Trennung zu ertragen. Doch wie werden Kinder damit fertig, endgültig verlassen zu werden? Ein Kind, das von seinen Eltern verlassen wurde, lebt mit Selbstzweifeln. Es fragt sich, ob es als Kind nicht so viel wert war, daß die Mutter oder der Vater bei ihm bleiben wollten. Es überlegt sich, warum es die Eltern nicht bei sich behalten konnte. Seine Zuversicht weicht der Angst. Denn wenn ein Kind von einem Elternteil verlassen wurde, traut es dem Leben nicht mehr bedenkenlos. Es könnte auch von anderen Menschen verlassen werden.

Wie können Kinder den Schmerz des Verlassenwerdens und die Kränkung verarbeiten? Die nun folgenden Beispiele aus der Literatur zeigen, welche Wege Kinder finden, um trotz ihrer großen inneren Not weiterzuleben. Es sind extreme Beispiele, doch sie machen deutlich, daß Kinder auch in schwierigen Situationen Selbstheilungsversuche und Überlebensstrategien entwickeln.

Isti kann den Schmerz nur überwinden, indem er seine Mutter vergißt

In dem Roman „Der Schwimmer" von Zsuzsa Bánk (2002) verläßt die Mutter ihren Mann und ihre beiden Kinder, die sechsjährige Kata und den etwa vierjährigen Isti. Sie verläßt ihr Heimatland Ungarn ohne Abschied und ohne Erklärungen, um im Westen zu leben, noch dazu mit einer Frau. Der Roman ist aus dem Blickwinkel der beiden Kinder geschrieben, die nicht verstehen können, was passiert ist. Der Vater ist so getroffen, daß er seinen Hof verkauft, mit den Kindern den Zug besteigt und von einer Verwandten zur nächsten reist. Mal leben sie einige Tage oder Wochen an einem Ort, mal einige Jahre, aber nirgends fühlen sie sich zu Hause. Die Frage, warum die Mutter sie verlassen konnte, und die Sehnsucht nach der Mutter reisen immer mit.

Das Mädchen träumt von der Mutter, glaubt ihre Stimme zu hören, flüstert ihren Namen vor sich hin und übernimmt die Mutterrolle für ihren kleinen Bruder. Dieser verarbeitet den Verlust, indem er immer häufiger in einen Dämmerzustand verfällt und nicht mehr ansprechbar ist, was das Mädchen sehr beunruhigt. „Das einzige Gefühl, das mich in diesen Zeiten nicht verließ, ganz gleich, was mit uns geschah oder wo und bei wem wir waren, war meine Angst um Isti. Sie war wie eine Sicherheit, diese Angst, wie etwas, das nicht verlorengehen konnte, vielleicht weil es sonst nichts gab, das mir sicher war, nichts von dem ich wußte, es gehört zu mir und wird bleiben. Seit dem Herbst, in dem meine Mutter in einen Zug gestiegen war, seit Isti Stunden und Tage damit verbrachte, auf dem Bett zu liegen und zu dämmern, seit er angefangen hatte, Dinge ohne Ton zu hören, hatte ich

Angst um ihn, und ich wurde diese Angst nicht mehr los." (S. 103)

Die Kinder erfinden Geschichten, um zu erklären, warum ihre Mutter nicht bei ihnen ist, um selber an einen Grund für ihre Abwesenheit zu glauben. Doch dann hören sie auf, sich zu fragen, ob und wann die Mutter zurückkommt. Sie sprechen nicht mehr von der Mutter. Werden sie nach ihr gefragt, überhört Isti diese Frage und gibt keine Antwort. Für ihn gibt es seine Mutter nicht mehr. „Kata Ringlos (die Mutter) war jemand, den Isti nicht kennen, von dem er nichts wissen wollte, jemand, den es nicht länger geben sollte. Kata Ringlos hörte auf zu sein, weil Isti es so wollte." (S. 185) Als eine Verwandte die Kinder trösten will und sagt, daß die Mutter zurückkommen wird, antwortet Isti: „Wer will das hören? Wir bestimmt nicht." (S. 241)

Das Vergessen der Mutter, sie aus seinen Gedanken zu streichen, ist für Isti ein Selbstschutz gegen das Gefühl, von ihr verlassen worden zu sein. Er will nicht mehr daran erinnert werden. Doch er hat sie nur äußerlich aus seinen Gedanken gestrichen. Innerlich sucht er sie weiter. So endet der Roman damit, daß Isti im Winter über das Eis eines Flusses läuft, einbricht, eine Lungenentzündung bekommt und daran stirbt. Kurz vor seinem Tod erklärt er den anderen, warum er über das Eis gelaufen ist. „Niemand schimpfte mit Isti, als er uns erzählte, wie er zum Fluß gelaufen war ... Keiner wunderte sich, als er uns erklärte, in seinem Kopf sei es längst schon Frühling gewesen ... und niemand staunte, als Isti sagte, er habe sie über das Wasser laufen sehen, seine Mutter, und er habe ihr bloß folgen wollen." (S. 277)

Malka spaltet ihre Gefühle ab, wenn sie an die Mutter denkt

In dem Roman „Malka Mai" beschreibt Mirjam Pressler das Schicksal eines siebenjährigen jüdischen Mädchens, das im Jahre 1943 auf der Flucht von Polen nach Ungarn von ihrer

Mutter auf einem Bauernhof zurückgelassen wird. Da Malka schwer krank ist, kann sie die Strapazen der Flucht nicht überstehen. Die Mutter, eine Ärztin, verabredet mit dem Bauern, bei dem Malka bleiben soll, bis sie wieder gesund ist, daß er sie ihr nachbringen wird.

Doch es kommt anders. Malka wird gefaßt und ins polnische Ghetto zurückgeschickt, während die Mutter in die andere Richtung nach Ungarn flieht. Die Kälte, den Hunger und die Krankheiten im Ghetto muß das siebenjährige Mädchen ganz alleine durchstehen. Hinzu kommt die Angst vor den Razzien der Deutschen. Sie übersteht diese Zeit nur, indem sie nicht mehr an die Mutter denkt. Sie befreit sich von allen Erinnerungen, die sie weinen lassen, um genügend Kraft fürs Überleben zu haben. „Sie durfte nicht mehr an ihre Mutter denken. Das Ziehen im Kopf und im Bauch sagte ihr, daß sie Wörter wie ‚Mama‘ und ‚Mutter‘ besser vermied, weil ihre Gedanken dann verrückt spielten. Wenn sie aus Versehen ‚Mama‘ oder ‚Mutter‘ dachte, trieb es ihr die Tränen in die Augen und sie fühlte sich hilflos und wehrlos. Das durfte nicht passieren, denn es war wichtig, daß sie stark war und immer und in jeder Situation überlegen konnte, was sie tat." (S. 162)

Malka darf nicht schwach werden. Sie hat keine Kraft für Gefühle. Sie muß vernünftiger handeln, als es Erwachsene in Friedenszeiten tun. Als sie nach ihrem Alter gefragt wird, sagt die Siebenjährige: „Früher war ich sieben ... Aber das ist lange her." (S. 268) Um zu überleben, streicht Malka das Wort „Mutter" aus ihrem Wortschatz und spricht nur noch von „Frau Doktor Mai". „Frau Doktor Mai war diese fremde Person, in deren Haus sie gelebt hatte, früher, vor langer Zeit." (S. 162) An Frau Doktor Mai denkt sie häufiger, erinnert sich an ihre medizinischen Ratschläge, doch empfindet sie dabei nichts. Alle Gefühle, die der Mutter galten, hat sie in sich abgetötet. Als Malka hohes Fieber bekommt und vor Angst vor einer Krankheit nicht weiter weiß, sehnt sie sich nicht danach, von der Mutter liebevoll in den Arm genommen und getröstet zu werden. Sie hört vielmehr die Worte der Frau Doktor, daß man viel trinken muß, wenn man krank ist, und sie schleppt sich mit letzter Kraft zum Brunnen.

Dennoch sehnt das siebenjährige Mädchen sich nach jemandem, der für sie sorgt. Malkas Gefühle gelten Teresa, einer fremden Frau, die sie auf ihrer Flucht für kurze Zeit bei sich aufgenommen hat. An Teresa denkt sie mit Sehnsucht. Denn Teresa kann sie finden. Teresa weiß, daß Malka im Ghetto ist. Die Mutter dagegen wird sie nie finden. Deshalb verbietet das Kind sich, an die Mutter zu denken, weil solche Gedanken zu weh tun.

Die Mutter setzt alles in Bewegung, um ihre Tochter wiederzufinden. Als sie dann endlich Malka wiedersieht, erkennt das Mädchen seine Mutter nicht. Malka hört „eine Stimme, die sie von früher kannte" (S. 322), sie sieht „die Frau Doktor", doch sie empfindet nichts. Denn an Frau Doktor durfte sie nur denken, indem sie keine Gefühle zuließ. Im Beisein der Mutter fragt Malka: „Wo ist Teresa? Ich will zu Teresa."

Isti und Malka leiden darunter, von der Mutter verlassen worden zu sein. Damit sie an diesem Schmerz nicht zerbrechen und damit sie auch in einer schwierigen äußeren Situation weiterleben können, müssen sie ihre Gefühle von der Mutter abspalten. Dann tut das Alleinsein nicht mehr so weh. Ihre Gleichgültigkeit der Mutter gegenüber ist ein Selbstschutz gegen die Hoffnungslosigkeit. Sie reagieren wie Säuglinge in Pflegeheimen, die die Hoffnung aufgegeben haben, daß die Mutter zurückkommt, und die sich innerlich von der Mutter lösen.

Ein Vorschulkind kämpft gegen seine Verlassenheitsängste

Wie das Kind seine Angst erlebt

In dem Roman „Das Blütenstaubzimmer" von Zoë Jenny erzählt ein Mädchen, was es als Vorschulkind erlebt, wenn sein alleinerziehender Vater es nachts für einige Stunden verläßt, um als Nachtfahrer zu arbeiten. Das Mädchen ist dann ganz allein in der Wohnung. Die Erwachsenen glauben, es schlafe fest. Doch das Mädchen schläft nicht. Es hat schreckliche Angst, spricht aber tags mit niemandem darüber. Am Tage wirkt es sicher und selbstbewußt.

Jeden Abend kann das Mädchen nur schlecht einschlafen und ist sofort hellwach, wenn Vaters Wecker schellt und er aufsteht, um sich eine Tasse Kaffee zu kochen, bevor er zum Dienst geht. Aus seinem Bett heraus beobachtet das Mädchen heimlich seinen Vater und verfolgt angespannt jede seiner Handlungen: „... mein Atem begann schneller zu werden, und ein Kloß formte sich in meinem Hals, der seine volle Größe erreicht hatte, wenn ich vom Bett aus sah, wie Vater, in seine Lederjacke gehüllt, leise die Wohnungstür hinter sich zuzog." (S. 6)

Sobald der Vater die Wohnung verlassen hat, springt das Mädchen aus dem Bett, läuft zum Fenster und blickt ihm nach, wie er wegfährt. Dabei zählt es laut und langsam und weiß bei jeder Zahl, was der Vater gerade tut. Bei der Zahl 7 überquert er die Straße, bei der Zahl 10 biegt er mit seinem Lieferwagen um die Ecke. Nun hört es nur noch den Motor des Wagens, der immer leiser wird. Es lauscht so lange in die Dunkelheit hinein, bis wirklich nichts mehr zu hören ist.

Jetzt ist es offensichtlich, daß der Vater fort ist, daß das Mädchen ganz allein ist und die Dunkelheit mit ihren Gefahren von ihm Besitz ergreift. Es sagt: „Dann lauschte ich in die Dunkelheit, die langsam, ein ausgehungertes Tier, aus allen

Ecken kroch. In der Küche knipste ich das Licht an, setzte mich an den Tisch und umklammerte die noch warme Kaffeetasse. Suchte den Rand nach den eingetrockneten braunen Flecken ab, das letzte Lebenszeichen, wenn er nicht mehr zurückkehrte. Allmählich erkaltete die Tasse in meinen Händen ..." (S. 6/7)

Die an den Vater erinnernden Lebenszeichen werden immer schwächer. Die Tasse ist inzwischen kalt geworden, und unklare Ängste breiten sich aus. „Vor dem Fensterrechteck, aus dem ich zuvor meinen Vater beobachtet hatte, hockte jetzt das Insekt, das mich böse anglotzte. Ich setzte mich auf die äußerste Kante des Bettes und ließ es nicht aus den Augen." (S. 7) Aus Angst vor dem Insekt wagt das Mädchen nicht, sich ins Bett zu legen, und auch nicht, auf die Toilette zu gehen. Es geht in der Küche auf und ab und singt mit Liedern aus dem Kindergarten gegen seine Angst an. Erst als es heller wird, verliert das Insekt seine Macht. Es zieht sich in seine Welt zurück, und das Mädchen kann sich wieder hinlegen und einschlafen. Später sagt es über das Insekt: „Es kommt immer nachts, wenn ich alleine bin, und frißt meinen Schlaf." (S. 9)

Wie das Kind seine Angst bekämpft

In dieser Geschichte ist ein kleines Mädchen in einer schwierigen und ausweglosen Situation. Nacht für Nacht wird es alleingelassen und von Ängsten heimgesucht. Es sind Trennungsängste, Verlassenheitsängste, Dunkelängste und Ängste, einer Situation hilflos ausgeliefert zu sein. Doch alle diese Erwachsenen-Wörter für seine Gefühle kennt das kleine Mädchen nicht. Es spürt nur eine unbestimmte Bedrohung und versucht, auf seine Weise damit fertig zu werden. Dabei entwickelt es von sich aus ganz erstaunliche und sinnvolle Lösungen, von denen wir Erwachsenen lernen können. Wenn wir im folgenden die Lösungsversuche des Kindes erklären, übernehmen wir dabei wieder die Sichtweise eines Erwachsenen.

Das Kind weiß nicht, warum es sich so verhält. Wir können es nicht danach fragen. Aber unser Erwachsenen-Blick zeigt uns, wie sinnvoll Kinder oft handeln und wie sie gerade in schwierigen Situationen Selbstheilungskräfte entwickeln können.

1. *Rituale gegen die Angst.*
Die Angst vor der Trennung vom Vater kann das Mädchen zunächst überwinden, indem es den Vorgang des Verlassenwerdens in einen überschaubaren Ablauf verwandelt. Das Mädchen zählt laut alle Aktivitäten des Vaters auf. So weiß es bei jeder Zahl, was im Augenblick geschieht. Damit macht es das so gefürchtete Weggehen des Vaters vorhersehbar. Zahlen geben Sicherheit, denn ihre Reihenfolge ist unumstößlich. In dem Augenblick, in dem das Mädchen von Ängsten überschwemmt zu werden droht, klammert es sich an die Sicherheit der Zahlen. Es hat ein Ritual entwickelt. Rituale geben Sicherheit und vermitteln das Gefühl, daß die Welt im Grunde in Ordnung ist.

2. *Erinnerungen gegen die Angst.*
Nachdem es den Vater nicht mehr sehen kann, bannt das Mädchen seine Angst, indem es sich an alle Lebenszeichen des Vaters klammert und sich mit ihnen tröstet. Solange es noch Vaters Auto hört und die Wärme seiner Kaffeetasse spürt, ist es noch nicht ganz allein; etwas vom Vater ist noch bei ihm.

3. *Die Angst in Furcht verwandeln.*
Später steigt eine unklare Verlassenheitsangst in dem Mädchen auf. Diese Angst kann es nur schwer ertragen. Deshalb verwandelt es seine unbestimmte Angst in gezielte Furcht vor einem bösen Insekt. Zwar ist der Anblick des Insekts so schrecklich, daß das Mädchen nicht wagt, sich zu rühren. Doch wenn das Kind sich vor einem Insekt fürchtet, weiß es wenigstens, wovor es sich fürchtet. Es kann seine Furcht benennen, während es für die unklaren Gefühle des Bedrohtseins keine Worte hat. Außerdem kann es etwas gegen die

Furcht unternehmen. Es läßt das Insekt nicht aus den Augen und bannt es mit seinem Blick auf der Fensterbank. Solange es das Insekt anstarrt, ist es vor ihm sicher.

4. Singen gegen die Angst.
Mit Liedern aus dem Kindergarten versucht das Mädchen, sich abzulenken und gegen seine Angst anzusingen. Singend ist es aktiv und nicht ausgeliefert. Es beschäftigt sich mit den Liedtexten und nicht allein mit seinen Befürchtungen. Singen entspannt die Atmung und löst etwas von der körperlichen Anspannung, die stets mit der Angst verbunden ist.

5. Malen gegen die Angst.
Später malt das Mädchen sogar das Insekt und versteckt dessen Bild unter dem Kleiderschrank. Ein selbstgemaltes Insekt ist schon gar nicht mehr so schrecklich. Wenn es dann noch unter dem Kleiderschrank versteckt wird, bekommt es einen Platz, von dem aus es weniger Unheil anrichten kann.

Der Tod – eine endgültige Trennung

> *Das einzige, was ich ihr nicht verzeihen kann, ist, daß sie gestorben ist. Ich kapier einfach nicht, wie sie das tun konnte. Wieso hat sie sich überfahren lassen und mich zurückgelassen? Jetzt kann ich sehen, wie ich mit Mama und Papa und den Freunden und dem Leben und der Sehnsucht fertig werde, mit der Sehnsucht, du fehlst mir, du fehlst mir so wahnsinnig, zum Teufel noch mal.*
> (Eine Vierzehnjährige zum Tod ihrer Zwillingsschwester; Pohl/Gieth 1994, S. 178)

Begegnen Kinder dem Tod, können sich vielfältige Ängste entwickeln, nicht nur bei den Kindern, sondern auch bei den Erwachsenen, die nicht wissen, wie sie mit ihren Kindern über den Tod sprechen sollen. Viele Eltern berichten, daß von allen Fragen, die Kinder stellen, diejenigen über den Tod am schwersten zu beantworten sind. Mütter finden Gespräche mit ihren Kindern über Geburt und Sexualität weitaus einfacher als Gespräche über den Tod. Als ein großes Tabu-Thema ist der Tod an die Stelle der Sexualität gerückt.

Es ist für Eltern so schwer, mit ihren Kindern über den Tod zu sprechen, weil dieses Thema auch unter Erwachsenen Befangenheit auslöst. Wie sollen Eltern das, was sie selbst nicht bewältigen können, ihren Kindern erklären? Wie sollen sie die richtigen Worte finden für etwas, das sie selbst sprachlos macht? Hinzu kommt, daß Eltern oft nicht wissen, ob und wie ihre Kinder trauern. Ist es in Ordnung, wenn ein Kind nach einem Tod untröstlich weint oder gar lacht, oder wenn es unruhig oder schwierig wird? Darf ein Kind auf den Verstorbenen wütend sein? Soll man es zur Beerdigung mitnehmen? Diese und ähnliche Fragen habe ich an anderer Stelle ausführlich beantwortet (Finger 1998), ich gehe daher hier nur auf kindliche Ängste im Zusammenhang mit dem Tod ein. Unter den möglichen Ängsten stelle ich diejenigen vor, die oft übersehen werden, weil sie gar nicht als Ängste erkannt werden. Denn Kinder verstecken manchmal ihre Gefühle hinter besonders schlimmem oder hinter besonders angepaßtem Verhalten. Oft wagen sie auch nicht, über das zu sprechen, was sie belastet.

Im folgenden werden drei wichtige Ängste beschrieben:

- die Angst vor den eigenen Gefühlen,
- die Angst vor der Schuld am Tod,
- die Angst vor dem Kummer der Eltern.

„Rate mal, was bei uns zu Hause Tolles passiert ist. Die Mama ist heute nacht gestorben"

Die siebenjährige Laura ruft ihre Lehrerin morgens vor der Schule an, lacht und kichert ins Telefon und sagt dann: „Rate mal, was bei uns zu Hause Tolles passiert ist." Und als die Lehrerin es nicht raten kann, lacht Laura weiter und sagt: „Die Mama ist heute nacht gestorben." Laura ist von dem Tod ihrer Mutter so überwältigt, daß sie nur noch lachen kann. Ihr Lachen ist aber kein Zeichen von Gefühllosigkeit, sondern eher ein Zeichen von Verwirrung und Abwehr des Schmerzes. Solange sie lacht, braucht sie das Erschrecken und die Traurigkeit noch nicht an sich herankommen zu lassen. Das Lachen wirkt wie ein Schutzschild, mit dem sie das Schlimme auf Abstand halten kann.

Auch mit seiner Sprache möchte das Kind das abwehen, was geschehen ist. Solange sie Mutters Tod etwas „Tolles" nennt, braucht sie sich damit nicht auseinanderzusetzen. Noch fehlen ihr die passenden Worte für das, was geschehen ist und was sie empfindet. So geht es kleinen Kindern häufig. Sie werden manchmal von ihren Gefühlen geradezu überrollt und sie wissen nicht, wie ihnen geschieht. Erst durch Erwachsene, die sie verstehen und die mit ihnen sprechen, werden ihnen ihre eigenen Gefühle klarer, und sie lernen, darüber zu sprechen. Laura ist zwar kein kleines Kind mehr, aber eine Sonderschülerin, die sicherlich die Hilfe ihrer Lehrerin braucht, um sich mit dem Tod der Mutter auseinanderzusetzen und um trauern zu können. Doch im Augenblick ist ihr alles zu viel. Da kann sie nur lachen.

Oft müssen Trauernde in der Zeit des ersten Schocks ihre wirklichen Gefühle leugnen, weil sie sonst daran zerbrechen würden. Die Schriftstellerin Luise Rinser erinnert sich, wie sie als kleines Mädchen den Tod ihrer geliebten Großmutter erlebt hat. Sie wirkte bei der Beerdigung völlig unbeteiligt und sogar gelangweilt, so daß ihr Vater sie anstieß und sagte: „Schämst du dich nicht, du gefühlloses Kind!" Sie verstand selbst nicht, warum sie nicht weinte wie alle anderen. Sie fühlte nichts und wollte nur so schnell wie möglich fort. Erst später kann sie ihr Verhalten verstehen. Sie sagt: „Hätte ich getrauert, so hätte ich ja zugeben müssen, daß die Großmutter tot war ... da ich nicht trauern konnte, war sie nicht tot. Meine Trauer-Verweigerung mußte die Macht haben, die Großmutter vom Eintritt ins Totenreich abzuhalten." (1997, S. 128/129)

Bei den beiden Mädchen fällt auf, daß Laura die „falschen" Worte spricht und Luise sich „falsch" verhält. Doch das, was uns auf den ersten Blick als falsch erscheint, ist für die Kinder richtig. Ihr Verhalten könnte auch als „Notbremse" angesehen werden, mit der sie die Not, in die sie geraten sind, abbremsen. Sie haben Angst, von tiefen, bisher unbekannten Gefühlen überrollt zu werden. Deshalb schaffen sie zunächst gefühlsmäßig einen Abstand, um das, was passiert ist, nicht an sich herankommen zu lassen. Erst allmählich, in vielen kleinen Schritten, werden sie sich der Tatsache des Todes nähern und dann versuchen, alles zu verstehen.

Erwachsene sollten sich von einem solchem kindlichen Verhalten nicht täuschen lassen. Auch wenn Kinder in der ersten Zeit die Trauer verweigern, heißt das nicht, daß sie nicht trauern möchten. Sie müssen nur erst mit dem Erschrekken und der Angst vor dem, was passiert ist, fertig werden. So wird den Eltern eine schwierige Balance abverlangt zwischen zwei entgegengesetzten Verhaltensweisen. Eltern müssen in der ersten Zeit des Schocks die „Trauerverweigerung" ihres Kindes zulassen und anerkennen. Doch dürfen sie nicht dabei stehen bleiben, sondern müssen gleichzeitig die Tür öffnen für Schritte aus der Abwehr heraus. Wenn sie dem Kind zeigen, daß sie sein Verhalten achten, aber gleichzeitig Gelegenheiten zur Erinnerung an den Verstorbenen nutzen, vielleicht auch selbst das Gespräch über ihn beginnen, kann auch das Kind seinen Kummer zulassen und ihm Ausdruck verleihen.

„Ist die Mama gestorben, weil ich geboren bin?"

Diese Frage stellt der siebenjährige Jochen nach dem Tod seiner Mutter. Drei Monate, nachdem Jochen geboren wurde, erkrankte seine Mutter an Krebs. Die Tatsache seiner Geburt und der beginnenden Krankheit der Mutter wird in Familienerzählungen oft zusammen berichtet. Daraus schließt Jochen, daß er Mutters Krankheit verursacht hat. Zum Glück fragt er seinen Vater danach und kann beruhigt werden. Doch viele Kinder, die solche Zusammenhänge vermuten, fragen nicht nach, ob sie den Tod verursacht haben. Sie schämen sich und quälen sich lange Zeit mit Schuldgefühlen. Nach kindlichen Vorstellungen kann ein böses Wort, ein falsches Verhalten oder gar ein böser Gedanke den Tod einer geliebten Person hervorrufen.

Die Malerin Käthe Kollwitz glaubte, am Tod ihres kleinen Bruders schuld zu sein. Sie berichtet in ihren Erinnerungen, wie sie sich nach dem Tod ihres jüngsten Bruders mit eigenen, falschen Erklärungen über die Todesursache quälte. Als Käthe sechs oder sieben Jahre alt war, starb ihr damals einjähriger Bruder Benjamin an Hirnhautentzündung. Im Augenblick des Todes wurden Käthe und ihre Schwester ins Kinderzimmer geschickt. Jede spielte für sich. Käthe baute aus den herumliegenden Klötzen einen Tempel und opferte der Göttin Venus. Da ging die Tür auf, die Eltern kamen herein und sagten, daß der Bruder gestorben sei. Sie erklärten es damit, daß Gott ihn zu sich genommen habe. Käthe war sich sicher, diesen Tod verursacht zu haben. Sie sagt: „Sofort wußte ich: Das ist die Strafe für meine Ungläubigkeit, jetzt rächt sich Gott dafür, daß ich der Venus opfere. So wie ich zu den Eltern stand, sagte ich kein Wort, aber welch ein Druck war auf meiner Seele, daß ich an des Bruders Tod schuldig sei." (Kollwitz 1923, S. 722) Hätte man Käthe erklärt, daß ihr Bruder an einer unheilbaren Krankheit starb, hätte sie den Grund für diesen Tod nicht in ihrem kindlichen Spiel suchen müssen und sie hätte weniger gelitten.

Beim Tod eines nahen Angehörigen leiden viele Kinder unter Schuldgefühlen, ohne daß die Erwachsenen etwas davon ahnen. Diese Schuldgefühle hängen mit dem magischen Weltverständnis der Kinder zusammen. Sie erleben sich als Mittelpunkt der Welt und glauben, daß ihre Gedanken und Wünsche Wirklichkeit werden, wenn sie es nur intensiv genug wünschen. Tritt etwas Schlimmes ein, was sie nicht verstehen können und was sie gefühlsmäßig belastet, so versuchen Kinder, das Erlebte in ihr Weltbild einzuordnen. Oft glauben sie, das Schlimme selbst verursacht zu haben. Da wir nicht wissen, welches Kind sich mit Schuldgefühlen plagt, brauchen alle Vorschulkinder und auch viele ältere Kinder nach dem Tod eines nahen Angehörigen die Versicherung, daß weder ihre Handlungen, noch ihre Gedanken diesen Tod verursacht haben.

„Ich muß besonders lieb sein!"

Gaby möchte kein „zweites Sorgenkind" werden.
Gaby ist zehn Jahre alt, als ihr kleiner Bruder stirbt. Sie sieht die tiefe Trauer ihrer Eltern und möchte sie gerne trösten. Denn nach dem Tod des Bruders ist sie das einzige Kind in der Familie. Sie alleine muß die Eltern wieder fröhlich machen. Aber wie kann sie das tun? Sie kann die Trauer der Eltern nicht verringern. Sie kann nur die Eltern vor zusätzlichen Belastungen bewahren. Sie darf auf keinen Fall ein „zweites Sorgenkind" werden. Alles, was die Eltern belasten könnte, hält sie von ihnen fern. Ihre lauten und fröhlichen Freundinnen lädt sie schon lange nicht mehr ein. Sie geht auch selten mit den Freundinnen weg, denn sie fragt sich, ob sie nach dem Tod des Bruders überhaupt noch fröhlich sein darf. In der Schule strengt sie sich jetzt besonders an. Sie möchte die Eltern mit guten Leistungen erfreuen. Sie hilft jetzt auch von

sich aus im Haushalt, während sie das früher nicht tat. Gaby ist ein liebes, aber auch ein gedrückt wirkendes Kind geworden.

Gaby verhält sich so, um ihre Eltern zu trösten, aber auch, um selbst wieder wahrgenommen zu werden. Denn seit der Krankheit und dem Tod des Bruders drehen sich die Gedanken und die Gespräche der Eltern nur um ihn. Gaby kommt sich überflüssig vor. So geht es vielen Kindern nach dem Tod ihrer Geschwister. Ich nenne sie deshalb die „vergessenen Trauernden". Auch sie trauern, doch das wird von der Umgebung zu wenig wahrgenommen. Kinder erleben nach dem Tod ihrer Schwester oder ihres Bruders sogar einen doppelten Verlust. Sie verlieren nicht nur ihr Geschwisterkind, sondern auch ihre Eltern, wie sie früher waren. Ihre Eltern verändern sich. Sie sind von ihrer Trauer und ihrem Schmerz so mitgenommen, daß sie nicht die Kraft haben, sich ihrem Kind zuzuwenden. Sie sind empfindlicher und ungeduldiger geworden, schneller gereizt und schimpfen mehr. Auch Gaby bräuchte dringend die Unterstützung und die Hilfe ihrer Eltern. Doch sie denkt nur daran, wie sie ihre Eltern trösten kann.

Elias muß seine Mutter vor dem Selbstmord bewahren.

Elias hat noch eine schwierigere Aufgabe als Gaby. Der bekannte Schriftsteller Elias Canetti ist sieben Jahre alt, als sein Vater stirbt. Er schläft neben der Mutter im Bett des Vaters und horcht die ganze Nacht auf ihr Weinen. Die Mutter glaubt, ihr Sohn schlafe. Sie weint leise, um ihn nicht zu wecken. Doch Elias schläft nicht, er wacht heimlich und registriert jeden Laut und jede Bewegung. Sobald die Mutter leise aufsteht und sich ans Fenster stellt, springt auch er aus dem Bett, stellt sich neben sie und umklammert sie mit seinen Armen.

Er schreibt später darüber: „Ich hielt sie sehr fest, und wäre sie zum Fenster hinausgesprungen, sie hätte mich mitziehen müssen. Sie hatte nicht die Kraft, mich mit sich umzubringen ... Sie konnte nicht entkommen, ich gab sie nicht her." (Canetti 1980, S. 49) Er hat als Kind ihre Verzweiflung gespürt und die Gefahr, in der sie schwebte. So übernahm er die Verantwortung für sie und ihr Leben. „Ich nahm es auf mich, sie durch die Nacht zu bringen, ich war das Gewicht, das sich an sie hängte, wenn sie ihre Qual nicht mehr ertrug und das Leben abwerfen wollte." (S. 78) Canetti sagt später, daß er sich in dieser Zeit gleich zweimal mit dem Tod auseinandersetzte. Er mußte den Tod des Vaters, den er sehr liebte, verarbeiten. Und er mußte die Mutter, deren Leben „vom Tode bedroht" war (S. 78), davor bewahren, sich selbst etwas anzutun.

Wenn Kinder glauben, die Eltern trösten zu müssen, überfordern sie sich meist. Gaby gibt ihre Eigenständigkeit auf und ihr Bedürfnis nach einem normalen fröhlichen Miteinander mit ihren Freundinnen. Elias kann nicht mehr schlafen. Er übernimmt als Siebenjähriger die Verantwortung für seine Mutter. Diese Aufgabe ist so groß und so wichtig, daß für ihn selbst und für seine Trauer über den verstorbenen Vater zu wenig Raum bleibt. Der Kummer der Kinder wird überlagert von dem Kummer und der Trauer der Eltern. Die Kinder geben sich selbst auf, weil sie nur noch auf ihre Eltern blicken. Sie können ihr eigenes Leben nicht leben. Eltern, die ihre Kinder davor bewahren möchten, müssen für sich selbst sorgen, um die Kinder von der schweren Aufgabe, die Tröster der Eltern zu sein, zu entlasten. Wenn Eltern selbst nicht die Kraft haben, sich um ihre Kinder zu kümmern, sollten sie dafür sorgen, daß andere Personen, die durch den Tod nicht so getroffen sind, für die Kinder da sind.

Schulphobie als Trennungsangst

Ich will aber zur Schule gehen, weil es mir da so gefällt.
Zur Schule gehe ich gerne, aber ich kann nicht.
(Stefan, 8 Jahre alt)

Warum erbricht Katja jeden Morgen vor der Schule?

Katja ist sieben Jahre alt. Sie wurde vor einem halben Jahr eingeschult. Sie ging bisher gerne zur Schule und hat auch gute Leistungen gebracht. Im Halbjahreszeugnis lobt die Lehrerin Katjas Interesse an allen Unterrichtsfächern und bescheinigt, daß sie sich lebhaft beteiligt. Sie versteht sich mit den Mitschülerinnen und scheint beliebt zu sein. Deshalb ist es für alle unerklärlich, daß Katja seit den Faschingsferien jeden Morgen, an dem sie zur Schule gehen soll, erbricht. Sie sieht dabei so blaß und elend aus, daß die Großmutter, bei der sie augenblicklich lebt, es meistens nicht übers Herz bringt, sie zur Schule zu schicken.

Ein- oder zweimal hat die Großmutter Katja gezwungen, zur Schule zu gehen. Doch als beide vor der Schultür standen und der Rektor das kreidebleiche Kind sah, schickte er beide wieder nach Hause. Die Großmutter hat schon viel unternommen: Besuche beim Heilpraktiker, beim Kinderarzt, beruhigende Medikamente, gutes Zureden, Versprechen von Geschenken oder aber strenge Ermahnungen. Doch nichts hat geholfen.

Katja selbst möchte wieder in die Schule gehen. Sie weiß auch nicht, warum sie es augenblicklich nicht schafft. Jeden Abend nimmt sie sich vor, am nächsten Tag zur Schule zu gehen, und jeden Abend verspricht sie es der Großmutter. Doch am nächsten Morgen ist die Übelkeit wieder da, und alle guten Vorsätze sind dahin. All dies dauert schon fast drei Wochen. Die Großmutter ruft daraufhin in der psychologischen Beratungsstelle an und drängt auf einen baldigen Termin.

Auch Fachleuten ist auffälliges Verhalten bei Kindern häufig ein Rätsel. Selbst sie müssen oft lange suchen, bis sie das kindliche Verhalten erklären können. Wie eine solche Suche verlaufen kann, soll hier ausführlich an Katjas Beispiel gezeigt werden.

Katjas Vorgeschichte

Großmutter und Enkelin halten sich an den Händen, als sie zum ersten Termin kommen. Katja sieht mit ihren abstehenden blonden Zöpfen wie Pippi Langstrumpf aus. Sie trägt einen rot-weiß gestreiften Pullover, eine weiße Pumphose und rote Schuhe. Mich erinnert das an ein Clownskostüm. Doch Katja wirkt nicht wie ein lustiger Clown. Ihr Gesicht ist blaß, ihr Blick ist traurig. Ihre Kleidung und das, was sie ausstrahlt, passen nicht zusammen.

Die Großmutter, eine elegante Frau, wirkt sehr besorgt. Im Beisein des Kindes möchte sie ihr Herz ausschütten und Katjas Geschichte erzählen. Katja spielt daneben in der Puppenecke. Alles, was die Großmutter erzählt, scheint sie schon zu kennen. Die Großmutter berichtet, daß Katja das Kind ihres Sohnes ist. Kurz vor ihrem zweiten Geburtstag kam Katja zur Großmutter, weil ihre Mutter sie nur ungenügend versorgte. Katjas Eltern wollten sich gerade trennen, als sie merkten, daß sie ein Kind erwarteten. Wegen des Kindes blieben sie noch zusammen, konnten aber nicht mehr zueinander finden. Katjas Mutter hatte bald nach Katjas Geburt einen anderen Partner. Da störte ihr Baby aus der ersten Beziehung nur. Katja wurde notdürftig versorgt und oft allein gelassen. Wenn die Mutter wegging, band sie das Kind in seinem Bettchen fest. Der Vater arbeitete damals in einer anderen Stadt und konnte nicht einspringen, wenn die Mutter das Kind allein ließ.

Warum erbricht Katja jeden Morgen vor der Schule?

Als die Eltern sich trennten, nahm die Großmutter das Mädchen zu sich. Katja war damals dünn, ungepflegt und sprach fast gar nicht. Die Großmutter beschreibt das so: „Sie wirkte auf mich wie ein kleines, verhungertes Vögelchen, das ich erst einmal hochpäppeln mußte." Bei diesem Satz blickt Katja von ihrem Spiel auf und sieht zur Großmutter herüber. Beide sehen sich einen Augenblick lang an. Dann fährt die Großmutter mit ihrer Erzählung fort, und Katja versorgt weiter die Puppen.

Die Großmutter nahm das Mädchen gerne auf. Weil ihr Mann ein halbes Jahr vorher gestorben war, hatte sie keine anderen Verpflichtungen mehr und konnte sich ganz dem Kind widmen. Katja entwickelte sich bei der Großmutter gut. Sie nahm zu, lernte schnell sprechen und wurde ein fröhliches und aufgewecktes Kind. Die Großmutter hatte das Mädchen gern bei sich. „Durch sie wurde es bei mir zu Hause wieder lebhaft und fröhlich", sagt die Großmutter, die sich besonders freut, daß Katja so witzig und schlagfertig ist.

Katjas Vater kommt oft zu Besuch und verbringt auch die Ferien mit seiner Tochter. Zur Mutter hat Katja keinen Kontakt mehr. Katja fragt auch nicht nach ihr. Sie fühlt sich bei der Großmutter wohl, beide verstehen sich gut. Deshalb ist es für die Großmutter so unerklärlich, daß es jetzt solche Schwierigkeiten gibt. Warum ist Katja, das lustige Kind, auf einmal so traurig und gedrückt? Warum erbricht sie jeden Morgen, an dem sie zur Schule gehen soll? Bisher weiß niemand aus Katjas Umgebung eine Antwort.

Wie ist Katjas Erbrechen zu erklären?

Wir wissen bisher, daß Katja einen schwierigen Start ins Leben hatte und daß sie ungenügend versorgt wurde. Wir wissen aber auch, daß Katja sich dennoch gut entwickeln konnte, weil die Großmutter ihr dabei geholfen hat, viele ihrer kleinkindhaften Bedürfnisse nachzuholen. Doch warum erbricht sie gerade jetzt? Wodurch wird ihre Entwicklung gestört?

Ich stelle der Großmutter und der Lehrerin gezielt Fragen. In der Beratungsstelle wird mit Katja gespielt, und es werden bestimmte Tests durchgeführt, um zu erfahren, wie sie sich erlebt und was sie bedrückt. Katja kommt an zwei verschiedenen Tagen zu uns. Es macht ihr nichts aus, wenn die Großmutter in einem anderen Zimmer bleibt und sie selbst zu mir ins Spielzimmer geht. Sie freut sich auf die vielen Spielsachen. Aber sie besteht darauf, daß die Großmutter nebenan wartet.

Die folgenden Fragen sollen durch die Gespräche mit den Erwachsenen und durch die Untersuchung des Kindes beantwortet werden.

Ist in der Schule in letzter Zeit etwas vorgefallen?
Weil Katja erbricht, wenn sie zur Schule gehen soll, besteht der Verdacht, daß irgendetwas in der Schule sie belastet. An die Großmutter – und in einem getrennten Gespräch an die Lehrerin – richte ich die folgenden Fragen: Fühlt Katja sich in der Klasse wohl? Hat Katja Freundinnen? Gab es seit den Ferien einen Lehrerwechsel oder Methodenwechsel? Haben sich Katjas Leistungen verschlechtert? Ist Katja in letzter Zeit von Schülern ausgelacht oder von Lehrern getadelt worden?

Nichts davon trifft zu. Katja hat eine ausgesprochen gute Stellung in der Klassengemeinschaft. Sie ist sehr beliebt, wird häufig zu Geburtstagen eingeladen und hat immer eine Schar von Freundinnen um sich. Leistungsmäßig ist sie bisher immer gut mitgekommen. Sie beteiligt sich am Unterricht, wirkt selbstbewußt und zufrieden. Die Lehrerin sagt: „Katja ist das Kind, bei dem ich am wenigsten mit Schwierigkeiten gerechnet habe."

Ist Katja begabt genug, um die Anforderungen der Schule zu erfüllen?
Auch wenn die Lehrerin glaubt, daß Katja leistungsmäßig gut mitkommt, ist zu prüfen, ob sie von ihrer Intelligenz her den Anforderungen gewachsen ist. Es könnte ja sein, daß Katja in

der ersten Zeit, in der es mehr spielerisch zuging, gut mitgekommen ist, daß sie aber in der zweiten Hälfte des ersten Schuljahres, in der systematischer gelernt wird, ihre Grenzen spürt, obwohl ihre Umgebung davon noch nichts merkt. Doch bei der Prüfung ihrer intellektuellen Fähigkeiten bringt Katja sehr gute Ergebnisse. Ihre Denkfähigkeit ist gut entwickelt, sie ist sprachlich sehr weit fortgeschritten und hat ein umfangreiches Wissen. Auch die für das Erlernen des Lesens und Schreibens notwendige Gliederungsfähigkeit und Raumorientierung ist vorhanden. Von Katjas Begabung her sind keine schulischen Probleme zu erwarten.

Hat Katja genügend „Stützfunktionen der Intelligenz" entwickelt?

Intelligenz ist eine Fähigkeit, aber noch keine Leistung. Auch gut begabte Kinder können zu Schulversagern werden. Damit Intelligenz sich auch in Schulleistungen darstellt, muß ein Kind über die sogenannten „Stützfunktionen der Intelligenz" verfügen. Das sind vor allem Konzentrationsfähigkeit, Leistungsmotivation und eine angemessene Arbeitshaltung. Katja kann sich konzentrieren, sie kann bei der Sache bleiben und übernimmt bereitwillig fremdgestellte Aufgaben. Es fällt nur auf, daß sie viel Lob und Bestätigung braucht. Ständig blickt sie zu mir herüber und wartet nach jeder Aufgabe auf eine Rückmeldung. Als ich mich mit meinem Lob etwas zurückhalte, nimmt sie ihre Zeichnung und läuft zur Großmutter ins Nebenzimmer, die ganz begeistert von dem Bild ist. Katjas etwas kleinkindhafter Wunsch, für jeden Schritt bestätigt zu werden, kann in der Schulklasse mit den vielen anderen Kindern sicherlich nicht immer erfüllt werden. Doch die Erfahrung, daß sie nicht immer „die erste Geige" spielen kann, hat sie schon im ersten Halbjahr gemacht, als sie noch gerne zur Schule ging. Es muß noch andere Gründe für ihre massive Schulangst und das tägliche Erbrechen geben.

Wie erlebt Katja sich in ihrer Umgebung?
Bisher wurden Katjas Leistungen und Fähigkeiten überprüft. Jetzt geht es um ihre Gefühle und ihr Selbstbild. Wir können Kinder nie direkt fragen, warum sie sich auffällig verhalten. Sie wissen es selbst nicht und könnten es auch nicht erklären. Katja zum Beispiel möchte wirklich wieder zur Schule gehen, doch sie kann es einfach nicht. Ihr selbst ist ihr Verhalten genau so rätselhaft wie ihrer Umgebung. Weil wir Katja nicht direkt befragen können, stellen wir unsere „Fragen", indem wir ihr Spiel beobachten, sie Bilder erklären lassen, Geschichten oder Sätze vervollständigen lassen und indem wir aus allem, was sie tut, Rückschlüsse auf ihre Gefühle zu ziehen versuchen. In der Psychologie nennt man diese Methode „projektive Verfahren" oder „projektive Tests". Mit ihnen werden Kinder angeregt, etwas über sich selbst auszusagen, ohne tatsächlich über sich zu sprechen.

Was sind projektive Tests?

- Neben den bekannten Intelligenztests und Leistungstests hat man projektive Tests entwickelt.
- Darin werden zum Beispiel kindliche Konfliktsituationen in Bildern von Tieren oder von anderen Kindern dargestellt. Das Kind wird gefragt, wie sich die abgebildetete Figur verhält oder warum sie sich so verhält.
- Es wird angenommen, daß gerade kleine Kinder ihre eigenen Gefühle und Denkweisen in die vorgegebenen Bilder hineinsehen, also etwas von sich dorthin „projizieren".

Es können hier nicht alle Testergebnisse besprochen werden. Wichtig ist jedoch, daß Katja häufig schwankt zwischen kleinkindhaften Bedürfnissen und dem Wunsch, groß zu sein. Während der Untersuchung legt sie ein weiches Fell, das zum Testmaterial gehört, nicht aus der Hand. Sie streichelt darüber, oder sie streicht mit dem Fell über ihr Gesicht. Aus einem Kasten mit Puppen, Tieren, Klötzen und vielen Gegenständen des Alltags soll sie ein Szenenbild bauen. Sie holt ein kleines Mädchen im rosa Tüllkleid, setzt es unter einen Apfelbaum an einen Tisch, der mit Eßbarem gedeckt ist (Äpfel, Birnen, Bananen, Kirschen usw.). Sogar ein kleiner Blumenstrauß steht auf dem Tisch, und daneben liegt eine Schultafel. Als sie gefragt wird, wer es auf dem Bild gut hat, zeigt sie auf das Mädchen. Später geht sie zu dem aufgebauten Bild zurück, nimmt die Mädchenpuppe heraus und wickelt sie in dem Fell ein, mit dem sie sich bisher selbst gestreichelt hat.

Als Katja zu Tierbildern Geschichten erzählen soll, sieht sie sich sehr lange das Bild einer Känguruh-Mutter mit ihren beiden Kindern an. Ein Kind fährt auf dem Fahrrad neben der Mutter her, das andere sitzt im Beutel der Mutter. Als Katja gefragt wird, wer sie sein möchte, zeigt sie auf das Baby im Beutel und nicht auf das große Kind, das schon alleine Fahrrad fahren kann. Sie sagt dazu: „Das Kleine hat es so schön kuschelig und warm, und keiner kann es klauen."

Auf verschiedenen Bildern werden Kinder in belastenden Situationen gezeigt, und Katja soll sagen, wie sich die Kinder verhalten. Anders als gleichaltrige Kinder vermag es Katja nicht, Auswege zu finden. Bei Katja reagieren die Kinder erschrocken und klagen darüber, daß sie sich in einer so schwierigen Situation befinden. Insgesamt stellt Katja sich in der Testsituation als ein Kind mit kleinkindhaften Bedürfnissen nach Zärtlichkeit dar und als ein Kind, das die Nähe der mütterlichen Bezugsperson braucht. Belastungen kann sie nicht verarbeiten.

Aber was hat dazu geführt, daß Katja nicht mehr zur Schule gehen kann und jeden Morgen erbricht? Irgendein Mosaikstein fehlt noch zur Erklärung.

Gibt es nicht-schulische äußere Gründe für Katjas Erbrechen?
Auffallend ist, daß Katjas Erbrechen nach den Faschingsferien begonnen hat. Die Großmutter kann sich nicht vorstellen, daß in dieser Zeit irgendetwas das Mädchen belastet haben könnte. Sie war mit ihrem Vater im Wintersport und kam braungebrannt und gut erholt zurück. Erst als der Besuch in der Beratungsstelle zu Ende geht, sozusagen zwischen Tür und Angel, bleibt die Großmutter stehen und sagt: „Sie haben eben gesagt, daß Katja sehr an mir hängt. Vielleicht ist da noch etwas wichtig. Ich habe ganz vergessen, es Ihnen zu erzählen." Dann berichtet sie, daß der Vater nicht allein mit Katja im Urlaub war, sondern seine Freundin mitgenommen hatte. In den Ferien erfuhr Katja, daß der Vater beabsichtigt, diese Freundin zu heiraten. Doch nach Meinung der Großmutter kann diese Information Katjas Störung nicht hervorgerufen haben, weil Katja die Freundin gern hat, und weil all das ja nichts mit der Schule zu tun hat.

Informationen „zwischen Tür und Angel"

- Informationen, welche die Fachleute in der Erziehungsberatung nebenher von ihren Besuchern erhalten, erweisen sich oft als wichtig.
- Sie betreffen häufig etwas, was man nicht gern sagt oder wovor man Angst hat.
- Deshalb wird diese Information die ganze Zeit zurückgehalten. Erst beim Hinausgehen, wenn die Situation unverbindlicher wird, kann man es erwähnen. Dann ist es leichter, ein Gespräch darüber abzubrechen, indem man sich verabschiedet.

Erbrechen vor der Schule (ohne Schulangst)

Die Großmutter hat uns zwischen Tür und Angel etwas sehr Wichtiges gesagt. Die bevorstehende Heirat des Vaters wird die Familie verändern. Katja bekommt eine neue Mutter. Von ihrer leiblichen Mutter ist Katja nicht liebevoll versorgt worden und sogar verlassen worden. Auch wenn sie selbst nicht darüber spricht, hat sie dennoch von der Großmutter häufig etwas darüber gehört. Durch die bevorstehende Heirat des Vaters wird die enge Gemeinschaft von Großmutter und Enkelin bedroht. Sie sind so eng miteinander verbunden, weil jede der anderen hilft, einen Verlust zu überwinden. Die Großmutter hat ihren Mann verloren. Die Sorge um das kleine vernachlässigte Mädchen gibt ihr einen neuen Lebensinhalt und eine neue Aufgabe; und Katjas witziges Auftreten, das von der Großmutter sehr gefördert wird, hilft ihr vielleicht gegen die eigene Traurigkeit. Katja ist als kleines Kind vernachlässigt worden. Erst als die Großmutter sie aufnimmt, bekommt sie das, was jedes Kind braucht. Großmutter und Enkelin haben eine Gemeinschaft gebildet, in der jede der anderen gibt, was sie dringend braucht.

Beide fürchten nun durch die neue Entwicklung getrennt zu werden und gehen mit ihren Ängsten ganz verschieden um. Die Großmutter schiebt die Tatsache einer möglichen Trennung von sich weg. Sie „vergißt" einfach, daß eine Veränderung des familiären Zusammenlebens ansteht, obwohl sie mehrmals nach Veränderungen gefragt wird. Sie scheint es noch nicht wahrhaben zu wollen. Katja erbricht jeden Morgen vor der Schule, obwohl die Schule mit ihren Leistungsanforderungen und ihren sozialen Herausforderungen für Katja kein Problem darstellt. Doch die Schule bedeutet eine zeitweilige Trennung von der Großmutter. Aus Angst vor einer endgültigen Trennung ist Katja so verunsichert, daß sie auch eine vorübergehende Trennung nicht mehr ertragen kann. Katja hat keine wirkliche „Schulangst", obwohl ihre Angst täglich vor dem Schulbeginn auftritt und durch ihre Übelkeit und ihr Erbrechen nicht zu übersehen ist. Katjas Angst hat also nichts mit der Schule zu tun, sondern mit einer möglichen Trennung von der Großmutter. Deshalb sprechen wir nicht von einer „Schulangst", sondern von einer „Schulphobie".

Was ist eine Phobie?

- Unter einer Phobie versteht man eine zwanghaft auftretende Angst vor Dingen oder Situationen, ohne daß von diesen eine wirkliche Gefahr ausgeht.
- Eine Phobie ist eine Angst am falschen Ort. Häufig sind es unklare, schwer zu beschreibende Ängste, die auf eine bestimmte Situation übertragen werden.
- So wird Katjas Angst vor der Trennung von der Großmutter auf die Schule übertragen und erst dort sichtbar.
- Deshalb ist es oft schwierig, bei einer Phobie den ursprünglichen Anlaß für die Angst zu erkennen.

Großmutter und Enkelin leiden unter Trennungsangst und verstärken sich dabei, ohne daß ihnen das bewußt ist. Weil die Angst so groß ist, suchen sie nach einem Ausweg, den beide schon kennen. Sie gehen viele Schritte zurück und wiederholen die Beziehung, die damals bestand, als sie sich trafen. Katja wird wieder schwach und krank und muß von der Großmutter „hochgepäppelt" werden. Und die Großmutter kann „so ein kleines, verhungertes Vögelchen" nicht einfach wegschicken. Beide klammern sich aneinander und stecken in einer Sackgasse.

Schulphobie – eine Trennungsangst am falschen Ort

Robin klammert sich an die Mutter, möchte sie nicht verlassen, um nicht von ihr verlassen zu werden.

Unter einer Schulphobie verstehen wir eine massive Angst vor der Schule, die häufig mit Leibschmerzen, Übelkeit und morgendlichem Erbrechen verbunden ist. Wegen dieser Symptome kann das Kind oft nicht zur Schule gehen. Dabei liegt der Grund für seine Abneigung nicht in der Schule. Die Ängste des Kindes habe einen anderen Grund. Es kann sich zum Beispiel um eine Angst vor der Trennung von der Mutter handeln.

Der achtjährige Robin leidet unter Schulphobie. Jeden Morgen, wenn er zur Schule gehen soll, wird ihm schlecht. Robin ist ein sehr sprachbegabtes Kind, er kann seine Angst für sein Alter erstaunlich genau beschreiben. Er sagt, er habe keine Angst vor der Schule, sondern er habe Angst, von zu Hause wegzugehen. Denn wenn er weggeht, fürchtet er, seinen Eltern könnte etwas passieren oder seine Mutter könnte ihrerseits weglaufen. Deshalb bleibt er nachmittags in der Nähe seines Elternhauses. Er spielt mit seinen Freunden vor der Tür, besucht diese aber nicht zu Hause. Wenn ihn während des Spielens die Angst überfällt, daß die Mutter nicht mehr da ist, läuft er schnell nach Hause, um sich zu vergewissern, daß alles in Ordnung ist. Doch wenn er in der Schule sitzt, kann er nicht mehr schnell nach Hause laufen, um zu kontrollieren, ob die Mutter noch da ist. Deshalb kann er nicht zur Schule gehen, ihm wird jeden Morgen übel. Denn in der Schule ist er seiner Angst vor dem Verlassenwerden hilflos ausgeliefert, und er kann nichts dagegen tun. Robin klammert sich an seine Mutter, möchte sie nicht verlassen, um nicht von ihr verlassen zu werden.

Bei Kindern mit Schulphobie kommt es oft zu einem gegenseitigen Anklammern. Nicht nur das Kind klammert sich an die Mutter, auch die Mutter klammert sich an ihr Kind. Dann kann das Kind sich nicht lösen, weil die Mutter es nur ungern losläßt. Häufig fürchten Mütter eine Trennung ebenso wie das Kind, weil das Kind für sie zu einem wichtigen Lebensinhalt geworden ist, den sie ungern aufgeben, weil sie sonst vor einem „Nichts" stehen. (Vgl. Finger 1998, S. 145–160)

Wie passen Übelkeit und Erbrechen zur Schulphobie?

Wenn Erbrechen nicht auf organischen Ursachen, wie zum Beispiel einer Magen-Darm-Verstimmung beruht, hat es wahrscheinlich psychische Ursachen.

Erbrechen ist ein typisches Verhalten kleinerer Kinder.
Schulphobie kommt häufig zu Beginn des Kindergartens oder bei der Einschulung vor. Vorschul- und Grundschulkinder reagieren oft mit Erbrechen, wenn sie besonders belastet sind. In anderen Altersstufen überwiegen andere Symptome.

Es ist ein Ruf nach Zuwendung.
Wenn Kindern übel wird und sie sich erbrechen, haben Erwachsene Mitleid mit ihnen und wenden sich ihnen zu. Ein Kind, das Angst hat, verlassen zu werden, kann mit seinem Verhalten die Zuwendung der Erwachsenen seiner Umgebung herbeirufen.

Es ist eine versteckte Aggression.
Mit ihrem Erbrechen drücken Kinder ihre innere Spannung und ihre Angst aus. Dies ist leicht einzusehen. Doch Erbrechen kann auch aggressiv gemeint sein. Ein Kind, das erbricht, „kotzt alles aus", was es belastet. Es wehrt sich mit seinem Erbrechen gegen etwas, das es bedroht. Bei der Schulphobie wehrt es sich häufig gegen eine zu enge, besitzergreifende Bindung zur erwachsenen Bezugsperson.

Es enthält zwei entgegengesetzte Botschaften.
In dem Erbrechen des Kindes wird der Wunsch nach Zuwendung und gleichzeitig der Wunsch, sich abzugrenzen, deutlich. Auch Kinder mit Schulphobie schwanken zwischen sich widersprechenden Wünschen. Sie möchten noch klein sein, versorgt und behütet werden und in engem Kontakt zur Mutter leben. Doch gleichzeitig möchten sie wachsen, groß werden und neue eigene Entwicklungsschritte wagen. Kleinkindhafte Zuwendung tut gut, und ist doch eine Einengung. Ein überfürsorgliches Betreuen hemmt die eigenständige Entwicklung des Kindes. Das Gefühl der Zerrissenheit äußert sich dann im Erbrechen.

Schulphobie als Angst vor der eigenen „Wut"

Der neunjährige Simon zeigt uns noch eine andere, etwas schwerer zu verstehende Seite der Schulphobie. Simon kann oft nicht zur Schule gehen, weil ihm schon morgens übel ist und weil er häufig erbricht. Als er nach Ängsten gefragt wird, sagt er: „Ich habe keine Angst, daß mir etwas passiert. Aber ich habe Angst, daß meiner Mama etwas passiert." Geht die Mutter zum Kegeln, fürchtet Simon, jemand könne die Kugel nach ihr werfen und sie dabei verletzen. Fährt die Mutter mit dem Auto weg, so fürchtet er, daß ein fremdes Auto in ihres hineinfährt. Will die Mutter im Winter nach draußen, macht er sich Sorgen, daß sie ausrutscht und hinfällt. Wenn Simon abends im Bett liegt, denkt er sich aus, was der Mama alles passieren könnte. Das macht ihn traurig, und er ist oft traurig. Simons Sorgen entwickeln sich meist, wenn die Mutter weggeht und er alleine bleibt. Sind beide zusammen, haben Mutter und Sohn oft heftige Auseinandersetzungen. Dann schimpfen beide miteinander, schreien sich an, und jeder wünscht den anderen auf den Mond. Dann kann Simon richtig wütend auf die Mutter werden.

Simons Beziehung zu seiner alleinerziehenden Mutter ist zwiespältig. Beide lieben sich, klammern sich aneinander und gleichzeitig lehnen sie sich ab und stoßen sich gegenseitig weg. Anna Freud, die Tochter von Sigmund Freud, hat darauf hingewiesen, daß Kinder ihren Eltern gegenüber stets zwiespältige (sie nennt es ambivalente) Gefühle haben. Kinder müssen, um zu wachsen, sich von ihren Eltern befreien. Das geht oft nicht ohne Wut und Aggressionen, vor allem dann, wenn die Eltern sich sehr an das Kind binden. Kinder müssen sich von den Eltern abwenden und haben gleichzeitig Angst davor. Sie fürchten, daß ihr Drang nach Selbständigkeit von den Eltern nicht akzeptiert wird, daß sie durch ihr Verhalten die Liebe und die gewohnte Zuwendung der Eltern verlieren. Das wäre zu schlimm, und so muß das Kind seine aggressiven Gefühle verdrängen.

Verdrängte Gefühle, so meinen viele Psychologen, sind aber nicht verschwunden, sondern nur weggeschoben. Sie können irgendwann wieder zum Vorschein kommen, und zwar in veränderter Form. Wenn ein Kind sich vor dem Sichabwenden und der dabei entstehenden Wut fürchtet, dies aber nicht wahrhaben will, entwickelt es eine andere Angst, zum Beispiel vor irgendeiner Gefahr, die den Eltern droht. Es klammert sich an die Eltern, um sicher zu sein, daß ihnen nichts passiert. „Große Angst entsteht beim Kind, wenn es nicht nahe genug bei der Mutter bleibt, um sich zu vergewissern, daß seine feindseligen Wünsche ihr gegenüber nicht Wahrheit werden." (Blackham 1971, S. 229) So geht es auch Simon. Er liebt seine Mutter, braucht sie sehr, und gleichzeitig stört sie ihn mit ihrer einengenden Liebe. In Anwesenheit der Mutter können diese beiden sich widersprechenden Gefühle nebeneinander bestehen. Doch bei Abwesenheit der Mutter und im Augenblick der Trennung wachsen die negativen Gefühle und damit die Angst, diese Gefühle könnten Wirklichkeit werden und der Mutter könnte etwas zustoßen. Deshalb schafft Simon es oft nicht, sich von der Mutter zu trennen und zur Schule zu gehen.

Schulphobie und Tod

Schulphobie tritt häufig bei der Einschulung auf oder zu Beginn des Kindergartens, wenn Kinder Angst vor der Trennung von ihren Bezugspersonen haben. Aber auch ältere Kinder, die vielleicht schon jahrelang zu Schule gegangen sind und sich bisher gut von den Eltern trennen konnten, können eine Schulphobie entwickeln. Sie reagieren dann ebenso wie kleinere Kinder mit Blässe, Übelkeit und Erbrechen vor Schulbeginn. Mir sind mehrere Kinder bekannt, die nach einem Todesfall eine Schulphobie entwickelten. Das kann der Tod eines Elternteils, der Großeltern oder sogar eines Hundes sein. Der Tod einer Bezugsperson trifft die Kinder meist unvorbereitet. Das kindliche Gefühl von Unverwundbarkeit wird verletzt. Das kann massive Ängste hervorrufen, vor allem Ängste um dem Verlust noch weiterer Menschen, die man liebt und braucht.

Schulphobie nach einem Todesfall ist um so wahrscheinlicher, wenn keine Möglichkeit besteht, um den Toten zu trauern. Denn dann wird die Lücke, die der Tote hinterläßt, durch gegenseitiges Anklammern gefüllt. Diese einengende Nähe hilft, den Verlust, den man erlitten hat, weniger zu spüren. Wenn Kinder nach einem Trauerfall ihre Eltern leiden sehen, wollen sie alles tun, um ihnen zu helfen.

So fühlte sich der zwölfjährige Kai nach dem Tod des Vaters für die Mutter verantwortlich und wollte immer bei ihr bleiben. Er suchte ihre Nähe, um sie zu unterstützen und sicherlich auch, um sich selbst zu trösten. Doch die Mutter mußte das Geschäft ihres Mannes übernehmen und beide hatten wenig Zeit füreinander und wenig Zeit, sich mit dem Tod des Vaters auseinanderzusetzen. Monatelang erbrach Kai morgens vor der Schule. Nach einem langen Beratungsgespräch über seinen Vater und darüber, was von dem Vater in ihm weiterlebt, sagte er: „Der Vater würde mir helfen. Er würde sagen: ‚Du schaffst das schon!'" Dann nahm er sich vor, an einem bestimmten Tag wieder zur Schule zu gehen und konnte es auch.

Hilfen für Kinder mit Schulphobie

Bei einer Schulphobie treffen und verstärken sich häufig die Angst des Kindes und die Angst der Bezugsperson. Beide sollten gesondert betrachtet werden und gesondert überwunden werden.

Zurück zu Katja, über die oben berichtet wurde. Die Lücke, die nach dem Tod des Mannes im Leben der Großmutter entstand, wurde von Katja eingenommen. Sie konnte mit ihrer Anwesenheit und ihrem Witz die Großmutter von ihrer Trauer ablenken. Doch nun muß Katja aus dieser Rolle entlassen werden. Die Großmutter erhält in persönlichen Gesprächen in der Beratungsstelle die Möglichkeit, ihre verdeckte Trauer zu verarbeiten und ihr Leben neu zu planen.

Katja ist durch das Verlassenwerden in frühester Kindheit viel anfälliger für Trennungsängste als andere Kinder. Deshalb darf ihre Lösung von der Großmutter nur langsam erfolgen. Katja muß die Gewissheit haben, nicht erneut verlassen zu werden. Zunächst geht es um eine eher „innere Trennung", bei der die kleinkindhafte Bindung an die Großmutter durch eine bewußte Erziehung zur Selbständigkeit und Eigenständigkeit überwunden wird. Erst dann soll es zur „äußeren Trennung" kommen. Der Übergang zum Leben mit der neuen Mutter soll langsam und behutsam vorbereitet werden, damit beide die Möglichkeit haben, sich besser kennenzulernen und zu mögen.

Darf ein Kind mit Schulphobie zu Hause bleiben?

Die Angst eines Kindes mit Schulphobie ist ernst zu nehmen, aber dennoch sollten die Eltern darauf bestehen, daß das Kind zur Schule geht, weil die Angst sonst nur noch größer wird. Nur wenn es zur Schule geht, kann es erfahren, daß die Welt außerhalb des Elternhauses ihm auch etwas zu bieten hat. Es kann neue Kontakte knüpfen und die enge ausschließliche

Bindung an die Eltern etwas lösen. Weil ein Kind mit Schulphobie und weil seine wichtigste Bezugsperson – meistens die Mutter – sich mit ihrer Angst gegenseitig anstecken, hilft es oft, wenn eine andere Person das Kind zur Schule bringt. Noch besser ist es, wenn eine Freundin oder ein Freund das Kind von zu Hause abholt, um mit ihm in die Schule zu gehen. Der gemeinsame Schulweg lenkt von der Trennung ab. In der ersten Zeit braucht das Kind verstärkte Zuwendung auch am Nachmittag, um die Angst davor, weggeschickt zu werden, zu überwinden und um Vertrauen zu entwickeln.

Kleinen Kindern mit Trennungsangst hilft es oft, etwas, das zur Mutter gehört, mit sich in die fremde Welt zu nehmen. Mit Mutters Halstuch, das nach ihr riecht, kann das Kind die Zeit im Kindergarten oder in der Grundschule besser überstehen. Denn es wird durch das Halstuch daran erinnert, daß die Mutter es liebhat, daß sie zu Hause wartet, aber auch stolz ist, wenn ihr Kind schon alleine in den Kindergarten geht. Wird dieses Halstuch dem Kind jeden Morgen mit einem kleinen Ritual umgebunden, wirkt es doppelt. Kleine Überraschungen, ins Pausenbrot gepackt, sind wie ein Gruß von der Mutter und zeigen dem Kind, daß sie an es denkt.

Auch die Schule kann helfen, eine Schulphobie zu überwinden, indem in der ersten Zeit vermehrt auf das Kind eingegangen wird. Ein fester Platz, ein fester Banknachbar und eine klare Ordnung geben dem Kind Sicherheit. Die Förderung von Freundschaften oder die Übertragung von Aufgaben, die dem Kind zeigen, daß es in der Klassengemeinschaft mitwirkt, lassen die Schule zu einem Ort werden, an dem das Kind sich wohl fühlt und an dem seine Anwesenheit wichtig ist.

Wenn allerdings das gegenseitige Anklammern verdeckt, daß es tiefe innere Probleme bei Mutter und Kind gibt, dann helfen die bisher genannten praktischen Ratschläge nicht. Dann brauchen beide vielleicht therapeutische Unterstützung.

Wie Kinder ihre Schulphobie oder Kindergartenphobie selbst bekämpfen

Hat der Affe einen Freund, hat er weniger Angst.
(Ergebnis eines Forschungsprojekts)

Wir haben in dem vorherigen Kapitel gesehen, daß die Schulphobie auf sich widersprechenden Gefühlen beruht. Kinder suchen und wünschen die Nähe und Zuwendung der Mutter, sie möchten klein sein und versorgt werden, aber gleichzeitig unabhängig werden und wachsen. Der Wunsch nach Eigenständigkeit zeigt sich auch im Erbrechen. Doch Kinder finden noch andere, kreative Lösungen, mit denen sie sich aus der engen Bindung an die Mutter befreien. Im folgenden werden einige dieser Lösungen beschrieben.

Regina spielt die Trennung mit ihren Puppen.
Regina ist drei Jahre und vier Monate alt und kann nicht allein im Kindergarten bleiben. Sie ist morgens blaß, bekommt starkes Herzklopfen und verkrampft sich am ganzen Körper. Sobald sie mit der Mutter das Haus verläßt, um in den Kindergarten zu gehen, zittert sie und weint. Die Mutter kehrt dann oft wieder um. Zu Hause geht Regina in ihr Zimmer und spielt mit ihrem Hasen Hansi, wie man sich trennt. Sie stellt Hansi vor die Tür und sagt streng: „Hansi, bleib da stehen!" Dann fährt sie fort: „Hansi, du bist groß, du weinst nicht!" Sie dreht sich um und sagt dabei: „Hansi, ich komme gleich wieder, bleib schön stehen." Dann geht sie einige Schritte von Hansi weg, dreht sich wieder um, läuft auf ihn zu und sagt: „Da bin ich wieder!" Dann nimmt sie Hansi auf den Arm, schaukelt ihn hin und her, und das Spiel beginnt von neuem.

Reginas Spiel zeigt, daß ihr die Trennung von der Mutter noch schwer fällt. Aber sie übt mit Hansi. Dabei spielt sie nicht das Kind, das verlassen wird, sondern die Mutter, welche die Trennung herbeiführt. Sie spielt, daß die Mutter Hansi nicht im Stich läßt, daß sie immer wiederkommt und Hansi in den Arm nimmt. Sie spielt es so lange, bis sie es glauben kann. Aus ihrem Spiel holt sie sich den Mut für die Anforderungen der Wirklichkeit.

Bernd zögert die Trennung heraus, indem er einen Umweg macht.
Der dreijährige Bernd weint nicht und erbricht nicht, wenn er in den Kindergarten gehen soll. Er hat keine klassische Kindergartenphobie, dennoch fällt es ihm schwer, sich von zu Hause zu trennen. Er wird mit dem Auto zum Kindergarten gebracht. Von seinem Kindersitz aus dirigiert er die Mutter, die ihn dorthin fährt. Bei der ersten Kreuzung will er nicht wie üblich nach rechts zum Kindergarten fahren, sondern bittet die Mutter, in die andere Richtung zu fahren. Sie tut ihm den Gefallen. Auch bei der nächsten Straßengabelung sagt er: „Fahr eine andere Straße!" und hofft insgeheim, daß sie nie im Kindergarten ankommen. Die Mutter geht auf seine Wünsche ein und fährt kleine Umwege. Dabei beobachten beide die Umgebung genau. Sie stellen fest, ob sie ein Haus oder einen Baum schon einmal gesehen haben oder noch gar nicht kennen. Zwischendurch jammert die Mutter, daß sie jetzt gar nicht mehr weiß, welches der richtige Weg ist und daß sie den Kindergarten vielleicht gar nicht finden. Wenn sie dann den Kindergarten aus einer anderen Richtung erreichen, sind beide froh, ihn dennoch gefunden zu haben, und das Thema Trennung ist gar nicht mehr aktuell.

Der Umweg auf dem Weg zum Kindergarten ist für Bernd und seine Mutter schon zu einem Spiel geworden, das beiden gefällt. Bernd kann durch den Umweg die Trennung von der Mutter herauszögern, sich von der Trennung ablenken und ein Gefühl von Einflußnahme und Mitsprache entwickeln. Er weiß, daß er zum Kindergarten muß. Doch wird er nicht einfach hingeschickt, weil die Erwachsenen es so wollen, sondern er kann den Weg dorthin mitbestimmen. Der Mutter tut es gut, ein fröhliches Kind im Auto zu haben. Sie muß nicht einen ängstlichen oder gar weinenden Jungen in den Kindergarten fahren und dort abgeben. Beide haben, bevor sie sich trennen, Spaß miteinander, und da lohnt sich der Zeitverlust durch den Umweg.

Jan schickt die Mutter weg.
Kurz vor der Einschulung zieht Jans Familie in eine andere Stadt. Das bedeutet für den Jungen eine Trennung von der vertrauten Umgebung, von seinen Freunden und von seiner geliebten Großmutter, die im Nebenhaus wohnt. Die Großmutter hat er mehrmals am Tag besucht, und wenn die Eltern ausgingen, durfte er bei ihr schlafen. In der neuen Umgebung kennt er niemanden. Er fühlt sich sehr allein. In der Nachbarschaft wohnen keine gleichaltrigen Kinder. So kennt er am ersten Schultag niemanden, an den er sich halten könnte, wenn alles zu aufregend wird. Hinzu kommt, daß die Mutter ein Baby erwartet, das in einigen Wochen geboren werden soll. Der Mutter tut „ihr Kleiner" schrecklich leid. Sie glaubt, daß alles zu viel für ihn ist. Sie begleitet ihn täglich zur Schule und wundert sich gar nicht, daß ihm morgens übel ist und er sogar manchmal erbricht. Die Mutter spricht mit der Lehrerin, die ihr erlaubt, während des Unterrichts im Gruppenraum, der durch Fensterscheiben von der Klasse getrennt ist, zu sitzen. Von dort kann sie ihren Sohn beobachten und Jan fühlt sich nicht ganz verlassen.

Jeden Morgen auf dem Weg zur Schule beratschlagen Mutter und Sohn, ob die Mutter nicht im Gruppenraum warten, sondern nach Haus gehen soll. Wenn dann der Augenblick des Abschieds kommt, ruft Jan: „Geh doch!" und klammert sich sofort danach weinend an seine Mutter, die es dann nicht übers Herz bringt, wegzugehen. Nach einiger Zeit fällt der Mutter auf, daß Jan sich nicht mehr so oft nach ihr umdreht und daß er zu den anderen Kindern Kontakt aufnimmt. Er wirkt jetzt fröhlich und beteiligt sich sogar am Unterricht.

Eines Morgens ruft Jan wie immer: „Geh doch!", und fast verzweifelt stößt er heraus: „Ganz schnell!" Die Lehrerin steht daneben und zieht die Mutter aus der Klasse heraus, bevor der zweite Teil des Rituals, das Anklammern des Jungen an die Mutter, stattfinden kann. Die verdutzte Mutter muß von der Lehrerin ausdrücklich nach Hause geschickt werden, und Jan kann an diesem Morgen und auch an allen folgenden ohne die Mutter auskommen.

Jan hat seine Mutter weggeschickt, weil sie seiner Angstbewältigung im Wege stand, da sie sich zu viele Sorgen um ihn machte und nicht glaubte, daß er allein in der Schule bleiben könnte. Viele Erzieherinnen kennen solche Mütter, die sich schwer von ihren Kindern trennen, sich mehrmals verabschieden und in der Tür, wenn das Kind schon mit Freunden spielt, noch einmal rufen: „Mama geht jetzt, aber nicht weinen!" Oft beginnt das Kind dann erst recht zu weinen, und die Mutter kann sich ihm wieder tröstend zuwenden.

Susanna macht auf dem Schulweg mit ihrer Freundin „Quatsch".

Auch Susanna hat eine Mutter, die sehr mit ihrer Tochter leidet und ihre Angst ebenso fürchtet. Schon morgens um fünf Uhr wacht die Mutter auf und kann dann nicht mehr einschlafen. Sie hat dann Magenschmerzen und fürchtet sich davor, Susanna wecken zu müssen. Weil Susanna öfters gähnt, blaß und traurig wirkt, hilft die Mutter ihr beim Anziehen. Schon während des Anziehens fängt Susanna an zu weinen und beide verbringen die Zeit bis zum Schulbeginn in tiefer Traurigkeit. Auf dem Weg zur Schule weint Susanna, und die Mutter schluckt ihre Tränen herunter. Einmal hat die Lehrerin Susanna abgeholt, um ihr die Trennung von der Mutter zu erleichtern. Doch Susanna hat bei der Lehrerin ebenso geweint wie bei der Mutter.

Eines Tages entdeckt Susanna, daß ihre neue Freundin Carolin ganz in der Nähe wohnt. Wenn die beiden Mädchen sich morgens auf dem Weg zur Schule treffen, flüstern sie sich etwas ins Ohr, kichern, laufen wie Enten oder singen alberne Lieder. Susanna ist dann wie ausgewechselt. Man merkt nichts mehr von ihrer Angst und auch die Mutter, die neben den beiden Mädchen hergeht, scheint nicht mehr so wichtig zu sein. Susanna möchte die Freundin jetzt jeden Morgen treffen. Auf Anraten der Lehrerin soll die Mutter, sobald Susanna die Freundin sieht, sich verabschieden. Als die Mutter dies tatsächlich tut, ist Susanna erstaunt und auch erschrocken. Doch dann läuft sie zur Freundin, beide Mädchen stecken die Köpfe zusammen und kichern. Etwas beklommen blickt die Mutter hinter beiden her, und auch Susanna dreht sich noch einige Male um. Sie scheint jetzt noch alberner zu sein als vorher. Sie lacht übertrieben laut und läuft noch komischer. Doch mit ihrer Albernheit gelingt ihr die Trennung von der Mutter. Susanna braucht das Kichern, um sich aus dem Sog, in den Mutter und Tochter geraten sind, zu befreien. Sie muß das enge Band zur Mutter mit einem Verhalten durchtrennen, das nicht zur Mutter paßt.

Lachen ist ein gutes Mittel gegen Ängste

Lachen ist gesund.
Es verbessert die Atmung und den Kreislauf und versorgt das Gehirn mit mehr Sauerstoff. Es unterdrückt die Entwicklung von Streßhormonen.

Lachen ist befreiend.
Wer lachen kann, sieht alles nicht mehr so eng. Die Probleme verlieren ihre Bedrohlichkeit.

Lachen schafft Abstand.
Dadurch kann eine Situation neu gesehen werden, und Auswege, die bisher verborgen waren, können entdeckt werden.

Wie Kinder ihre Schulphobie oder Kindergartenphobie bekämpfen

Es hilft Susanna auch, daß die Mutter sich ihrerseits löst, indem sie sich verabschiedet und keinen Schritt weiter mit ihr geht, sobald die Freundin zu sehen ist. Dieser Trennungsschritt ist für beide schwer, doch beide haben ihren Beitrag zur Angstbewältigung geleistet, und sie verstärken sich dabei gegenseitig, so wie sie sich früher in ihrer Angst verstärkt haben. Außerdem hilft es Susanna, daß sie eine Freundin gefunden hat. Denn die Freundin lenkt Susanna von ihren Ängsten ab und ist bei ihr, wenn sie sich von der Mutter lösen muß. Wer eine Freundin hat, ist nicht mehr allein und fühlt sich gemocht, ja sogar geliebt. Das gemeinsame Albernsein beschäftigt die beiden Mädchen so sehr, daß sie an nichts anderes mehr denken können.

Sogar in Tierversuchen ist festgestellt worden, wie sehr Freundschaften Ängste und Streß mildern können.

Hat der Affe einen „Freund", hat er weniger Angst

Forscher wollten ein Medikament überprüfen, das bei Angst und Streß helfen soll.

Dazu setzten sie einen Affen in einen Käfig und ließen einen Hund um den Käfig herumlaufen. Dabei zeigte der Affe Angst, und der Streßhormonspiegel in seinem Blut stieg stark an.

Ein zweiter Affe, der das zu prüfende Medikament bekommen hatte, wurde zu dem ersten Affen gesetzt, und der Hund wurde wieder um den Käfig geschickt. Der zweite Affe zeigte weder in seinem Verhalten noch in seinem Blut Anzeichen von Angst und Streß. Das Medikament schien zu wirken.

Es war den Forschern nur unverständlich, daß jetzt auch der erste Affe keine Anzeichen von Angst mehr zeigte, obwohl er kein Medikament bekommen hatte.

Sie ließen das Medikament weg und entdeckten, daß beide Affen Angst zeigten, wenn sie alleine im Käfig waren. Saßen sie aber gemeinsam im Käfig, hatten sie keine Angst mehr, auch wenn der Hund draußen knurrte.

Setzte man jedoch zwei Affen aus unterschiedlichen Kolonien zusammen, die sich vorher nicht kannten, entwickelten sie Angst, obwohl sie zu zweit waren. Angst nehmen kann also nur ein „guter Freund" und nicht irgendein Affe. (Nach Hüther 1997, S. 52/53)

Im Teufelskreis der Leistungsangst

Ich gehe in die Schule und habe keine Angst.
Doch plötzlich ist sie da, und ich kann nichts dagegen tun.
Mir zieht' s dann den Magen zusammen.
(Philipp, 11 Jahre)

Wie Kinder ihre Leistungsängste erleben

Leistungs- und Prüfungsängste kennen viele Kinder. Sie können auch die körperlichen Begleiterscheinungen ihrer Ängste beschreiben. Sie sprechen davon, daß sie rot werden und Herzklopfen bekommen, wenn die Lehrerin sie aufruft oder daß ihnen bei einer Klassenarbeit die Hände zittern. Dagegen können Kinder nur schlecht in Worte fassen, was sie bei Leistungsangst fühlen oder wie sie sich selbst erleben. Aber zwei Kinder haben ihre Angst bei Klassenarbeiten gezeichnet und zeigen uns so, was sie bedrückt.

Die erste Zeichnung stammt von der elfjährigen Julia. Sie war in der Grundschule auf dem Lande eine gute Schülerin. Nun besucht sie die erste Klasse des Gymnasiums in der Stadt und versagt plötzlich bei Klassenarbeiten. Im letzten Grundschuljahr hatte sie nur wenig Unterricht, weil ihre Lehrerin krank war. Nun muß sie sich der Konkurrenz am Gymnasium stellen. Auch fällt ihr der Wechsel vom dörflichen Schulleben zum städtischen Schulzentrum schwer. Sie fühlt sich dort etwas verloren. Sie schämt sich vor ihren erfolgreichen Eltern, die von sich sagen: „Abitur ist bei uns Familientradition." Obwohl die Eltern keinen Druck ausüben, glaubt Julia, eine Versagerin zu sein. Sie fürchtet sich vor jeder neuen Arbeit, die ihr Versagen erneut beweist. Am Tag einer Klassenarbeit wacht sie schon morgens um vier Uhr auf und weint, bis sie aufstehen muß. Sie hat dann Leibschmerzen und manchmal auch Durchfall.

Julia malt ihre Angst vor Klassenarbeiten.

In ihrer Zeichnung sitzt Julia auf der Schulbank. Ihr Körper ist unvollständig gezeichnet. Sie hat keine Hände, mit denen sie sich wehren könnte und keine Füße, um fest auf dem Boden zu stehen. Ihre Arme sind zweimal gezeichnet, zunächst klein und fast verstümmelt, dann etwas größer. Julia scheint unsicher zu sein über die Größe und Stärke ihrer Arme. Doch auch die größer gemalten Arme hängen schlaff herunter. Sie wirken kraftlos.

Julias Angst ist auf dem Bild zu sehen. Sie schwebt wie ein Ungeheuer über dem Mädchen. Von beiden Seiten greifen zwei Arme nach ihr. Der Kopf des Ungeheuers ist viel größer als der Kopf des Mädchens. Das Ungeheuer hat eine volle Mähne, große starre Augen, und es zeigt die Zähne. Während Julia sich selbst mit einem dünnen, fast zittrigen Strich malt, wird das Ungeheuer mit einem starken und festen Strich gemalt. In diesem Bild hat die Angst, dargestellt durch ein Ungeheuer, das Übergewicht, und das Mädchen ist ihr ausgeliefert. Wer dieses Bild sieht, kann verstehen, daß Julia unter einem solchen Druck keine guten Klassenarbeiten schreiben kann.

Auch Valentin malt seine Angst. Er ist schon sechzehn Jahre alt und steht kurz vor dem Abschluß der Realschule. Er weiß, daß er den Abschluß schaffen wird und hat sogar schon eine Lehrstelle. Doch plötzlich entwickelt er Angst vor Klassenarbeiten, und seine Leistungen werden schlechter. Auch er kann nicht mehr richtig schlafen, wacht häufig in den frühen Morgenstunden auf und grübelt über seine Angst nach. Er hat in letzter Zeit abgenommen und sieht blaß aus. Weil es ihm peinlich ist, als Junge über seine Angst zu sprechen, lasse ich ihn seine Angst malen.

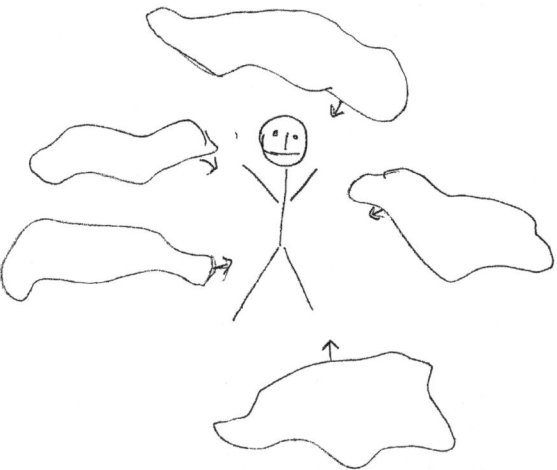

Valentin malt seine Angst vor Klassenarbeiten.

Für einen sechzehnjährigen Jungen ist seine Zeichnung sehr einfach. Er malt sich selbst als Strichmännchen. Er hat keine Haare, keinen Körper, weder Hände noch Füße. Seine Selbstdarstellung enthält nichts Persönliches. Solche ausdruckslosen Zeichnungen kommen bei Kindern vor, die sich selbst nicht annehmen können. Valentins ärmliche Figur ist von Ängsten, hier als Wolken dargestellt, eingekreist. Die Wolken bewegen sich auf Valentin zu und scheinen ihn fast zu erdrükken. Es gibt für ihn in dieser Situation keinen Ausweg.

Beide Zeichnungen zeigen Kinder, die von ihren Ängsten fast erdrückt werden. Die Kinder malen sich selbst auffällig klein, schwach und unvollständig. Vieles fehlt ihnen. Sie wirken hilflos und hoffnungslos und können ihren Ängsten nicht entgegentreten. Wer so von seinen Ängsten bedroht wird, kann keine klaren Gedanken fassen und sich nicht gelassen den Aufgaben zuwenden.

Die besonderen Ängste von Kindern mit Teilleistungsstörungen

„Er könnte, wenn er nur wollte!" Bei der Suche nach Gründen für Probleme im Leistungsbereich wird dieser Satz wohl am häufigsten genannt. Dabei ist er meist falsch. Die meisten Kinder wollen etwas leisten, aber nicht alle können es. Die Leistungsfähigkeit eines Kindes kann durch vielerlei Gründe beeinträchtigt sein. Eine mangelnde Begabung ist nicht der einzige und auch nicht der häufigste Grund für Schulschwierigkeiten. Oft sind gut begabte Kinder wegen persönlicher Probleme oder wegen Schwierigkeiten in ihrer Familie in ihren Leistungen blockiert. Viele Kinder haben auch Ausfälle in bestimmten Leistungsbereichen. Werden diese Ausfälle nicht erkannt, beginnt für sie ein langer Leidensweg voller Überforderungen und Enttäuschungen. Das nun folgende Kapitel handelt von diesen Kindern.

Was sind Teilleistungsstörungen?

- Die bekanntesten Teilleistungsstörungen sind die Lese-Rechtschreib-Schwäche (LRS), das Aufmerksamkeits-Defizit-Syndrom (ADS) und Wahrnehmungsstörungen.
- Kinder mit Teilleistungsstörungen sind meistens normal begabt, oft sogar gut begabt, sie zeigen aber Ausfälle in bestimmten Bereichen.
- Solche Kinder können die Reize aus ihrer Umgebung nicht immer klar aufnehmen und verarbeiten, obwohl ihre Sinnesorgane in Ordnung sind.
- Deshalb erleben solche Kinder ihre Umwelt als verwirrend und beängstigend.

Der neunjährigen Petra fällt es schwer, die vielen Sinneseindrücke aus ihrer Umgebung zu verarbeiten. Normalerweise nehmen wir nur die wichtigen Reize wahr und filtern die unwichtigen aus, so daß sie uns gar nicht bewußt werden. Petra fehlt ein funktionierender „Reizfilter", deshalb ist sie der Flut der Sinneseindrücke ausgeliefert und muß auf alles reagieren. Die Fliege an der Wand, das Schlagen der Kirchturmuhr, das Kratzen der Strumpfhose nimmt ihre Aufmerksamkeit ebenso in Anspruch wie die Rechenaufgabe, die sie gerade lösen soll. Ihre Aufmerksamkeit wechselt von einem Reiz zum anderen, so daß Petra nie bei einer Sache bleiben kann. Sie ist ständig „auf dem Sprung", aber auch schnell überfordert. Petra wird deshalb oft ausgeschimpft.

Während Petra alle Sinneseindrücke wahrnimmt und von ihnen fast überschwemmt wird, fällt es dem achtjährigen Sascha schwer, mehrere Reize gleichzeitig aufzunehmen und zu ordnen. Die Fachleute sprechen von einer „verminderten Erfassungsspanne". Soll er für die Mutter einkaufen gehen, hört er genau zu, aber bringt nachher doch nur die Hälfte mit. Manchmal hängt es vom Zufall ab, was ein solches Kind aufnimmt und was nicht. Es überhört und übersieht vieles und kann sich deshalb nicht immer zurechtfinden. Im Sportunterricht zum Beispiel steht Sascha mit allen Kindern stolz auf einer Bank. Auf Kommando springen alle hinunter, nur Sascha bleibt oben stehen. Verschreckt blickt er sich um. Was ist hier passiert? Warum steht er ganz allein auf der Bank? Eben war er doch noch zwischen allen anderen. Hilflos blickt er zur Lehrerin hinüber. Solche Situationen erlebt Sascha häufig. Immer wieder steht er verwirrt da, während die anderen wissen, was sie zu tun haben.

Wieder andere Kinder haben „motorische Koordinationsprobleme". Paul zum Beispiel betritt einen Raum, sieht, daß in der Mitte ein Tisch steht, und läuft genau dagegen. Er hat Schwierigkeiten, wenn er sich anziehen soll. Er zieht den Pullover meist verkehrt herum an, er kann keine Knöpfe auf- und zumachen und keine Schleife binden. Das Fahrradfahren hat er auch noch nicht gelernt, obwohl er schon fast acht Jahre alt ist. Seine Schrift ist miserabel, beim Schreiben verdreht er Buchstaben. Er kann auch seine Kraft nicht richtig einschätzen und wirkt wie ein Elefant im Porzellanladen. Vieles zerbricht unter seinen Fingern. Wenn er jemanden lieb hat, faßt er zu fest zu. Dann wehrt sich sein Gegenüber, was Paul nicht verstehen kann und als Zurückweisung interpretiert. Er schließt daraus: „Mich mag keiner!"

Teilleistungsstörungen und die Angst vor Diktaten

Bei Diktaten im Deutschunterricht müssen sich die Schüler zugleich auf verschiedene Fertigkeiten konzentrieren. Sie müssen genau zuhören, das Gehörte behalten und das Gehörte hinschreiben. Etwas über die Ohren Aufgenommenes wird dabei in sichtbare Zeichen verwandelt, die durch Bewegungen der Hand entstehen. Dabei müssen die Schüler darauf achten, daß sie ordentlich und möglichst fehlerfrei schreiben. Um ordentlich zu schreiben, braucht man eine ausgebildete „Feinmotorik". Um möglichst fehlerfrei zu schreiben, muß man Wortbilder aus dem Gedächtnis hervorholen, Rechtschreibregeln anwenden und zwischen gleich und ähnlich klingenden Lauten unterscheiden. Für die Entscheidung, wie ein bestimmtes Wort geschrieben wird, steht nur wenig Zeit zur Verfügung. Denn schon spricht die Lehrerin den nächsten Satz und die Schüler müssen ihre ganze Aufmerksamkeit wieder dem Hören zuwenden. So geraten sie immer wieder unter Zeitdruck. Wie Kinder mit Teilleistungsstörungen das Diktatschreiben erleben, zeigt das folgende Beispiel aus dem Buch „Zappelhannes" von Regina Rusch (1988).

Hannes schreibt ein Diktat

Die Lehrerin Frau Wöhler kündigt der Klasse an, daß nun ein Diktat geschrieben wird, und Hannes bereitet sich darauf vor. „Hannes schraubt schnell seinen Füller auf. Hoffentlich reicht die Tintenpatrone noch. Vorsichtshalber legt er sich einen Bleistift zurecht. Und ein Radiergummi. Und einen Anspitzer. Unruhig rutscht Hannes auf seinem Stuhl hin und her. Diesmal will er nicht trödeln. Diesmal will er sich beeilen. Er will gut zuhören. Er will genau aufpassen. Er will alles richtig machen." (S. 70/71)

Nun beginnt das Diktat. Regina Rusch schreibt: „Wenn Frau Wöhler diktiert, sieht Hannes sie an. Er verfolgt die Bewegungen ihrer Lippen. Wenn ihr Mund geschlossen bleibt, heißt das, der Satz ist zu Ende. Dann schreibt Hannes. Leider bleibt Frau Wöhler nicht vorn am Pult stehen. Sie geht in der Klasse auf und ab ..."

Frau Wöhler spricht langsam: „‚Die flinke Feldmaus, der scheue Maulwurf und die glitzernde Libelle.' – Oje, denkt Hannes, so viele schwierige Wörter. Er schreibt und schreibt. Die Hand tut ihm weh, der ganze Arm, so verkrampft hält er den Füller. Schreibt man ‚glitzernde' mit zwei ZZ, mit einem Z oder womöglich mit TZ? Schon diktiert Frau Wöhler weiter."

Hannes dreht sich nach hinten, damit er Frau Wöhler sehen kann. Doch er sieht ihren Mund nicht und wird verunsichert. Hannes bemerkt, daß Frau Wöhler ihren Kragen hochgestellt hat. Doch er hat nicht gehört, was sie sagt. Er registriert jedes Geräusch in der Klasse oder auf der Straße. All das mischt sich mit den Sätzen, die Frau Wöhler sagt. Er kann diese Sätze nicht mehr aufnehmen. Nur noch „Wortfetzen dringen an sein Ohr." (S. 73) Während er noch darüber nachgrübelt, was die einzelnen Wörter bedeuten, ist das Diktat beendet.

Regina Rusch schreibt dann, was in der Pause geschieht. „‚Babyleicht war es', sagt Sven angeberisch. Wie Hohn klingt es in Hannes' Ohren. Babyleicht. Hannes preßt seine Hände auf die Knie. Die anderen haben alles verstanden. Sie haben alle Wörter aufgeschrieben." (S. 73) Hannes glaubt, daß die anderen bessere Schüler sind, daß nur er allein alles falsch macht. In Gedanken schimpft er sich selbst aus, nennt sich eine „Trödeltüte". Das Wort „Trödeltüte" dreht sich in seinem Kopf, und ohne es zu merken, ‚tütet' er plötzlich in die Klasse hinein. Die anderen lachen, Hannes stößt noch mehr seltsame Laute aus und reagiert damit einen Teil seiner Anspannung ab. Die anderen lachen lauter. Hannes beginnt zu kaspern. Die Lehrerin wird ärgerlich.

Kindern mit Teilleistungsstörungen wird oft Unrecht getan

Kinder mit Teilleistungsstörungen sind oft gut begabt und bringen doch schlechte Schulleistungen. Im Gespräch wirken sie klug und vernünftig. Wenn sie genügend Zeit haben und nicht abgelenkt werden, können sie vieles schaffen. Deshalb ist es für ihre Eltern und Lehrerinnen so unverständlich, wenn sie versagen. Die Erwachsenen wissen meist nichts von der Störung der Kinder, und sie wissen auch nicht, wieviel Kraft es die Kinder kostet, sich normal zu verhalten. Sie reagieren deshalb enttäuscht oder verärgert, wenn das Kind Erwartungen nicht erfüllt. Dann gibt es Vorwürfe wie: „Du könntest, wenn du nur wolltest!" oder „Wenn du dich nur mehr anstrengen würdest, hättest du auch bessere Noten!"

Doch die Kinder strengen sich an und sind selbst verzweifelt, wenn es nicht klappt. Kinder mit Teilleistungsstörungen glauben, alles „richtig" zu machen und merken oft nicht, wie „falsch" ihr Verhalten ankommt. Als die Mutter ihren zwölfjährigen Philipp ausschimpft, weil er wieder nicht aufgepaßt hat, antwortet er ganz verzweifelt: „Meinst du denn, ich will so sein?", und der neunjährige Dirk sagt: „Beim Schreiben kommen Fehler, auch wenn man es nicht will!" Die achtjährige Jana merkt nicht, daß sie beim Schmusen der Mutter fast weh tut. So schmust die Mutter nicht gerne mit ihr. Sie sagt: „Ich drücke die anderen Kinder gern. Bei ihr ist das lästig!" Sie fühlt sich von Janas ungeschickten Zuwendungsversuchen bedrängt und sagt: „Manchmal habe ich das Gefühl, wenn Jana die Treppe heraufkommt, sträuben sich bei mir die Haare!" So ernten die Kinder Ablehnung, wenn sie Zuwendung geben wollen, und Kritik, wenn sie alles richtig machen wollen.

Eine zweite Störung entwickelt sich

Kinder mit Teilleistungstörungen stoßen mit ihrem Anderssein immer wieder auf Unverständnis. Sie erleben es häufig, daß man ihnen böse ist, ohne daß sie einen Grund dafür erkennen können. So glauben sie, ungerecht behandelt oder einfach nicht geliebt zu werden. Mit auffälligem Verhalten machen sie dann auf sich aufmerksam und wehren sich gegen Zurechtweisungen. Sie entwickeln eine zweite Störung als Folge der ersten. Fachleute sprechen deshalb von *primären und sekundären* Störungen. Als primäre Störung des Kindes gelten zum Beispiel sprunghafte Unruhe, Verunsicherung, Gefühlsschwankungen und ein hoher Grad von Anspannung. Man kann all dies zusammenfassen als die gefühlsmäßigen Reaktionen des Kindes auf seine Probleme bei der Reizaufnahme und Reizverarbeitung.

Sekundäre Störungen entwickeln sich, weil die Umwelt auf die primären Störungen mit Ablehnung reagiert. Aus dem Gefühl des Nicht-verstanden-Werdens heraus kann ein Kind ganz unterschiedliche Symptome entwickeln. Es kann herumkaspern, aggressiv werden, den Eltern heimlich etwas wegnehmen, ja sogar einnässen oder einkoten. Sekundäre Störungen müssen nicht auftreten. Primäre Störungen dagegen sind unvermeidbar. Aber die Kinder und ihre Umgebung können lernen, damit umzugehen.

Primäre Störungen	Sekundäre Störungen
sind eine direkte psychische Folge der Wahrnehmungsstörung. Sie erklären sich aus dem Anderssein des Kindes.	sind eine Antwort des Kindes auf die Reaktion der Umwelt. Sie erklären sich aus dem Gefühl des Nicht-verstanden-Werdens.
Symptome des Kindes	
Sprunghafte Unruhe	Kasperei
Gefühlsschwankungen	Aggressionen
Verunsicherung	Auffallende Ängste
Geringe Ich-Stärke	Neurotischer Diebstahl
Wenig Selbstvertrauen	Einnässen und Einkoten

Ängste und Leistungsstörungen verstärken sich gegenseitig

Die zehnjährige Iris hat eine leichte Teilleistungsstörung. Bei Diktaten weiß sie nicht immer, wie ein gesprochenes Wort geschrieben wird. Erst wenn sie sich das Schriftbild eines Wortes über längere Zeit eingeprägt hat, schreibt sie es fehlerfrei. In der Grundschule fiel ihre Störung kaum auf, denn sie war sehr interessiert, machte im Sachunterricht gut mit, war die beste Rechnerin der Klasse und schnitt bei Diktaten meistens gut ab, weil die Schüler sich auf die Diktate vorbereiten konnten (sogenannte „geübte" Diktate).

Jetzt besucht sie die erste Klasse des Gymnasiums und lernt Englisch. Mündlich ist sie recht gut, und bei der ersten Klassenarbeit, einer Grammatikarbeit, erhält sie sogar die Note „sehr gut". Diese Arbeit entspricht ihrem logischen Denkvermögen. Sie muß vorgegebene Sätze nach einem bestimmten Muster umformen. Die nächste Klassenarbeit ist ein Diktat. Iris hört die englischen Worte und übersetzt sie in Gedanken. Doch plötzlich weiß sie nicht mehr, wie die Worte geschrieben werden. Je mehr sie überlegt, um so unsicherer wird sie. Auf ihrem Löschblatt probiert sie verschiedene Schreibweisen aus. Da ihr die englischen Wörter noch so fremd sind, kann sie sich nicht entscheiden, welche Schreibweise stimmt. Sie überlegt hin und her. Inzwischen hat die Lehrerin schon den nächsten Satz gesagt. Iris schreibt jetzt einfach hin, was sie hört und weiß gleichzeitig, daß es falsch ist. Sie hat keine Zeit, ihren Text zu korrigieren, sondern hetzt mit dem Gefühl, es doch falsch zu machen, von einem Satz zum nächsten. Ihr Herz beginnt zu klopfen, es „kribbelt im Bauch", sie wird immer aufgeregter. Sie versteht überhaupt nichts mehr.

Einige Tage später gibt die Lehrerin die korrigierten Arbeiten zurück. Iris schlägt ihr Heft auf und ist entsetzt über die vielen roten Striche. Als Zensur steht ein langes Wort unter ihrem Diktat. „Ausreichend" liest Iris und schlägt das Heft wieder zu. Iris ist bessere Noten gewöhnt. Sie schämt sich etwas über dieses „Ausreichend". Die Lehrerin setzt sich an das Pult, schlägt ihren Lehrerkalender auf, um die Noten einzutragen. Sie ruft die Schülerinnen der Reihe nach auf, und jede sagt ihre Zensur. Als Iris aufgerufen wird, sagt sie mit leiser Stimme: „Ausreichend!" Denn diese Note ist ihr unangenehm. Die Lehrerin blickt auf: „Bring sofort dein Heft nach vorne!" befiehlt sie. Sie schlägt das Heft auf und schimpft: „Dein Diktat ist nicht ausreichend, sondern ungenügend. Du hast die schlechteste Arbeit geschrieben und willst mich noch betrügen. Setzt dich auf deinen Platz und schäme dich!"

Mit gesenktem Kopf geht Iris zurück. Alle starren sie an. Sie läßt sich auf ihren Stuhl fallen, stützt den Kopf in die Hände und weint bitterlich. Sie fühlt sich vor allen bloßgestellt. Es ist ganz schlimm für sie, die schlechteste Arbeit geschrieben zu haben. Aber noch schlimmer ist es, als Betrügerin angesehen zu werden. Glücklicherweise erzählt Iris der Mutter, was in der Schule vorgefallen ist. Die Mutter sucht noch am gleichen Tag die Lehrerin auf und erklärt das Mißverständnis.

So scheint alles aus der Welt geschafft. Doch bei Iris bleibt eine tiefe Angst vor englischen Diktaten. Die nächste Arbeit ist wieder eine Grammatikarbeit, und Iris schreibt wieder „sehr gut". Doch dann folgt ein Diktat. Drei Tage vorher kann Iris schon nicht mehr richtig schlafen. Sie hat Kopfschmerzen, wird blaß und bekommt Ringe unter die Augen. Eine Freundin der Mutter übt mit ihr, und Iris ist gar nicht so schlecht. Doch als die Mutter ihre Freundin zur Haustür begleitet und zurückkommt, sitzt Iris weinend am Tisch. „Ich kann keine englischen Diktate schreiben!" klagt sie und fährt mit dem Stift wie wild über das Papier. Dabei streicht sie alles, was sie bisher geschrieben hat, durch. „Ich schreibe bestimmt wieder die schlechteste Arbeit." Iris' Befürchtungen bestätigen sich. Das Diktat wird wieder „ungenügend".

Schulversagen beeinflußt das Selbstbild

Vier Arbeiten hat Iris im ersten Halbjahr im Fach Englisch geschrieben und jedes Mal extreme Noten bekommen. Entweder schreibt sie die beste Arbeit der Klasse oder die schlechteste. Noten dazwischen kommen nicht vor. Ihre sehr guten Arbeiten zeigen, daß sie begabt ist und auch viel von der englischen Sprache versteht. Doch wie sind dann die ungenügenden Arbeiten zu erklären?

Schon in der Grundschule waren Diktate nicht ihre Stärke. Iris bekam aber immer ordentliche Noten, weil sie begabt ist und die Diktate meist vorher üben konnte. Nun werden englische Diktate geschrieben, und Iris muß sich erst an die fremde Sprache gewöhnen. Sie muß lernen, daß die Aussprache nicht der Schreibweise entspricht. Sie muß bei einem englischen Wort seine Bedeutung, seine Aussprache und seine Schreibweise lernen. Das hat sie bisher versäumt, und deshalb wurde sie beim ersten Diktat so überrascht und hat so viele Fehler gemacht.

Wegen ihrer leichten Teilleistungsschwäche braucht sie mehr Konzentration als andere, um die englischen Worte richtig zu schreiben. Das gelingt ihr nun nicht mehr. Sie merkt das und bekommt noch mehr Angst. Hinzu kommt noch das belastende Erlebnis, vor der ganzen Klasse als Betrügerin bloßgestellt worden zu sein. So entwickelt sich ein Teufelskreis. Die Angst des Mädchens und ihre Teilleistungsschwäche verstärken sich gegenseitig, so daß Iris nur noch ungenügende Leistungen bringen kann.

Aggressionen oder Selbstaufgabe als Antwort auf Leistungsängste

> *Ich hatte schreckliche Lücken, man hätte mich die Klasse wiederholen lassen sollen, aber bei Familie Delbast blieb man nicht sitzen. Zum Ausgleich für meine Begriffsstutzigkeit und Lernunfähigkeit fing ich an, den dummen August zu mimen. Irgendeinen Platz mußte man schließlich haben, und dieser war wenigstens frei. Ich war der Klassenclown, der Frechdachs, der Kasper. Ich bot den Lehrern die Stirn.*
> (Olmi 2003, S. 71)

Aggressionen, um den Druck der Schule abzureagieren

Wenn Jan aus der Schule kommt, ist er so verärgert, daß man ihm möglichst aus dem Weg gehen sollte. Er wirft seinen

Schulranzen auf den Boden, kippt dabei einen Stuhl um und tritt den kleinen Bruder, mit dem er normalerweise lieb spielt, in den Bauch. Dann stürmt er die Treppe hinauf in sein Zimmer. Mit einer Handbewegung wischt er alles, was auf seinem Schreibtisch liegt, zu Boden. Er öffnet die Balkontür, tritt auf den Balkon, rüttelt am Geländer und brüllt dabei seinen aufgestauten Ärger hinaus. Erst danach ist er wieder ansprechbar. Manchmal, wenn seine Enttäuschung zu groß ist, wirft er sich weinend aufs Bett.

Jans Wutausbrüche sind so heftig, weil er sich ungerecht behandelt fühlt. Als ein Kind mit einer Wahrnehmungstörung strengt er sich sehr an, um einen Schulvormittag durchzustehen. Doch das wird von der Lehrerin, die nichts von seiner Störung weiß, nicht bemerkt. Sie sieht nur sein auffälliges Verhalten und schimpft mit ihm. Jan erlebt, daß nur er immer wieder ausgeschimpft wird. Diese Enttäuschung schluckt er in der Schule hinunter, doch der innere Druck wächst. Sobald er nach Hause kommt, bricht der ganze angestaute Ärger aus ihm heraus.

Auch der neunjährige Arne kommt oft wütend aus der Schule. Wenn er eine schlechte Arbeit geschrieben hat, ist er besonders aggressiv. Dann schimpft er über Mutters Essen. Selbst wenn sie sein Lieblingsgericht gekocht hat, schiebt er den Teller weg und meint, die Mutter habe diesmal „falsch gekocht". Ohne zu essen, geht er auf sein Zimmer. Dort fängt er an, mit heftigen Strichen ein Bild zu malen. Allmählich werden seine Bewegungen langsamer, und schließlich malt er das Bild sogar sorgfältig aus. Erst danach wird er ruhiger, und erst dann kann er essen. Arne hat für sich einen Weg gefunden, den Leistungsdruck abzureagieren.

Durch Aggressionen ein Stück Selbstachtung zurückgewinnen
Marco ist fünf Jahre alt und zeigt ein sehr auffälliges Verhalten. Er provoziert die Erwachsenen seiner Umgebung, manchmal greift er sie auch tätlich an oder spuckt nach ihnen. Seine Ag-

Aggressionen oder Selbstaufgabe als Antwort auf Leistungsängste

gressionen stehen für seine Umgebung so im Vordergrund, daß die Wahrnehmungsstörung, die dahinter steckt, kaum bemerkt wird. Marco ist motorisch ungeschickt und hat Schwierigkeiten bei der Koordination seiner Bewegungen. In der Therapie möchte er Pudding kochen. Er ist sehr motiviert und will es besonders gut machen. Doch trotz aller Anstrengungen geht bei dem Umschütten der Lebensmittel vieles daneben. Als Marco merkt, daß ihm die Aufgabe nicht gelingt, wirft er die Lebensmittel einfach überall in den Raum. Er kippt Zucker auf den Tisch, auf die Kissen und auf den Fußboden. Dabei lacht er laut und provozierend und ist kaum zu bändigen.

Marco hat einen Mißerfolg, unter dem er sehr leidet, in eine Provokation umgewandelt. Dadurch ist er der Situation nicht mehr ausgeliefert, nicht mehr Opfer seiner Schwierigkeiten, sondern Ausführender. Denn nun bestimmt er, was geschieht. Die Therapeutin muß, um einen größeren Schaden zu verhindern, hinter ihm herlaufen, sie muß ihm den Zucker und den Löffel aus der Hand nehmen. Doch so schnell erreicht sie ihn nicht. Er springt laut lachend über Tische und Bänke und fühlt sich stark. Dieses Gefühl hat er nicht oft in seinem Leben. Deshalb sucht er es immer wieder. Viele von Marcos Provokationen sind verdeckte Niederlagen, die er sich nicht eingestehen möchte. Sobald er sich klein und ausgeliefert fühlt, provoziert er seine Umgebung.

Wenn Kinder sich in der Schule nichts mehr zutrauen

Kinder mit Aggressionen stellen eine große Herausforderung für ihre Eltern und Erzieherinnen dar. Diese Kinder zeigen Kraft, sie wehren sich gegen den Druck und kämpfen gegen ihre Leistungsängste an. Ihre Aggressionen sind ein Schutzwall, hinter dem sie ihre Ängste und Niederlagen verstecken.

Andere Kinder gehen den entgegengesetzten Weg. Nach vielen negativen Schulerfahrungen haben sie den Glauben an sich und ihre Fähigkeiten verloren. Dann strahlt der Mißerfolg aus der Schule auf alle anderen Persönlichkeitsbereiche aus, und die Kinder trauen sich nichts zu, finden sich manchmal sogar nicht mehr liebenswert.

Wenn ich in der psychologischen Untersuchung Kinder mit Schulproblemen frage, wie ein Zauberer sie verändern könnte, damit sie so werden, wie sie sein möchten, dann wünschen sich die meisten Kinder bessere Schulleistungen. Sie möchten „gut in der Schule" sein, „besser im Gehirn", „schnell denken können". Der neunjährige Peter wünscht sich, „... daß ich auch *einmal* eine Eins schreibe!" Die zehnjährige Gaby denkt schon lange nicht mehr an eine Eins. Sie wünscht sich nur: „Ich möchte mittelmäßig sein, nicht so die beste Schülerin, möchte aber mitkommen."

Ein großer Teil der Kinder wünscht sich, so zu werden wie die anderen. Der zehnjährige Ulf wünscht sich, „... daß ich so wäre wie die anderen, so gescheit wie die anderen". Ulf erzählt weiter, daß die Lehrerin schnelle Kinder haben möchte, und er sei so langsam. Dabei verändert sich sein Gesichtsausdruck, seine Augen werden ganz traurig. Die zehnjährige Ruth hat gleich drei Wünsche an den Zauberer. Sie wünscht sich, „... daß ich nicht so viel Angst kriegen würde, daß ich ein bißchen lustiger werde, daß ich mehr Grips hätte." Auch die achtjährige Maike erlebt sich selbst im Vergleich zu anderen negativ. Sie hat einen einjährigen, sehr unternehmungslustigen Bruder. Wenn die Eltern den kleinen Bruder loben, steht Maike daneben und sagt: „Gell, ich konnte das alles nicht so gut."

Wenn die schlechten Schulleistungen auf andere Bereiche abfärben

Der neunjährige Carsten ist ein großer und selbstbewußter Junge. Er besucht die dritte Grundschulklasse und hat Probleme mit der Rechtschreibung. Seitdem diese Probleme auftauchen, glaubt er nicht nur, ein schlechter Schüler zu sein,

Aggressionen oder Selbstaufgabe als Antwort auf Leistungsängste

sondern traut sich insgesamt weniger zu. Eines Tages kommt er weinend nach Hause. Es wurde ein Klassensprecher gewählt, und er hätte dieses Amt gerne übernommen. Er sagt: „Ich bin nicht als Klassensprecher gewählt worden, bloß weil ich ein schlechter Schüler bin." Während er früher in der Gruppe der Gleichaltrigen tonangebend war, ordnet er sich jetzt den leistungsstarken Kindern unter, obwohl er körperlich viel stärker ist als die anderen.

Auch die zehnjährige Monika hat Schulschwierigkeiten. Wie sehr die Schule ihr Selbstbewußtsein beeinträchtigt, sieht man zum Beispiel an ihrer Schrift. In den Ferien schreibt sie sehr schön, in der Schulzeit ist ihre Schrift „miserabel" und kaum zu lesen. Monika hat ein besonders gutes Verhältnis zu ihrer Großmutter. Sie sagt: „Oma, ich hab dich so lieb!" Die Großmutter fragt zurück: „Hast du dich selbst auch lieb?" – „Nein", antwortet Monika, „Da ist ja nichts."

Arno ist ein Kind mit Teilleistungsstörungen. Er hat besonders begabte Geschwister. Er hält sich für „den Blödesten" aus der Familie. Als er in der psychologischen Untersuchung gebeten wird, seine Familie in Tieren zu malen, weiß er nicht, in welches Tier er sich selbst verwandeln soll. Er sagt: „Ich würde gerne ein Löwe sein. Aber das kann ich nicht sein, dazu bin ich zu blöd. Denn der Löwe ist der König der Tiere."

Diese Beispiele zeigen, daß die Leistungsbeurteilung der Schule auf die gesamte Persönlichkeit des Kindes abfärbt. Schlechte Schüler glauben nicht nur, im Leistungsbereich schlecht zu sein, sondern sie fühlen sich insgesamt schlecht. Sie trauen sich bei der Auseinandersetzung mit Gleichaltrigen weniger zu, erleben sich als schwach und als nicht liebenswert.

Hilfen für Kinder mit Leistungsängsten

Kinder mit Begabungsmängeln.
Diese Kinder entwickeln Leistungsängste, weil sie überfordert sind. Sie müssen aus der Überforderungssituation herausgenommen werden. Ein Klassenwechsel, ein Schulwechsel oder eine Herabsetzung der Anforderungen können ihnen helfen.

Ein solcher Wechsel hilft dem Kind nur, wenn die Eltern ihn akzeptieren und mittragen. Das ist für Eltern nicht immer leicht, denn es bedeutet für sie, daß ihr Kind den „normalen" Weg nicht gehen kann. Die Eltern müssen einsehen, daß ihr Kind anders ist, als sie es sich gewünscht haben. Sie müssen von ihrem „Wunschkind" Abschied nehmen, um dem tatsächlichen Kind gerecht zu werden. Dies kann ein langer und auch schmerzvoller Prozeß sein. (Vgl. Finger 2000)

Kinder mit Teilleistungsstörungen.
Die Schwierigkeiten dieser Kinder sind oft der Umgebung nicht bekannt und ihr Versagen wird als ein Nicht-Wollen mißdeutet. In solchen Fällen braucht die Umgebung klare Informationen, warum es den Kindern trotz bestem Willen nicht gelingt, die geforderten Leistungen zu bringen. Beratungsstellen oder Psychologinnen oder Kinderärzte können feststellen, in welchen Bereichen der Reizverarbeitung die Störung liegt. Ist dies bekannt, gibt es auch praktische Hinweise, wie ein Kind mit Teilleistungsstörungen erzogen werden muß und wie man mit ihm üben kann.

Reicht die Hilfe des Elternhauses nicht aus, können Heilpädagoginnen, Ergotherapeutinnen oder Psychologinnen das Kind darin unterstützen, seine Wahrnehmung anders zu organisieren. Manche Schulen oder Beratungsstellen bieten auch besondere Förderkurse an. Auch Selbsthilfegruppen von Eltern können wichtige Informationen weitergeben.

Die Aufklärung der Eltern über die Störung ihres Kindes bringt meist eine große Entlastung. Denn Eltern, die das Versagen ihres Kindes nicht verstehen können, suchen verzweifelt nach Gründen. Dabei finden sie in der Regel zwei Erklärungen: Entweder glauben sie, bei der Erziehung etwas falsch gemacht zu haben, oder sie nehmen an, das Kind wolle sie mit seinem Verhalten ärgern. Beide Erklärungen beeinträchtigen das Verhältnis zwischen Eltern und Kind.

Den Kindern hilft es, wenn die Erwachsenen ihr Verhalten nicht übelnehmen, wenn sie gelassen mit den Kindern umgehen und nicht so viel schimpfen. Doch die Erwachsenen können noch mehr tun, indem sie die Umgebung der Kinder so gestalten, daß diese sich besser zurechtfinden. Folgende Punkte sind dabei wichtig:

Kinder mit Teilleistungsstörungen brauchen eine **reizarme Umgebung** mit wenig Fernsehen und wenigen überraschenden Ereignissen. Ein strukturierter Tageslauf, in dem fast alles einem festen Ritual folgt, gibt den Kindern Orientierung und Sicherheit. Der Psychologe Reinhart Lempp (1978, S. 126) sagt: „Diese Kinder müssen langweilig erzogen werden und aufwachsen."

Sie brauchen eine **stärkere Führung** als andere Kinder. Neue Verhaltensweisen müssen richtig eingeübt werden. Aufgaben, die die Kinder selbst erledigen sollen, müssen sorgfältig geplant, erklärt und möglichst in Einzelschritte zerlegt werden. Die Bewältigung der Aufgabe gelingt den Kindern leichter, wenn ein ruhiger Erwachsener in der Nähe ist. Zu viele Erklärungen sind nur verwirrend.

Kinder mit Teilleistungsstörungen brauchen **mehr Rückmeldung** darüber, ob ihr Verhalten richtig ist. Denn sie merken oft nicht, wie ihr Verhalten auf andere wirkt. Deshalb fühlen sie sich häufig zu Unrecht angegriffen. Dabei ist es wichtig, positives Verhalten zu bestätigen und auch schon das Bemühen um angemessenes Verhalten anzuerkennen.

Wenn die Kinder ruhig und konzentriert arbeiten, leisten sie mehr als andere Kinder. Sie brauchen deshalb **als Aus-**

gleich viel **Bewegung** und Möglichkeiten, sich motorisch abzureagieren.

Begabte Kinder mit Leistungsängsten.
Es gibt viele Kinder, die trotz guter oder sehr guter Begabung in der Schule versagen, weil sie Angst vor einem möglichen Versagen haben. Viele sind von ihren angstmachenden Gedanken so blockiert, daß sie sich nicht mehr der Aufgabe zuwenden können. Oft stehen hinter diesen Ängsten eine starke Leistungsmotivation der Familie und auch elterliche Ängste. Davon handelt das nächste Kapitel.

Leistungsangst der Kinder und die Angst der Eltern

Ida Kästner wollte die vollkommene Mutter ihres Jungen werden. Und weil sie das werden wollte, nahm sie auf niemanden Rücksicht, auch auf sich selber nicht ... All ihre Liebe und Phantasie, ihren ganzen Fleiß ... setzte sie, fanatisch wie ein besessener Spieler, auf eine einzige Karte, auf mich ... Die Spielkarte war ich. Deshalb mußte ich gewinnen. Deshalb durfte ich sie nicht enttäuschen. Deshalb wurde ich der beste Schüler und der bravste Sohn.
(Erich Kästner 1957, S. 146)

Wenn die Leistung der Kinder zum Lebensinhalt der Eltern wird

Von dem Schriftsteller Erich Kästner stammt das Buch „Als ich ein kleiner Junge war". Es enthält Erinnerungen an seine Jugend, darunter auch das Kapitel „Ein Kind hat Kummer". Der kleine Erich hat Kummer, weil er der wichtigste Lebensinhalt seiner Mutter ist und sich deshalb für ihr Wohlergehen verantwortlich fühlt. Kästner schreibt: „Sie gab mir alles, was sie war und was sie hatte, und stand vor allen anderen mit leeren Händen da, stolz und aufrecht und doch eine arme Seele. Das erfüllte sie mit Trauer. Das machte sie unglücklich." (S. 147) Seine Mutter hatte depressive Tendenzen und wurde immer wieder von Selbstmordgedanken heimgesucht. Manchmal fand der Junge, wenn er aus der Schule kam, einen Zettel auf dem Küchentisch, worauf stand: „Ich kann nicht mehr!" oder „Sucht mich nicht!" oder „Leb wohl, mein lieber Junge!"

Dann jagte er, von „wilder Angst gehetzt und gepeitscht" (S. 147), durch die Stadt zum Fluß und suchte sie auf den Brücken. Meist fand er sie auf einer Brücke stehend, bewegungslos in den Fluß starrend. Er rüttelte sie, schrie, dann besann sie sich, erkannte ihren Sohn und sagte: „Komm, mein Junge, bring mich nach Hause!" (S. 148) Wenn man dies weiß, ist es verständlich, daß der kleine Erich alles tat, um seiner Mutter keine Sorgen zu machen.

Erich hatte ständig Angst, seine Mutter zu enttäuschen, weil sie dann wieder depressiv hätte werden können. Das Weihnachtsfest, für die meisten Kinder das schönste Fest des Jahres, wurde für ihn zu einem schwierigen Balanceakt. Seine Eltern konkurrierten miteinander, indem sie ihm beide „aus Liebe" Geschenke machten. Sie bauten sie nebeneinander auf dem Tisch auf, und er mußte seine Freude und Begeisterung gleichmäßig verteilen. Es hing von seinem Geschick ab, ob dieser Abend gelang oder nicht. Als Erwachsener sagt er später: „Noch heute klopft mir, wenn ich daran denke, das Herz bis zum Halse." (S. 140)

Der Junge fürchtete ständig, daß sein Einsatz nicht reichen könnte. Zwar war er ein guter Schüler und konnte die von der Mutter erwarteten Leistungen bringen, doch durfte er nie nachlassen und sich im Leistungsbereich verschlechtern. Kästner schreibt: „Da sie die vollkommene Mutter sein wollte und war, gab es für mich, die Spielkarte, keinen Zeifel: Ich mußte der vollkommene Sohn werden ... Und wenn ich, ihr Kapital und Spieleinsatz, wirklich einmal müde wurde, nur und immer wieder zu gewinnen, half mir, als letzte Reserve, eines weiter: Ich hatte die vollkommene Mutter ja lieb. Ich hatte sie sehr lieb." (S. 146)

Der Sanitätsrat, in dessen Sprechstunde der Junge heimlich ging, um ihm von den Selbstmordgedanken der Mutter zu berichten, glaubte nicht an eine Gefahr. Seiner Meinung nach war die Mutter zwar unglücklich und mit ihrem Leben unzufrieden, doch sie würde sich nie etwas antun, weil sie ihren Sohn zu sehr liebte. Er sagte dem Jungen: „Du bist ihr Schutzengel!" (S. 150) Über diesen Satz hat Erich Kästner in seinem späteren Leben oft nachgedacht. Er empfand den Satz zugleich als tröstend und bedrückend. Getröstet war er, weil die Mutter sich nach Aussagen des Sanitätsrats nicht das Leben nehmen würde. Bedrückt war er, daß dies von seinem Verhalten abhängen würde und weil er sich für seine Mutter verantwortlich fühlen mußte.

Die Sehnsucht der Eltern wird zum Schicksal der Kinder

Elterliche Wünsche und Träume begleiten und prägen das Leben ihrer Kinder. Ihre Träume und Wünsche für ihr Kind sind ganz natürlich und auch sinnvoll. Denn sie zeigen dem Kind, wie wichtig es für die Eltern ist und welchen Platz es in der Familie einnimmt. Das gibt ihm Selbstvertrauen. Elternlosen Kindern fehlen oft solche Erfahrungen. Rainer Maria Rilke beschreibt in seinem Gedicht „Ich bin eine Waise. Nie" (1909), was solchen Kindern fehlt: „Nie hat jemand um meinetwillen die Geschichten berichtet, die die Kinder bestärken und stillen."

Elterliche Wünsche und Träume bewirken erst dann etwas Falsches, wenn sie nicht in erster Linie dem Kind gelten, sondern hauptsächlich unverarbeiteten Sehnsüchten der Eltern entspringen. Dann werden die Möglichkeiten des Kindes falsch eingeschätzt, dann werden seine Wünsche und Träume übergangen, weil die Eltern sich mehr an ihren eigenen Wünschen orientieren. Erich Kästner berichtet von seiner Mutter, daß sie bei der Verfolgung ihres Zieles keine Rücksicht nahm, und er sieht sich, den kleinen Jungen, als eine „Spielkarte" in ihren Händen.

Aus anderen Familiengeschichten ist bekannt, daß Eltern ihre eigenen Probleme, zum Beispiel ihre Unsicherheit oder auch ihr Versagen, seelisch verarbeiten, indem sie sie als Leistungsanforderungen an ihre Kinder weitergegeben. Wenn Eltern ihr eigenes Leben nicht wie gewünscht leben konnten, sollen manchmal ihre Kinder stellvertretend das Ziel erreichen. Dann werden die Kinder von der Sehnsucht der Eltern gefangengenommen; sie sind „eingesperrt" und haben keinen Raum mehr für ihre eigenen Ziele. Schließlich spüren sie nicht mehr, was sie selbst eigentlich brauchen, und ihr eigenes Leben wird zunehmend unwichtiger.

Warum sind Schulleistungen der Kinder für Eltern so wichtig?

- Durch ihre Kinder gewinnen Eltern eine „zweite Chance", das Leben zu meistern.
- Sie können an der Seite ihres Kindes die Schülersituation noch einmal erleben, und sie haben jetzt die Möglichkeit, „es besser zu machen".
- Wenn ihr Kind Erfolg hat, haben auch die Eltern das Gefühl, den Anforderungen des Lebens gewachsen zu sein.
- Sie fühlen sich als Eltern bestätigt, denn es ist ja ihr Kind, das Erfolg hat.

Von der Angst, die Erwartungen der Eltern nicht erfüllen zu können

Elterliche Erwartungen können für Kinder eine große Last werden. Dies geschieht besonders dann, wenn es den Kindern nicht möglich ist, diese Erwartungen zu erfüllen. Wenn sie darüber hinaus merken, wie enttäuscht und unzufrieden die Eltern mit ihnen sind, können Kinder Ängste, Selbstwertprobleme und auch Schuldgefühle entwickeln. Von einem solchen verhängnisvollen Miteinander erzählt Thomas Mann in seinem Roman „Buddenbrooks" (1922).

Thomas Buddenbrook, der Senator und Leiter des Familienunternehmens, macht sich Sorgen um sein Sohn Hanno, weil dieser wenig zu einem Kaufmann zu taugen scheint. Hanno ist ein kränkelnder und sehr sensibler Junge. Er läßt sich von Gedichten und Geschichten leicht rühren. Die dort vorgestellten Personen, wie zum Beispiel das bucklige Männlein, verfolgen ihn bis in den Schlaf. Hanno leidet an nächtlichen Angstanfällen. Er ist leicht zu Tränen gerührt und flüchtet sich vor dem Alltag in sein Klavierspiel.

Sein Vater lebt als Kaufmann in der Wirklichkeit und wünscht, daß auch Hanno sich dort zurechtfindet. So stellt er ihm während der gemeinsamen Mahlzeiten Fragen über die Einwohnerzahl der Stadt, über die Namen der Straßen und die Lage der Geschäfte. Obwohl Hanno die Straßen und die Geschäfte alle kennt, kann er sie nicht nennen, weil er hinter den Fragen seines Vaters dessen Unzufriedenheit spürt. Die strenger werdende Stimme des Vaters, das etwas lautere Klopfen mit der Gabel auf den Messerblock erschrecken ihn. Er fühlt sich in einer Prüfungssituation, von der er glaubt, daß er sie nie bestehen kann. Anstatt zu antworten, beginnt er zu weinen. Der Vater zeigt seine Enttäuschung deutlich: „‚Genug!' rief der Senator zornig. ‚Schweig! Ich will gar nichts mehr hören! Du brauchst nichts herzusagen! Du darfst stumm und dumm vor dich herbrüten dein Lebtag!'" (S. 348)

Auch als Hanno seinem Vater zum Geburtstag ein Gedicht aufsagen soll, endet die Situation ähnlich. Hanno kommt nicht über die erste Zeile hinweg und muß weinen, wie er immer weinen muß, wenn er glaubt, vom Vater geprüft zu werden. Hanno erlebt die Situation folgendermaßen: „Hätte nur Mama lieber nichts von Aufregung gesagt! Es sollte eine Ermutigung sein, aber sie war verfehlt, das fühlte er. Da standen sie und sahen ihn an. Sie fürchteten und erwarteten, daß er weinen werde ... war es da möglich, nicht zu weinen?" (S. 329)

Der Vater gibt seinem Sohn ungeduldige Ratschläge. Er sagt ihm, daß er sich verbeugen muß, daß er sich nicht an den Flügel anlehnen darf, daß man bei einem Vortrag die Hände nicht faltet, daß er lauter sprechen muß. All dies macht der Vater mit Bedacht, um seinen Sohn zu erziehen. „Das war grausam, und der Senator wußte wohl, daß er dem Kind damit den letzten Rest an Haltung und Widerstandskraft raubte. Aber der Junge sollte ihn sich nicht rauben lassen! Er sollte sich nicht beirren lassen! Er sollte Festigkeit und Männlichkeit gewinnen ..." (S. 330)

Der Wunsch des Vaters, aus seinem Sohn einen Kaufmann zu machen, führt dazu, daß Hanno sich immer weiter von diesem Ziel entfernt und daß die Beziehung zwischen Vater und Sohn immer schwieriger wird. Der Vater leidet darunter, möchte es aber nicht zugeben: „Er ließ nichts merken von der Sorge, mit der er die Entfremdung beobachtete, die zwischen ihm und seinem kleinen Sohne zuzunehmen schien ..." – „Kein Muskel in seinem Gesicht verriet dabei die besorgte Spannung, mit der er erwartete, wie Hanno seine Begrüßung aufnehmen, wie sie erwidern werde; nichts verriet etwas von dem schmerzlichen Sichzusammenziehen seines Innern, wenn das Kind einfach einen scheuen Blick aus seinen goldbraunen, umschatteten Augen zu ihm hingleiten ließ, der nicht einmal sein Gesicht erreichte – und sich stumm über seinen Teller beugte." (S. 347)

Hanno selbst trifft die Unzufriedenheit seines Vaters tief. Denn jeder Kontakt beweist ihm aufs Neue, daß er die Anforderungen des Vaters nicht erfüllen kann. Er erlebt sich als Versager. Dies teilt er seinem Freund Kai mit, indem er sagt: „Ich kann das nicht ... Nein, es ist nichts mit mir. Ich kann nichts wollen ... Es kann nichts aus mir werden, sei sicher." (S. 506)

Hanno und sein Vater stecken in einem Teufelskreis, unter dem beide leiden. Je öfter der Vater versucht, Hanno auf seine Art anzusprechen, um so mehr Angst entwickelt Hanno vor den „Prüfungen" des Vaters. Er versagt und zieht sich immer mehr in seine Welt zurück. Der Vater bleibt allein mit dem Gefühl, seinen Sohn nicht erreichen zu können, und mit der Enttäuschung, daß sein Sohn die Familienerwartungen nicht erfüllt.

"Daß ich ihnen das antun muß!"

Dies sagt heute der dreizehnjährige Rainer, der ebenso wie Hanno Buddenbrook die Erwartungen seiner Eltern nicht erfüllen kann. Seine schlechten Klassenarbeiten sind ihm peinlich, denn er möchte seinen Eltern keine schlechten Noten „zumuten". Auch die Eltern empfinden schlechte Noten als „Zumutung", weil sie wissen, daß ihr Sohn begabt ist und sie alles für das Fortkommen ihres Sohnes tun und getan haben. Sobald er sich für etwas interessierte, kauften die Eltern alles Nötige, um ihn zu fördern. So besitzt er alle Kinder-Wörterbücher, einen großen Baukasten mit Fischer-Technik, einen Chemie-Baukasten und einen Computer mit Lernprogrammen.

Rainer ist dankbar, daß die Eltern ihm fast alle Wünsche von den Augen ablesen. Er möchte seine Eltern mit guten Schulleistungen erfreuen, doch er schreibt schlechte Arbeiten, obwohl er sich sehr anstrengt und viel lernt. Sein Wunsch, es gut zu machen, ist so stark, daß er bei einer Klassenarbeit nur noch an den Erfolg denkt und sich nicht mehr intensiv der Aufgabe zuwenden kann. So gerät der Junge in einen Teufelskreis:

Ich kenne viele Kinder, vor allem begabte Kinder mit guten Beziehungen zu ihren Eltern, denen es ähnlich geht. Wenn man sie fragt, was das Schlimmste an einer schlechten Klassenarbeit ist, so nennen sie meist die Enttäuschung ihrer Eltern. Ein Kind sagte mir einmal: „Mutters trauriges Gesicht macht mir Angst." (Vgl. Finger / Simon-Wundt 2002, S. 82–93)

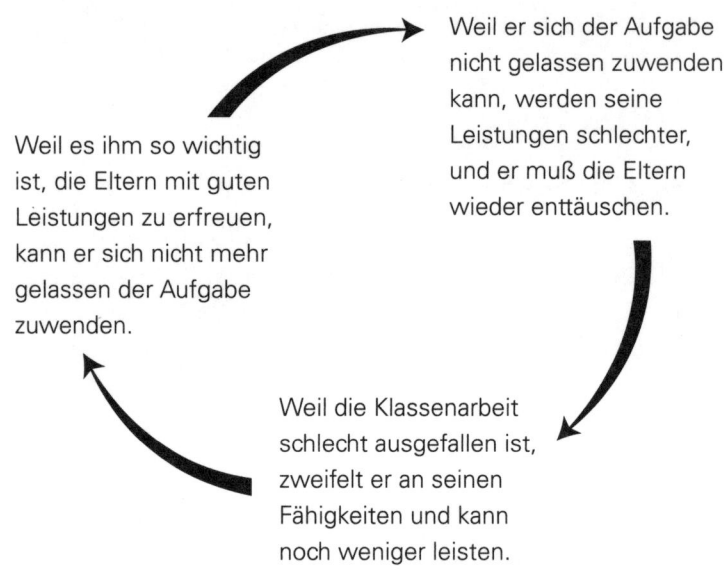

Weil es ihm so wichtig ist, die Eltern mit guten Leistungen zu erfreuen, kann er sich nicht mehr gelassen der Aufgabe zuwenden.

Weil er sich der Aufgabe nicht gelassen zuwenden kann, werden seine Leistungen schlechter, und er muß die Eltern wieder enttäuschen.

Weil die Klassenarbeit schlecht ausgefallen ist, zweifelt er an seinen Fähigkeiten und kann noch weniger leisten.

Warum fürchten sich gerade Kinder mit einer guten Beziehung zu ihren Eltern vor schlechten Leistungen?

Kinder, die sich besonders gut mit ihren Eltern verstehen, haben meistens auch die elterlichen Wertmaßstäbe übernommen. Sie möchten gute Leistungen bringen, um die Eltern zu erfreuen. Auch Rainer, der schon erwähnt wurde, versteht sich gut mit seinen Eltern, die viel Verständnis haben für ihren Sohn. Sie sehen, daß er viel für die Schule tut und sich bei Klassenarbeiten anstrengt. Deshalb schimpfen sie nie, wenn er eine schlechte Arbeit nach Hause bringt. Doch sie werden still und traurig. Dies ist für Rainer schwerer zu ertragen als Schelte. Er sagt: „Mutter bekommt so dunkle Augen, und manchmal glaube ich, sie schluckt Tränen hinunter. Vater verläßt das Zimmer. Und ich bleibe allein mit dem Gefühl, den Eltern etwas angetan zu haben."

Weil den Eltern die Schulleistungen ihres Kindes so wichtig sind, bekommt jede Zensur einen besonderen Stellenwert. Sie bleibt nicht nur eine Schulinformation, sie wird auch zu einem Maßstab für das Glück der Eltern. Es hängt dann auch von der Leistung des Kindes ab, wie die Eltern sich fühlen. Weil das Kind eine gute Beziehung zu seinen Eltern hat, möchte es sie glücklich machen. Deshalb muß es gute Leistungen bringen. Aber der Leistungsdruck bewirkt, daß sich das Kind verkrampft und gerade deshalb weniger zustande bringt.

„Wir haben seine Hilferufe nicht gehört!"

Dies sagt eine Mutter, als sie in der Beratungsstelle über die Ängste ihres Sohnes aufgeklärt wird. Versteckte Hilferufe von Kindern werden von Eltern öfter überhört, weil sie nicht wahrhaben wollen, daß es ihrem Kind schlecht geht. Eltern wünschen sich strahlende Kinderaugen und zufriedene und starke Nachkommen. Worauf aber müssen Eltern achten, um die versteckten Hilferufe ihrer Kinder nicht zu überhören? Jedes Kind äußert sich anders. Es gibt so viele Möglichkeiten, einen Hilferuf auszudrücken, wie es Kinder gibt. Ihre Bitte könnte heißen: „Seht, wie es mir geht!" oder „Hört, was ich zu sagen habe!" Im Grunde wollen Kinder mit ihren versteckten Hilferufen sagen: „So geht es nicht weiter. Es muß etwas geändert werden!"

Versteckte Hilferufe von Kindern mit Schulangst

Kurzfristig:
- Bummeln vor der Schule und Zu-spät-Kommen (oder auch: Viel zu früh dort sein)
- Bauchschmerzen, Kopfschmerzen und Erbrechen vor dem Schulgang

Längerfristig:

- Langsames und umständliches Arbeiten bei schulischen Dingen
- Tagträumerei als „Sich-Wegträumen" aus der Schule (oder auch: Immer an die Schule denken)
- Ausweichen bei Leistungsanforderungen
- Gedrücktheit, häufiges Weinen (oder auch: Aggressivität)
- Schlafstörungen, Alpträume
- Nägelkauen, häufiges Kranksein

„Heike spricht Ängste aus, die ihr Vater hinunterschlucken mußte"

Dies sagt Heikes Mutter in der Beratungsstelle, als sie ihre Tochter wegen massiver Schulängste vorstellt. Heikes Vater hatte als Kind auffallende Schulängste, die er aber stets „hinunterschluckte". Nur seine Frau weiß, daß er noch heute von Angstträumen heimgesucht wird. Im Traum sieht sich der tagsüber so erfolgreiche Manager als dummen Schuljungen und kann eine Frage des Lehrers nicht beantworten. Solange solche Ängste nur in seinen Träumen vorkommen, „kann er damit leben". Doch jetzt bricht die Schulangst seiner Tochter in des Vaters Alltag ein und zwingt ihn, sich damit auseinanderzusetzen. Das möchte er nicht, und deshalb reagiert er aggressiv. Er will die Schulschwierigkeiten seiner Tochter nicht zugeben und schimpft mit ihr. Sie solle sich zusammennehmen, sie solle nicht so zimperlich sein, sie solle „sich durchbeißen".

Es ist für Eltern oft schwer, kindliche Ängste wahrzunehmen oder damit umzugehen. Traurige und ängstliche Kinder machen ihre Eltern oft hilflos. Die Eltern wissen nicht, wie sie sich verhalten sollen, denn den Umgang mit Ängsten haben sie meistens selbst nicht gelernt. Manchmal rühren die Gefühle der Kinder auch an eigene, längst überwunden geglaubte Kinderängste.

Auch Maximilians Mutter kann die Ängste ihres zehnjährigen Sohnes nicht erkennen, obwohl sie für Außenstehende ganz offensichtlich sind. Sie selbst durfte als Kind keine Ängste haben und hat so gelernt, Ängste nicht wahrzunehmen. Ihre Eltern starben, als sie ein kleines Mädchen war, und sie wurde von fremden Leuten aufgenommen. Diese Menschen kümmerten sich sehr um das kleine Mädchen, wünschten sich aber als Lohn für ihre Mühen ein fröhliches und braves Kind. So hatte Maximilians Mutter keine Möglichkeit, über den Tod ihrer Eltern zu trauern. Sie konnte auch nie zeigen, mit wieviel Ängsten sie sich der fremden Umgebung anpassen mußte. So verdrängte sie alle Angstgefühle aus ihrem Leben und konnte weder die eigenen noch fremde Ängste erkennen.

Ihr ging es wie dem Mädchen Nelly in dem Buch „Kindheitsmuster" von Christa Wolf, von dem die Autorin sagt: „Nelly hatte das trostlose Gefühl, daß auch der liebe Gott selbst an dem tapferen, aufrichtigen, klugen, gehorsamen und vor allem glücklichen Kind hing, das sie tagsüber abgab. Wörter wie ‚traurig' oder ‚einsam' lernt das Kind einer glücklichen Familie nicht, das dafür früh die schwere Aufgabe übernimmt, seine Eltern zu schonen." (1983, S. 36)

Warum können Eltern die Ängste ihrer Kinder nicht erkennen?

Heikes Vater und Maximilians Mutter haben auffallend ängstliche Kinder, doch sie merken es nicht. Dies liegt daran, daß sie selbst als Kinder eigene Gefühle verdrängen mußten, um mit ihrem Leben zurechtzukommen. Maximilians Mutter brauchte die Zuwendung ihrer Pflegefamilie. Diese Familie war das einzige, was sie noch hatte. Also mußte sie sich den Wünschen ihrer Pflegeeltern anpassen, um diese nicht auch noch zu verlieren. Die Anpassung gelang ihr, indem sie ihre Gefühle nicht zuließ, ja sie vergaß. Auch Heikes Vater wird wichtige Gründe gehabt haben, „die Zähne zusammenzubeißen" und seine Angst hinunterzuschlucken.

Viele Verhaltensweisen, die uns als Erwachsene stören oder die im Erwachsenenalter nicht mehr sinnvoll erscheinen, waren einmal sinnvoll. Im Kindesalter waren sie vielleicht notwendig, um mit einer schwierigen Situation fertig zu werden. Es kommt vor, daß Erwachsene an kindlichen Verhaltensweisen festhalten, weil sie ihnen früher einmal geholfen haben. Ein bewährtes Verhaltensmuster aufzugeben ist nicht immer einfach. Manchmal brauchen wir dazu ein einschneidendes Erlebnis, und oft sind es unsere Kinder, die uns dazu zwingen, so wie Heike ihren Vater zwang, sich mit seinen Ängsten auseinanderzusetzen.

„Was soll ich tun? Soll ich ihn an die Wand werfen?"

Aus diesen Worten spricht die Verzweiflung einer Mutter über ihren siebenjährigen Sohn Daniel. Daniel ist in allen Fächern der „Klassenschlechteste", obwohl seine Mutter, selbst Lehrerin und eine leistungswillige Frau, viel mit ihm übt. Täglich sitzt sie drei Stunden mit ihm über den Hausaufgaben. Dabei hat sie noch drei andere Kinder zu versorgen. Als sie in der Beratungsstelle gefragt wird, wie sie das alles schafft, sagt sie: „Ich sitze neben ihm, bin aber innerlich nicht da. Ich schalte einfach ab, sonst könnte ich den Streß nicht ertragen."

Daniel leidet darunter, daß seine Mutter innerlich nicht da ist. Es ist schlimm für einen Menschen, nicht wahrgenommen zu werden. Daniels Mutter hat für ihre Haltung einen besonderen Grund. Sie sagt, Daniel sei genau so wie sein Vater. Sie ist inzwischen von Daniels Vater geschieden und lehnt ihn völlig ab. Doch durch ihren Sohn wird sie immer wieder an ihn erinnert. Sie glaubt, Daniel sehe ebenso aus wie sein Vater, er sei so „lahm" wie dieser, könne sich nicht zusammen nehmen und leiste kaum etwas. Ihre ganze Enttäuschung über ihren geschiedenen Mann überträgt sie auf ihren Sohn Daniel.

Sie ist verzweifelt, weil sie befürchtet, daß Daniel im Leben auch so wird wie sein Vater. Um ihn davor zu bewahren, muß sie ihn ständig kritisieren und ausschimpfen. Daniel sucht die Anerkennung und die Liebe seiner Mutter. In der Beratungsstelle sagt er: „Ich will der Mutter mehr Gefallen tun. Aber ich habe keine Zeit wegen der Hausaufgaben." Er will „gut sein, besser in der Schule und aufs Wort gehorchen". Außerdem sagt er: „Am glücklichsten bin ich, wenn die Mutter stolz auf mich ist." Doch wie kann die Mutter auf den „Klassenschlechtesten" stolz sein?

Bei der Prüfung seiner intellektuellen Fähigkeiten zeigt sich, daß Daniel begabt ist. Von seinen Fähigkeiten her könnte er eine weiterführende Schule besuchen und bräuchte nicht im ersten Schuljahr der Grundschule zu versagen. Doch Daniel kann seine Begabung nicht in entsprechende Leistungen umsetzen. Ein Junge, der so abgelehnt wird, kann sich nicht entfalten. Bei Daniel kommt noch hinzu, daß er die Rolle des Versagers, nämlich zu sein wie sein Vater, verinnerlicht hat und gar nicht mehr an seine Fähigkeiten glaubt. Er hat schon aufgegeben, bevor er etwas leisten soll.

Damit Daniel geholfen wird, braucht seine Mutter Hilfe. Sie muß die Trennung von ihrem Mann verarbeiten und die Enttäuschung über ihre Partnerwahl. Erst wenn die Mutter ihre eigene Vergangenheit und auch ihr eigenes Verhalten darin anerkennt, kann sie Daniel aus der Rolle des Sündenbocks entlassen. Dann braucht er nicht mehr stellvertretend für den Vater die Wut und die Abneigung der Mutter auf sich zu nehmen.

Mit ihrer Frage: „Was soll ich tun? Soll ich ihn an die Wand werfen?" wählt die Mutter ein Bild aus dem Märchen. An die Wand geworfen wird in dem Märchen „Der Froschkönig" der Brüder Grimm ein „ein garstiger, ein kalter Frosch", und dadurch verwandelt er sich in einen „Königssohn mit schönen, freundlichen Augen". Auch Daniel braucht eine „Verwandlung". Diese kann dadurch zustande kommen, daß die Mutter ihn nicht mehr mit seinem Vater verwechselt und den täglichen Druck von ihm nimmt. Nur dann kann der wirkliche Daniel in Erscheinung treten und seine bisher unsichtbaren Möglichkeiten entfalten.

„Ist Angst erblich?"

Diese Frage stellen manchmal besorgte Eltern, die selbst ängstliche Schulkinder waren. Sie erleben, daß ihre Kinder unter den gleichen Ängsten leiden wie sie, obwohl sie sich so bemüht haben, alles anders zu machen als ihre eigenen Eltern. Sie haben sich stärker um die Schule gekümmert als ihre eigenen Eltern, haben ihr Kind bei den Hausaufgaben unterstützt und bei schlechten Zensuren nicht geschimpft. Nach ihrer Meinung gibt es für ihr Kind keinen Grund zur Angst, und dennoch fürchtet sich ihr Kind vor der Schule. Da liegt für manche Eltern die Vermutung nahe, daß ihr Kind seine Schulangst vielleicht von ihnen geerbt hat.

Ängste vor Klassenarbeiten, genauso wie Angst vor Spinnen oder Angst vor Gewittern werden nicht vererbt. Was vererbt werden kann, ist eine erhöhte Empfindlichkeit oder Verletzlichkeit. Dennoch fällt auf, daß sich in manchen Familien bestimmte Ängste häufen, und zwar Ängste, die von den Großeltern her, von einem Elternteil, oder von Onkel und Tante bekannt sind. In der Familie, in der das Mädchen Sarah aufwächst, herrschen seit Generationen Gewitterängste. Nun möchte die Mutter, daß ihre Tochter diese Ängste nicht entwickelt. Sobald sich ein Gewitter nähert, flüstert sie mit gedrückter Stimme: „Du brauchst keine Angst zu haben. Ein Gewitter ist nicht gefährlich." Sie hat selbst nicht die Ruhe, sich mit ihrem Kind hinzusetzen und die Blitze zu beobachten. Statt dessen läuft sie durch die Wohnung und zieht Kabel aus den Steckdosen. Immer wieder blickt sie besorgt zum Himmel und geht dann wieder eilig vom Fenster weg.

Sarah spürt die Anspannung der Mutter und entwickelt wie andere Familienmitglieder eine Gewitterangst. Die Mutter ist enttäuscht, denn sie hat alles versucht, um dem Kind diese Ängste auszureden. Doch Kinder nehmen die Gefühle ihrer Eltern mehr auf als ihre Worte. Gerade kleine Kinder lernen am Gesichtsausdruck und der Haltung ihrer Eltern, ob eine Situation gefährlich ist oder nicht. Für Sarah ist ein Gewitter unheimlich, ganz gleich, was die Mutter ihr da so halbherzig erzählt. Sarah hat die Gewitterängste der Familie nicht geerbt, aber sie ist von ihnen angesteckt worden.

„Wir sind erschrocken, aber wir reagieren mit Zuwendung"

So faßt eine Mutter ihr Verhalten bei einer schlechten Klassenarbeit ihres neunjährigen Philipps zusammen. Beide Elternteile hatten Schulängste, und sie möchten ihren Sohn davor bewahren. Deshalb haben sie sich vorgenommen, bei schlechten Arbeiten nie zu schimpfen. Doch Leistung ist und bleibt ein Familienthema, ebenso wie die Angst, eine geforderte Leistung nicht zu schaffen. Die Eltern gehen unterschiedlich mit ihren Ängsten um. Die Mutter sagt: „Mein Mann stürzt sich mit Zähneklappern in die Leistung, und ich fliehe mit Zähneklappern vor der Leistung." Zwischen beiden steht Philipp, der es nun richtig machen soll.

Wie Philipp sich in der Familie erlebt, zeigt er, wenn er seine Familie als Tiere malt. Die Mutter verwandelt er in einen bunten großen Vogel. Sie nimmt die rechte Bildhälfte ein. Der Vater wird in einen Braunbären verwandelt. Er nimmt die linke Hälfte ein. Beide blicken in die Mitte des Blattes auf den Boden. Dort krümmt sich ein kleiner Wurm. Das ist Philipp. Philipp spürt, daß er die großen Erwartungen der Eltern an ihn nicht erfüllt. Seine Eltern geben ihm, wie die Mutter es ausdrückt, „Zuwendung", aber sie sind „innerlich erschrocken". Philipp spürt, wie sehr er die Eltern mit seinen schlechten Arbeiten erschreckt. Kinder lassen sich so schnell nichts vormachen.

Wenn Eltern zu sehr lieben

> *Bin ich eine gute Mutter? ... Reicht es aus, was ich meinen Kindern geben und für sie tun kann, ist es nicht oft zu wenig – oder manchmal zu viel für sie oder für mich?*
>
> (Dombrowski 1994, S. 13)

Zu viel Liebe kann schädlich sein

Viele Eltern fragen sich, ob sie ihre Aufgabe als Eltern auch richtig erfüllen, ob sie eine gute Mutter oder ein guter Vater sein können. Denn im Alltag mit ihren Kindern kommen immer wieder Selbstzweifel auf. Sie fragen sich, was sie falsch gemacht haben, wenn sie zum Beispiel mit guten Absichten und großem Einsatz die Schulangst ihrer Kinder überwinden wollten und ihre Kinder dennoch Angst entwickelt haben. Kinder erleben das gleiche Dilemma. Sie bemühen sich um gute schulische Leistungen, damit ihre Eltern sich freuen, und dennoch versagen sie in der Schule. Warum können Eltern und Kinder nicht erreichen, was sie so sehr wünschen?

Wenn Eltern es besonders gut machen wollen, engagieren sie sich manchmal „zuviel" für ihre Kinder. Dann ist das Miteinander in der Familie nicht ausgeglichen. Es bleibt für die Eltern selbst „zu wenig". Sie geben sich selbst auf, weil sie nur für ihr Kind leben. Völlig „selbst-losen" Eltern fehlt das eigene Selbst. Sie sind für ihr Kind kein Gegenüber. Das Kind kann sich nicht an ihnen „reiben" und dadurch wachsen. Die Mutter des siebenjährigen Timo hat ihren Beruf, ihre Hobbys und ihre Freundschaften aufgegeben. Sie ist nur für ihren Sohn da, was sie aber völlig auslaugt. Um ihre Beziehung zu Timo zu beschreiben, hat sie ein ungewöhnliches, aber treffendes Bild gefunden. Sie sagt: „Er inhaliert mich vollständig. Ich bin manchmal gar nicht mehr ich selbst."

Wenn Eltern sich selbst einschränken und sich zunehmend auf ihre Kinder konzentrieren, dann wollen sie vielleicht – unbewußt – eigene Probleme bewältigen. Dann werden ihre Kinder in Rollen gedrängt, die vielleicht gar nicht zu ihnen passen. Sie werden dann zum Beispiel zu „Hoffnungsträgern" oder zu „Tröstern" oder zur „Spielkarte in der Hand der Mutter" oder zum „schwarzen Schaf". Dann hängt die Selbstachtung der Eltern und manchmal sogar der Sinn ihres Lebens davon ab, ob ihre Kinder die vorgesehenen Rollen erfüllen. Leicht geschieht es dann, daß die Eltern sich enttäuscht von ihren Kindern abwenden, und aus ihrer Zuwendung wird Gleichgültigkeit und manchmal sogar Verachtung.

Wenn die Mutter den Traum von ihrem Kind mehr liebt als das Kind selbst

In einem französischen Roman von Amélie Nothomb (2002) war es der Lebenstraum der Mutter, Tänzerin zu werden. Sie hat sehr darunter gelitten, daß sie an der berühmten Ballettschule der Pariser Oper nicht aufgenommen wurde. Doch sie meistert schließlich ihr Leben und hat ihren Traum im Laufe der Zeit vergessen. Ihre beiden Kinder sind zwei und vier Jahre alt, als sie den Säugling ihrer jüngeren Schwester in ihre Familie aufnehmen muß, weil diese Selbstmord begangen hat.

Das zarte Baby mit dem ungewöhnlichen Namen Plectrude und den großen sprechenden Augen wirkt auf die Eltern wie eine Fee, und die Mutter behandelt sie wie eine Prinzessin. Während ihre eigenen Kinder im Kindergarten sind, verkleidet sie sich und das Baby, und sie tauchen gemeinsam in eine geheimnisvolle Märchenwelt ein. In diesen Augenblicken sind beide sich sehr nahe und sehr glücklich miteinander.

Als Plectrude vier Jahre alt ist, bringt die Mutter sie zum Ballettunterricht anstatt in den Kindergarten. Der Leiter der Ballettschule bewundert die Anmut des Mädchens und spricht davon, daß sie die „Augen einer Tänzerin hat." (S. 40) Das bestätigt die Mutter in ihrem Traum, aus Plectrude eine Tänzerin zu machen. Sie lebt nur noch für die Karriere ihrer Nichte. Mit vierzehn Jahren wird Plectrude tatsächlich an der berühmten Ballettschule der Pariser Oper aufgenommen. Dies ist für die Mutter der schönste Tag in ihrem Leben. Doch der Druck der Schule ist enorm. Das Kind fastet und wird magersüchtig, um die Anforderungen an eine Tänzerin zu erfüllen. Nach den ersten drei Monaten in der Schule kommt sie abgemagert nach Hause. Der Vater und die beiden anderen Kinder sind erschrocken und entsetzt. Doch die Mutter ist stolz auf Plectrude und flüstert ihr ins Ohr: „Wie schön du bist, mein Liebling." (S. 123)

Plectrude fastet weiter. Sie bekommt davon schreckliche Schmerzen in den Beinen, muß nachts auf ein Kissen beißen, um nicht vor Schmerzen zu schreien. Als sie der Mutter von ihren Schmerzen berichtet, geht diese mit keinem Wort darauf ein, sondern antwortet nur: „Wie mutig du bist." (S. 133) Die Mutter hat ihren Traum, Ballerina zu werden, an ihre Nichte weitergegeben. Diesen Traum möchte sie sich nicht zerstören lassen. Sie gefährdet damit die Gesundheit des Mädchens. Hätte man ihr das gesagt, so hätte sie erstaunt geantwortet: „Ich will doch nur das Glück meiner Kleinen!" (S. 128)

Plectrude bricht zusammen und wird ins Krankenhaus gebracht. Die Ärzte stellen fest, daß der Kalk in ihren Knochen zu weit abgebaut ist und verbieten ihr, je wieder zu tanzen. Als die Tochter auf Grund ihrer mangelhaften Ernährung körperlich zusammenbricht, bricht die Mutter psychisch zusammen. Sie kann nicht mehr essen und magert ab. Außerdem verweigert sie den Kontakt zu Plectrude. Sie besucht das Mädchen nicht einmal im Krankenhaus. Als das Kind nach fünf Monaten auf Krücken nach Hause kommt, zeigt die Mutter sich nicht. Plectrude findet die Mutter in ihrem Bett. Sie sieht das Mädchen kalt an und sagt zur Begrüßung: „Du hast nicht das Recht, hier zu sein." (S. 139) Später sagt sie: „Du hast mich verraten. Du weißt, wie sehr ich davon geträumt habe, daß du Tänzerin wirst." (S. 144)

Auch Plectrude fühlt sich verraten. Nach ersten Anzeichen einer Gesundung und einer leichten Gewichtszunahme findet die Mutter ihre Tochter nur noch häßlich und sagt es ihr auch. Mutters Enttäuschung ist für das Kind zerstörerisch. Doch Plectrude ist stark genug, sich abzugrenzen. Sie sagt zu ihrer Mutter: „Findest du es normal, daß du mich beglückwünschst, wenn ich Schmerzen in den Beinen habe? Das war ein Hilferuf, und du hast mich nicht einmal gehört." (S. 145) Als die Mutter weiterhin dem Mädchen alle Liebe entzieht und ihm nur noch mit Verachtung und Haß begegnet, nimmt Plectrude ihr Leben selbst in die Hand. Sie überlegt, daß viele Menschen in ihrer Situation vielleicht Selbstmord begangen hätten, doch ihr Überlebenswille ist stark, und sie sagt zu sich selbst: „Ich lasse nicht zu, daß du mich tötest, Mama!" (S. 148)

Eltern müssen sich selbst lieben, um ihren Kindern das zu geben, was diese brauchen

> *Niemand kann uns genügend lieben, um unserem Leben die Erfüllung zu geben, solange wir uns nicht selbst lieben.*
> (Norwood 1987, S. 198)

Kinder fühlen sich oft verantwortlich und schuldig, wenn ihre Eltern unglücklich sind. Denn ungelöste elterliche Probleme wirken auf Kinder wie ein Sog, in den sie hineingezogen werden. Dann unternehmen Kinder alles, um ihre Eltern zu „retten". Sie setzen sich selbst unter Druck, möchten gut und erfolgreich sein, damit die Eltern durch sie wieder fröhlich werden. Oft geht das auf Kosten ihrer eigenen Lebensaufgaben und Bedürfnisse. Kinder können von der schweren Aufgabe, für das Wohlergehen ihrer Eltern zu sorgen, nur entlastet werden, wenn ihre Eltern nach eigenen Kraftquellen suchen und ihre Sehnsüchte selbst erfüllen.

Eltern, die sich selbst achten und etwas für sich selbst tun, sind nicht etwa egoistisch, sondern sie helfen ihren Kindern. Wenn es den Eltern gut geht, sind auch die Kinder ausgeglichen. Denn die Lebensfreude der Eltern, ihre Fähigkeit, glücklich zu sein, ist ebenso ansteckend wie ihr Kummer und ihre Ängste. Wenn Eltern ihr Leben lieben, erlauben sie ihrem Kind, dasselbe zu tun. Wenn sie dagegen ständig klagen und leiden, vermitteln sie ihrem Kind das Gefühl, daß das Leben anstrengend und trostlos ist.

Gefährlich für Kinder sind auch die hohen Erwartungen, die Eltern oft an sich selbst stellen. Das Ideal der guten Mutter oder des guten Vaters kann niemand erfüllen. Erst das Anerkennen der eigenen Grenzen, der eigenen Unvollkommenheit und auch der negativen Gefühle läßt uns gelassener mit uns selbst und mit unserem Kind umgehen. Sophie Freud sagt: „Das Ziel, perfekte Eltern zu werden, trägt die Keime von Schuld und Anklage, enttäuschter Erwartungen und Scheitern in sich." (1992, S. 208) Dennoch glaubt sie, daß es Eltern gelingen kann, ihre eigene Unvollkommenheit und die der Kinder hinzunehmen und anzuerkennen. Und sie fährt fort: „Wir können perfekte Eltern werden, indem wir die Unmöglichkeit eines solchen Zieles akzeptieren."

Wie Kinder sich gegen Erwartungen und Ängste ihrer Eltern wehren können

Idealerweise kann ein Kind seinen Eltern vermitteln, wer es wirklich ist, wenn es durch deren Liebe und Aufmerksamkeit dazu ermutigt wird.
(Norwood 1987, S. 49)

Wenn Eltern ihre Kinder für die Bewältigung ihrer eigenen Probleme brauchen, übersehen sie oft die tatsächlichen Bedürfnisse ihrer Kinder. Sie verwechseln manchmal sogar die eigenen Wünsche mit den Wünschen ihrer Kinder. Dann ist es für die Kinder nicht leicht, den Sorgen und Ängsten ihrer Eltern auszuweichen. Jedes Kind ist innerlich von seinen Eltern abhängig und braucht deren Zuwendung. Verhält das Kind sich anders, als die Eltern erwarten, verliert es auch einen Teil ihrer Zuwendung. Kinder, denen es dennoch gelingt, sich auf angemessene Weise abzugrenzen, zeigen eine ganz besondere Stärke. Welche Wege sie dabei einschlagen können, wird an den folgenden Beispielen sichtbar.

Katrin und Eva verlassen den elterlichen Einflußbereich

Katrins Mutter gibt zu, daß sie vor Rechentests aufgeregter ist als ihre Tochter. Sie selbst war stets schlecht in Mathematik. Deshalb sagt sie: „Es macht mich unglücklich, wenn ich sehe, daß mein Kind dieselben Probleme bekommt wie ich." Bisher ist Katrin gar nicht so schlecht in Mathematik, und zu Mutters großem Erstaunen regt sie sich überhaupt nicht auf. Sie beruhigt sogar ihre Mutter und tröstet sie mit Sätzen wie: „Es wird schon nicht so schlimm!" Doch die Mutter möchte schon vorbeugend etwas tun und ermahnt ihre Tochter ständig, bei Testaufgaben gut aufzupassen. An einem Tag, an dem wieder eine Testaufgabe geschrieben wird, läuft die Mutter aufgeregt durch die Wohnung, gibt Katrin Traubenzucker zur Stärkung und ermahnt ihre Tochter an der Haustür: „Paß gut bei dem Test auf!" Katrin dreht sich um, lacht ihrer Mutter ins Gesicht und sagt: „Du immer mit *deinen* Tests." Dann springt sie drei Stufen auf einmal hinunter und läuft fröhlich zur Schule.

Auch Eva flieht vor den elterlichen Ängsten, die ihrer Schulleistung gelten. Sie soll an einem Gruppen-Schulreifetest teilnehmen. Danach wird entschieden, ob sie in die Schule gehen darf. In der Wartezone der Beratungsstelle sitzen sechs Kinder mit ihren Eltern. Die Atmosphäre ist gespannt. Evas Vater sitzt auf seinem Stuhl, Eva neben ihm. Beide schweigen und sehen sich nicht an. Eva hat ihren Stuhl so weit zurückgezogen, daß der Vater sie fast verdeckt. In ihrer

Hand hält sie ein Bilderbuch für Kleinkinder. Sie sieht sich angestrengt die Bilder an, als müßte sie sich an dem Buch festhalten.

Dann gehen alle Kinder mit ihren Eltern eine Etage höher zum Test, manche Kinder noch an der Hand der Eltern. Nur Eva springt auf, läßt ihren Vater stehen und läuft vor allen anderen die Treppe hinauf. Als erste betritt sie den Testraum, findet den Platz, auf dem ihr Name steht und setzt sich hin. Erst nachdem alle anderen Kinder und Eltern das Zimmer betreten haben, kommt Evas Vater. Eva sieht ihn nicht an. Die Eltern werden hinausgeschickt, und der Test beginnt. Eva hat sich befreit von der ängstlichen Atmosphäre, die sie umgab, indem sie ganz allein gegangen ist. Sie hat dadurch ein Gefühl von Eigenständigkeit gewonnen, das ihr später zu guten Ergebnissen verhilft.

Benjamin schreibt den Eltern einen Brief

Der zehnjährige Benjamin ist seit seiner Einschulung ein gedrückter Junge geworden. Er strengt sich in der Schule sehr an und bringt doch keine guten Leistungen. Dies belastet ihn sehr, denn er möchte seine Eltern mit guten Leistungen erfreuen. Auch die Mutter ist bedrückt. Sie hat ihre Stelle als Chefsekretärin aufgegeben, um ganz für ihr Kind da zu sein. Und nun erlebt sie, wie wenig das hilft. Sie meint, sie habe versagt. Ihr Vater, ein Lehrer, sagt ihr öfters, daß sie noch mehr mit Benjamin üben sollte. Doch je mehr zu Hause geübt wird, um so schlechter werden Benjamins Schulleistungen.

Der Junge besucht jetzt die vierte Klasse. Bald wird über seine weitere Schullaufbahn entschieden. Damit Benjamin noch mehr Zeit für die Schule hat, darf er nicht mehr zu seinem geliebten Fußballtraining und auch nicht mehr Rollschuh fahren. Benjamin akzeptiert diese Maßnahmen, ohne zu klagen. Er findet das Verhalten der Eltern „schon richtig", denn er möchte doch so gerne besser in der Schule werden.

Nach Ängsten befragt, berichtet er, daß er immer dann Angst bekommt, „wenn die Mutter die Augen rollt". Seine Mutter rollt die Augen, wenn er eine schlechte Arbeit nach Hause bringt. Dann bekommt er ein schlechtes Gewissen und befürchtet, daß sie ihn nicht mehr mag.

Der so artige und angepaßte Junge kann seinen Eltern nicht sagen, was ihn bedrückt, denn dann müßte er sich gegen die Eltern wenden und ihren hohen Einsatz in Frage stellen. Nur einmal legt er ihnen einen Zettel vor die Schlafzimmertür, auf dem steht: „Ich kann es nicht mehr hören. Jeden Tag die Schule!" Zum Glück nehmen die Eltern diesen Hilferuf ernst und stellen Benjamin in der psychologischen Beratungsstelle vor, wo die Gründe seiner Schulangst festgestellt und überwunden werden können.

Oliver und Lea wehren sich mit Verhaltensauffälligkeiten gegen elterliche Erwartungen

Der zwölfjährige Oliver war stets ein angepaßter, lieber Junge, auf den die Eltern stolz sein konnten. Er war ein zufriedenes Kleinkind, und in der Grundschule lernte er leicht und schnell. Doch jetzt, seit dem Wechsel zum Gymnasium, verschlechtern sich seine Schulleistungen. Die Eltern sind enttäuscht. Sie haben so große Hoffnungen in ihren Sohn gesetzt. Nun versuchen sie, ihn mit „vielen guten Worten" zu besseren Leistungen zu bewegen. Doch gerade die Reden der Eltern belasten Oliver sehr. Er sagt: „Die Eltern halten Vorträge, und das ist schlimm. Schimpfe würde mir nicht so viel ausmachen."

Wir wissen aus Erfahrung, daß Eltern, wenn sie ihre Kinder mit „Vorträgen" zu guten Leistungen bewegen wollen, sich schnell im Ton vergreifen und moralisieren. Das ist es auch, was Oliver belastet, weil er den Vorträgen nichts entgegenhalten kann. Würden die Eltern mit ihm schimpfen, ihn sogar schlagen, könnte er böse auf die Eltern sein, weil sie sich falsch verhalten. Er könnte ihnen entgegentreten, mit ihnen streiten. Doch ihren Vorhaltungen hat er nichts entgegenzusetzen, es bleibt nur eine tiefe Unzufriedenheit mit sich selbst.

Mit der Verschlechterung seiner Schulleistungen verändert sich auch Olivers Gesamtverhalten. Er wird frech, aufsässig und vor allem unordentlich. Sein Zimmer ist nicht wiederzuerkennen. Alles liegt herum. Die Mutter, eine sehr ordnungsliebende Frau, ist entsetzt. Sie schimpft mit ihrem Sohn, und Oliver schimpft zurück. Er ist nicht mehr der liebe, brave Junge, der unter den Erwartungen der Eltern leidet, sondern er ist der Junge, der seinen eigenen Weg geht, auch wenn dieser Weg zunächst ein Umweg ist. Mit trotzigen Antworten kann Oliver sich abgrenzen, ein Stück Eigenständigkeit gewinnen.

Auch die achtjährige Lea leidet unter den hohen Leistungsanforderungen ihrer Mutter. Wenn Lea eine schlechte Klassenarbeit nach Hause bringt, ist die Mutter so getroffen, daß sie zwei bis drei Stunden nicht mehr mit ihrer Tochter spricht. Sie ignoriert ihre Tochter einfach. Das ist für Lea die schlimmste Strafe, weil es sie an frühkindliche Angst vor dem Verlassenwerden erinnert. Als Lea geboren wurde, war ihre Mutter noch Studentin. Sie hatte sich schon vor der Geburt des Mädchens von Leas Vater getrennt und mußte allein mit dem Baby zurechtkommen. Gleichzeitig stand sie unter Examensdruck, der sich durch ihre eigenen Ansprüche noch erhöhte. Denn die Mutter wollte das Examen nicht nur mit „sehr gut", sondern „mit Auszeichnung" bestehen. Da blieb für das Baby wenig Zeit. Lea wurde von verschiedenen, häufig wechselnden Pflegemüttern großgezogen. Aus dieser Zeit stammt Leas Angst, verlassen zu werden.

Die Mutter reagiert auf Leas Schulleistungen auch mit vermehrtem Üben. Aber seltsamerweise macht Lea nicht mit. Trotz ihrer Angst, von der Mutter nicht beachtet zu werden, verhält sie sich nicht so, wie die Mutter es wünscht. Sie malt witzige Figuren in ihr Heft, anstatt zu schreiben, sie albert herum, sie krümmt sich vor Lachen und macht oft das Gegenteil von dem, was die Mutter von ihr fordert. Dies ärgert die

Mutter so sehr, daß sie Lea schlägt. Doch Lea hört nicht mit ihrer Albernheit auf, sondern provoziert die Mutter einfach weiter.

Was hier geschieht, kann man auch anders einordnen: Lea provoziert die Mutter so lange, bis diese sie schlägt. Durch die Schläge der Mutter wird die Entfernung zwischen Mutter und Kind aufgehoben, und Lea erlebt die Mutter ganz nahe. Das braucht das Mädchen, selbst wenn Mutters Nähe mit Ärger und Streit einhergeht. Für Kinder sind Schläge manchmal besser zu ertragen als das Gefühl, nicht gesehen zu werden, einfach Luft zu sein. Mit ihrer Albernheit beim Üben verhält Lea sich so, wie die Mutter es nie getan hätte. So schützt sie sich davor, von Mutters Leistungsängsten angesteckt zu werden.

Viele Kinder entwickeln, um sich vom elterlichen Einfluß zu befreien, ein „Gegenprogramm" zu deren Erwartungen. Dann werden bisher liebe Kinder aufsässig und nicht mehr ansprechbar. Sie brauchen zunächst diese extreme Ablehnung, um sich von dem Leben zu befreien, welches sie vorher gelebt haben und um sich selbst neu zu spüren. Verhaltensstörungen sind oft ein Hilferuf der Kinder in einer schwierigen Situation. Mit ihren Auffälligkeiten weisen sie darauf hin, daß etwas im Zusammenleben geändert werden muß. (Vgl. Finger / Simon-Wundt 2002)

Mit dem Blick in den Spiegel gegen Schulängste

Ein Interview mit der Sonderschullehrerin Karin Ziegenfuß

Gertraud Finger: Nach Aussagen der Lehrergewerkschaft GEW hat jedes zehnte Kind Angst vor der Schule. Frau Ziegenfuß, Sie sind Lehrerin an einer Sonderschule für lernbehinderte Kinder. Zu Ihnen kommen Kinder, die die normalen Anforderungen an ein Schulkind nicht erfüllen können und irgendwo schon einmal versagt haben. Diese Kinder haben sicherlich noch viel mehr Angst als normale Grundschüler. Deshalb möchte ich von Ihnen wissen, wie Sie den Kindern helfen, ihre Ängste zu überwinden.

Karin Ziegenfuß: Zunächst muß ich Ihnen sagen, wie die Kinder zu uns kommen. Denn der Weg zu uns ist häufig schon mit Ängsten gepflastert. Früher mußten alle Kinder erst zwei Jahre in die Grundschule gehen und manche mußten sich zwei Jahre lang durch die Schule quälen, weil sie die Leistungen einfach nicht bringen konnten. Erst nachdem sie zweimal sitzengeblieben waren, wurden sie an eine Sonderschule für Lernbehinderte überwiesen. Das ist jetzt nicht mehr so. Heute können die Kinder schon bei uns angemeldet werden, wenn die Lehrerin im ersten Schuljahr merkt, daß das Kind dem Unterricht einfach nicht folgen kann. Oder das Kind ist schon im Vorschulalter aufgefallen und wird direkt vom Kindergarten bei uns eingeschult. Dennoch hat ein Kind, das zu uns kommt, schon erlebt, daß es irgendwie versagt hat.

F: Der Besuch einer Sonderschule wird sicher von vielen als Kränkung erlebt, und ich kann mir vorstellen, daß Kinder und auch Eltern Angst haben, in Ihre Schule zu kommen.

Z: Oh ja, viele Eltern berichten mir, daß sie sich schämen, ihr Kind in einer Sonderschule anzumelden und daß die Kinder Angst vor dem Schulwechsel haben, weil sie sich fürchten, auch bei uns zu versagen und auch bei uns ausgelacht zu werden. Kinder, die zu uns kommen, haben ja meist schon negative Schulerfahrungen hinter sich. Man kann sich nicht vorstellen, was ich erlebt habe an Sorgen, Ängsten und auch Krankheiten von Kindern, die ihren Schulstoff nicht schafften. Dies war für mich so erschreckend, daß ich meine Hauptaufgabe darin sehe, den Kindern andere Schulerfahrungen zu ermöglichen.

F: Am schwierigsten ist es ja wohl, wenn ein Kind ganz neu in Ihre Schule kommt und nicht weiß, was es dort erwartet. Oft ist den Kindern ja auch mit der Sonderschule gedroht worden, um sie zu besseren Leistungen zu bewegen. Wie können Sie den Kindern gerade in der ersten Zeit helfen?

Z: Noch bevor ein Kind zu mir in die Schule kommt, schreibe ich ihm einen Brief, mit dem ich es in meine Klasse einlade. Ich schicke ihm eine ausgesuchte Karte, für Jungen und Mädchen natürlich unterschiedlich, und schreibe ihm, daß ich mich unheimlich freue, daß es zu mir in die Schule kommt.

Am ersten Schultag lege ich ein kleines Geschenk auf den Platz des Kindes, damit das Kind das Gefühl hat, hier ist jemand, der wartet auf mich und der freut sich, daß ich komme. Ich begrüße auch jedes Kind ganz persönlich, spreche es immer mit dem Namen an und gebe ihm die Hand.

Denn schon die Namensnennung und der Körperkontakt, das Anfassen des Kindes, kann Angst nehmen, weil das Kind sich persönlich angesprochen fühlt. Es ist nicht irgendeine Nummer, sondern es ist die Claudia, die jetzt vor mir steht und der ich sage: „Schön, daß du da bist. Da sind wir alle ganz froh, daß wir eine neue Schülerin haben. Eine Claudia hatte ich noch nicht." Indem ich das sage, gebe ich ihr das Gefühl: „Ich bin etwas wert! Ich bin nicht irgendeine, die nur schlecht ist und die anderen stört. Da freut sich sogar jemand auf mich."

„Noch bevor ein Kind zu mir in die Schule kommt, schreibe ich ihm einen Brief, in dem ich es in meine Klasse einlade."

Z: Manche Kinder haben schon viel Schmerz erfahren, und es dauert lange, bis sie sich an die neue Schule gewöhnen. Deshalb ist es für mich ganz wichtig, sie in der ersten Zeit nicht zu überfordern. Kommt ein Kind neu in meine Klasse, mache ich zunächst Sachen, von denen ich weiß, daß es das auch kann. Wenn es dann, was einfach nicht ausbleibt, eine gute Leistung bringt, muß es dafür gelobt werden.

Es reicht mir aber nicht, dem Kind nur zu sagen: „Das hast du gut gemacht." Ein Kind, das bisher immer versagt hat, braucht ein stärkeres Lob. Ich erzähle vor der gesamten Klasse, was zum Beispiel Claudia jetzt gemalt hat, und wir klatschen gemeinsam.

Auch schreibe ich gleich am ersten Tag einen Brief an die Eltern in Claudias Heft, in dem ich lobend berichte, was Claudia bei uns gemacht hat. Dieser Brief nimmt den Eltern die Angst, daß ihr Kind auch in der neuen Schule versagt. Und Claudia kann schwarz auf weiß nach Hause tragen, daß sie den ersten Schultag gut gemeistert hat. Das gibt ihr Hoffnung für die folgende Zeit.

F: Nun ist der erste Tag gut gelaufen, aber ein Kind, das bisher immer Mißerfolge hatte, braucht vielleicht noch mehr Unterstützung. Was können Sie da tun?

Z: Gerade die kleinen Kinder, die zu mir kommen, haben noch kein richtiges Ich-Bewußtsein. Sie kennen sich als tolle Person noch nicht. Da habe ich mir folgendes einfallen lassen. Einmal stelle ich sie nach einer guten Leistung auf einen Stuhl vor die Klasse, damit sie höher sind als alle anderen und alle anderen sehen, das Kind hat etwas geleistet.

Damit nicht genug. Dann hole ich das Kind mit dem Stuhl vor den Spiegel, der über dem Waschbecken hängt. Wir sehen gemeinsam in den Spiegel und ich sage: „Guck mal, so sieht ein tolles Kind aus." oder „Guck mal, so sieht ein Kind aus, das eine schwere Aufgabe gerechnet hat." Das Kind hat so die Möglichkeit, sich selbst als eine tolle Person zu sehen.

„Der Blick in den Spiegel hilft einem entmutigten Kind, sich selbst anders zu sehen als bisher."

Z: Ich habe es noch nie erlebt, daß ein Kind irgendwie vor seinem Bild zurückschreckt. Ganz im Gegenteil, zuerst ist es etwas erstaunt, dann strahlt es in den Spiegel und ist glücklich, daß seine Leistung so anerkannt wird. Der Blick in den Spiegel hilft einem entmutigten Kind, sich selbst anders zu sehen als bisher, und es erlebt, daß es auch von mir, die ja mit ihm in den Spiegel guckt, und von der ganzen Klasse so gesehen wird.

F: In der ersten Zeit haben Sie bewußt leichte Aufgaben gewählt. Doch das geht ja nicht immer. Die Kinder sollen ja auch bei Ihnen etwas lernen. Wie schaffen Sie es, daß entmutigte Kinder sich wieder neuen Aufgaben stellen?

Z: Bei mir lernen die Kinder sehr viel. Nach einem Jahr können alle lesen, schreiben und rechnen. Ich verlange viel von ihnen und gebe ihnen gleichzeitig immer Unterstützung, daß sie den nächsten Entwicklungsschritt schaffen. Da ich meist die Schulanfänger unterrichte, arbeite ich eher spielerisch und setze selbstgebastelte Stoffpuppen und Spieltiere ein.

Ingo, ein Junge mit autistischen Zügen, war unser bester Rechner. Er konnte ohne Nachdenken feststellen, wieviel Jahre ich noch leben muß, um hundert Jahre alt zu werden. Doch er weigerte sich, auch nur eine einzige Minusaufgabe zu rechnen. Weil Minus „Wegnehmen" bedeutet, ist das eine Veränderung, die auch anderen autistischen Kindern schwerfällt.

„So kaufte ich einen Minus-Koffer."

Z: So kaufte ich einen „Minus-Koffer". Auf eine Kinderschultasche in dunkelblauer Farbe klebte ich mit Leukoplaststreifen das Wort „MINUS". Da hinein legte ich besonders ansprechende Arbeitsblätter mit Minusaufgaben.

Täglich durfte ein Kind seinen Schulranzen in der Schule lassen und den Minus-Koffer mit nach Hause nehmen, um die darin enthaltenen Rechenzettel zu rechnen. Die Schüler waren begeistert, und alle glaubten, mit dem Koffer besonders gut rechnen zu können.

Endlich wagte auch Ingo, für den jede Veränderung schwierig ist, den Koffer mitzunehmen. Am folgenden Tag erschien er mit einem fast stolzen Lächeln. Er legte mir alle gerechneten Aufgaben auf das Pult und sagte: „Der Minus-Koffer hat mir beigebracht, wie Rückwärtsrechnen geht. Jetzt kannst du mir ganz schwere Minusaufgaben geben."

F: In der Schulklasse lernen die Kinder gemeinsam. Wie läuft so etwas ab?

Z: Nehmen wir das Lesen. Zum Lesen müssen alle Kinder vorne an die Tafel kommen. Davor haben viele Kinder Angst, weil sie fürchten, sich zu blamieren. Wenn ein Kind nicht wagt, alleine an die Tafel zu gehen, sage ich ihm: „Nimm die Lilli mit!" Unsere „Lese-Lilli" ist eine Handpuppe, die besonders gerne liest. Mit der Lilli im Arm haben die Kinder eine gewisse Sicherheit. Sie halten sich an Lilli fest. Sie brauchen im Grunde nicht selbst als Claudia oder Sabine an die Tafel treten, sondern sie gehen für und mit Lilli dorthin.

Besonders interessant ist, daß die Kinder, wenn sie für Lilli lesen, ihre Stimme verstellen und in einer hellen piepsigen Puppenstimme lesen. So liest nicht das Kind vor, sondern die Lilli, und wenn es nicht so klappt, wird nicht das Kind ausgeschimpft, sondern die faule Lilli, die zu Hause zu wenig geübt hat. Doch die Lilli wird nicht nur ausgeschimpft, sondern sie wird auch getröstet. Ihr wird gesagt, daß sie es beim nächsten Mal sicher schon besser kann.

„Wenn Kinder dem Stoffhund Bello das Lesen beibringen, lernen sie lesen, ohne es zu merken."

K: Das ist unser Hund Bello. Der übt zu wenig und kann ganz schlecht lesen. Wenn Kinder dem Stoffhund Bello das Lesen beibringen, lernen sie lesen, ohne es zu merken. Sie strengen sich dann besonders an, weil sie stolz sind, daß sie mehr können als Bello. Sie üben viel, denn es ist ihnen ganz wichtig, daß auch Bello das Lesen lernt. Falls einige Kinder zu viel Angst vor dem Lesen vor der Klasse haben, gebe ich ihnen eines kleines Diktiergerät mit nach Hause. Sie können zu Hause das Lesen üben, und wenn sie glauben, es gut genug zu können, lesen sie auf das Diktiergerät. Am nächsten Tag hört die ganze Klasse zu, was das Kind auf das Gerät gelesen hat und alle klatschen.

F: Mir scheint, daß bei Ihnen die Kinder Aufgaben bekommen, die genau zu ihnen passen.

Z: Ich versuche, jedem Kind gerecht zu werden. Das hängt immer von der Situation ab. Ingo, von dem ich schon erzählt habe, konnte nur auf extra große Linien schreiben. Weil er es besonders gut machen wollte, kam er nie mit und brauchte fast doppelt so viel Zeit wie die anderen. Er strengte sich sehr an, verkrampfte sich immer mehr und schaffte es doch nicht.

Ich mußte mir etwas einfallen lassen, denn diese Situation war für ihn kaum zu ertragen.

Weil wir viel mit Stoffpuppen und Stofftieren lernen, brachte auch Ingo seinen Teddy Ferdi mit in den Unterricht. So besorgte ich für Ferdi ein eigenes Schreibheft. Sollte in der Klasse etwas abgeschrieben werden, bekam Ferdi diese Aufgabe. Er schrieb für Ingo alles ab in seiner schnellen, aber schmierigen Teddyschrift. Es machte Ingo großen Spaß, mit dem Teddy im Arm krakelig schreiben zu dürfen, ohne daß jemand mit ihm oder er selbst mit sich unzufrieden war. Zu Hause konnte Ingo dann in aller Ruhe den Krakeltext aus Ferdis Hausheft in sein eigenes Heft übertragen und wurde am folgenden Tag für diese Leistung gelobt.

„In meinem Unterricht suche ich nach dem,
was ein Kind kann und nicht nach dem,
was es noch nicht kann."

F: Werden die anderen Kinder nicht eifersüchtig, wenn gerade die schwachen Schüler so gefördert werden?

Z: Nein, denn alle Kinder, die zu mir kommen, haben ja irgendwelche Schwächen, aber auch Stärken. In meinem Unterricht suche ich nach dem, was ein Kind kann, und nicht nach dem, was es noch nicht kann. Auch bei den größten Schulversagern gibt es immer etwas, das sie gut können. Man muß es nur entdecken.

Diesen Blick auf die ganz persönlichen Stärken eines Kindes versuche ich auch den anderen Kindern beizubringen. Ich bespreche mit den Kindern, was ihnen noch schwerfällt, in welchen Bereichen sie noch üben müssen und was sie gut können. Maja kann schon lesen und darf den anderen vorlesen. Lukas kann ganz besonders gut Theater spielen. Miri tanzt Bauchtanz, Sanne räumt die Klasse immer auf, und Peter läuft am schnellsten.

*„Ich spreche mit den Kindern auch darüber,
wo ein Kind noch Hilfe braucht, und ich frage
die anderen Kinder, wer diesem Kind helfen kann."*

Z: Ich spreche mit den anderen Kindern auch darüber, wo ein Kind noch Hilfe braucht, und ich frage die anderen Kinder, wer diesem Kind helfen kann. Lukas, einem Jungen mit Down-Syndrom, fällt das Rechnen schwer. Ich frage die Klasse, wer mit ihm üben will. Da Lukas sehr beliebt ist, melden sich gleich mehrere Kinder. Viele Kinder helfen ihm, und wenn er eine Aufgabe geschafft hat, freuen sich alle, denn sie haben ja alle dazu beigetragen. Doch Lukas ist nicht nur ein Kind, dem geholfen wird. Wenn er Theater spielt, können die anderen viel von ihm lernen.

F: Nicht alle Kinder haben Leistungsängste. Viele haben Angst vor der Schule, weil sie fürchten, von den anderen ausgelacht zu werden. Was können Sie dagegen tun?

Z: Ich habe Kinder, die aus der Grundschule kommen und sagen: Es war ganz schrecklich, weil ich immer ausgelacht wurde. Ich wurde geärgert, weil ich das nicht konnte, und hatte immer Angst. Ein kleines Mädchen, das bei mir die beste Schülerin geworden ist, wollte sich sogar das Leben nehmen, so sehr hat es unter den anderen Kindern gelitten.

Wenn ein Kind über ein anderes lacht, spreche ich mit ihm und erinnere es daran, wie es ihm ergangen ist, als es selbst ausgelacht wurde. Ich wünsche mir, daß die Kinder über ihr Verhalten nachdenken. Wenn das Kind einsieht, daß es gemein zu den anderen war, fällt es ihm leichter, sich zu entschuldigen. Denn zu unseren Regeln gehört, daß man sich entschuldigt, wenn man ein anderes Kind verletzt hat. Bei einer Entschuldigung müssen sich die Kinder die Hand geben und in die Augen sehen. Auch ich entschuldige mich bei den Kindern, wenn ich etwas falsch gemacht habe oder sie verletzt habe.

*„Ich wünsche mir, daß die Kinder
über ihr Verhalten nachdenken."*

Z: Auch wenn es in der Klasse hoch hergeht und die Kinder sich gezankt haben, versuche ich durch eine Stille-Übung mit Meditationsmusik, die Kinder wieder zu beruhigen. Dann wird gemeinsam eine Friedenskerze angezündet und ganz ruhig über alles gesprochen.

F: Wie können Kinder lernen, ihre Mitschülerinnen und Mitschüler besser zu verstehen?

Z: Wir sprechen viel miteinander. Doch Kinder lernen noch mehr, wenn sie selbst handeln. Deshalb spielen wir oft Theater. Dann können die Kinder ganz andere Rollen ausprobieren und so erfahren, weshalb andere Kinder sich anders verhalten als sie selbst. Das hilft ihnen, die anderen besser zu verstehen.

Auch für ein einzelnes Kind kann das Theaterspielen wichtig sein, weil es dann Verhaltensweisen üben kann, die es in Wirklichkeit noch nicht wagt. Jan zum Beispiel war ein ganz schüchterner Junge, er stotterte und weinte oft, wenn man ihn nur ansah. Als wir „Hänsel und Gretel" spielten, bat ich ihn, den Hänsel zu spielen, der im Käfig der Hexe sitzt und solche Angst hat. Ich sagte ihm: „Du kannst das am besten!" Mit all seiner Angst kletterte Jan in den Käfig der Hexe, und weil er so viel Angst hatte, spielte er den Hänsel so gut, daß alle begeistert waren. Er wurde gelobt, und wir klatschten für ihn, und er strahlte, wie er noch nie gestrahlt hat. Er wollte noch öfter den Hänsel spielen, wagte sich später aber auch an andere Rollen.

F: Bisher habe ich Sie als freundliche und liebe Lehrerin erlebt. Sind Sie auch manchmal streng?

Z: Selbstverständlich bin ich streng. Ich gelte in der Schule und bei den Kindern als die strengste Lehrerin. Ich halte die

Strenge auch für ganz notwendig, damit Kinder einen Halt haben. Kinder brauchen ein Korsett, an dem sie sich orientieren können, und dieses Korsett wird ihnen gegeben, indem ich klare Regeln vorgebe, und von den Kindern verlange, daß sie sich an diese Regeln halten.

Es darf keiner, ohne zu fragen, einfach durch die Klasse laufen. Es darf keiner einfach in die Klasse hineinschreien. Wir haben zusammen einen großen Regelkatalog erstellt. Diese Regeln hängen fettgedruckt an der Wand, und jedes Kind muß diese Regeln, die wir aufgestellt haben, eigenhändig unterschreiben, auch wenn es noch nicht gut schreiben kann.

Aber auch eine krakelige Unterschrift verpflichtet das Kind und gibt ihm gleichzeitig das Gefühl, daß auch seine Unterschrift wichtig ist. Auch ich unterschreibe das Regelsystem. Es ist eine Abmachung zwischen mir und den Kindern. Wir haben uns gegenseitig versichert, daß wir uns daran halten. Das finden die Kinder ausgesprochen gut. Und wenn ein Fremder in unsere Klasse kommt, der sich nicht so benimmt, wie wir das gewohnt sind, sagen meine Kinder: „So was gibt es bei uns nicht! Bei uns wird nicht geschrien! Bei uns ist es ganz ruhig."

„Auch Strenge kann Angst mildern, weil Kinder in einer strengen und klaren Umgebung wissen, woran sie sind."

K: Übrigens schließen sich Zuwendung und Liebe auf der einen Seite und Strenge auf der anderen Seite gar nicht aus. Beide gehören zusammen. Es ist eine „liebevolle Strenge", die ich vertrete. Auch Strenge kann Angst mildern, weil Kinder in einer strengen und klaren Umgebung wissen, woran sie sind. Klare Regeln machen die Schule zu einem sicheren Ort. Angst dagegen entsteht ja meist, wenn Kinder nicht wissen, wie sie sich verhalten sollen.

F: Es gibt ja auch Kinder, die im Schulhof Angst haben, wenn sie die vielen großen und wilden anderen Kinder sehen.

Z: Gerade die kleinen Kinder in unserer Schule haben diese Angst. Denn bei uns geht es nicht so zu, wie in einer kleinen Grundschule mit Kindern von sechs bis zehn Jahren. Unsere Schule besuchen auch Kinder, die fünfzehn und achtzehn Jahre alt sind. Viele davon sind wild, laut und auch verhaltensgestört. Das macht den kleinen Schulanfängern Angst.

Deshalb darf ein Kind, das neu in unsere Schule kommt und sich vor den lauten Pausen fürchtet, zunächst in den Pausen bei mir in der Klasse bleiben. Das gibt mir auch die Möglichkeit, das Kind besser kennenzulernen. Wenn es sich dann eingewöhnt hat, gehe ich in den Pausen mit auf den Schulhof. Ich spreche dann auch mit den älteren Kindern und suche Paten für meine kleinen Schüler. Diese Paten sollen sich um die jüngeren Kinder kümmern und sie beschützen. Das klappt eigentlich ganz gut. Manchmal entwickeln sich richtige Freundschaften zwischen den großen und den kleinen Schülern.

„Ich spreche dann mit den älteren Kindern und suche Paten für meine kleinen Schüler. Diese Paten sollen sich um die jüngeren Kinder kümmern und sie beschützen."

F: Ich möchte aber noch einen anderen Bereich der Angst ansprechen, nämlich die Angst der Kinder davor, ihre Eltern mit ihren schlechten Leistungen zu enttäuschen. Da alle Kinder, die zu Ihnen kommen, ja irgendwann mal versagt haben, kennen viele sicher auch diese Ängste. Was können Sie dagegen tun?

Z: Der Kontakt zu den Eltern ist mir sehr wichtig. Denn es hilft dem Kind nicht viel, wenn es in der Schule erfährt, daß es Stärken hat und doch zu Hause weiter als Versager behandelt wird. Deshalb schreibe ich den Eltern häufig Nachrichten in die Hefte. Darin steht dann, was das Kind in der Schule gemacht hat und was es gekonnt hat. Das beruhigt die Eltern und hilft Ihnen, wieder stolz auf ihr Kind zu sein und es nicht nur als Versager zu sehen. Auch ein Kind, das mit einem Lob im Heft nach Hause kommt, kann wieder stolz auf sich sein.

„Oft lade ich die Eltern in meine Klasse ein.
Sie dürfen zu jeder Zeit zu mir in den Unterricht kommen."

Z: Oft lade ich die Eltern in meine Klasse ein. Sie dürfen zu jeder Zeit zu mir in den Unterricht kommen. Sie dürfen sich ansehen, wie ihr Kind arbeitet, und das ist für viele sehr erstaunlich. Denn so kennen sie ihr Kind nicht. Nun sehen sie, daß es sich konzentrieren kann und Leistungen bringen kann.
Außerdem dokumentiere ich sehr viele Dinge mit dem Photoapparat. Ich knipse die Kinder bei vielen Gelegenheiten: Wenn sie schreiben, wenn sie malen, wenn sie turnen. Am Ende des Jahres stelle ich für die Eltern eine Photomappe über ihr Kind zusammen. Da können die Eltern, die teils keinen Photoapparat haben, sehen, was sie für ein Kind haben. Die Eltern sagen mir oft, ihr Kind ist ein ganz anderes geworden, seit es hier in dieser Schule ist. Es ist viel glücklicher, und das dokumentiert sich auch in den Gesichtern auf den Photos.

F: Ich hoffe, daß es Ihnen noch oft gelingt, Kinder, die mit Angst und Sorgen in Ihre Schule kommen, wieder glücklich und leistungsfähiger zu machen. Ich danke Ihnen für dieses Gespräch.

Schüchternheit als soziale Angst

> *Ich sitze in der ersten Bank der ersten Reihe.*
> *Ich passe auf und rede nie. Wenn Sie Geburtstag haben,*
> *bringe ich Ihnen die größte Blume.*
> *Ich weiß, das haben Sie gern. Dennoch fürchte ich mich.*
> *Auch das haben Sie gern.*
> *(Cullum, 1971, S. 42)*

Schüchterne Kinder sind lieb und oft unglücklich

Wenn Eltern oder Lehrerinnen über Kinder klagen, sind es meist aggressive Kinder, die das Leben der Erwachsenen durcheinanderbringen oder die den Unterricht stören. Auch in den Beratungsstellen überwiegen aggressive Kinder. Schüchterne Kinder dagegen stören die Erwachsenen selten. Sie passen sich an und möchten alles richtig machen, um nur nicht aufzufallen. Sie sind zurückhaltend und freundlich. Daß sie Angst haben, wird zwar gesehen, aber nicht so ernst genommen. Schüchternheit ist sogar vorteilhaft für das Zusammenleben. Schüchterne Kinder haben Angst vor dem Urteil der Erwachsenen. Um diese Angst zu überwinden, verhalten sie sich so, wie die Erwachsenen es wünschen. Sie sind „pflegeleicht".

Der Schulanfänger Alexander ist solch ein „pflegeleichtes" Kind. Alle Erwachsenen mögen ihn. Er sieht niedlich aus, ist ruhig, kann sich allein beschäftigen und tut, was die Erwachsenen ihm sagen. Er ist höflich, grüßt alle Nachbarn, drängt sich nie in den Vordergrund und sagt „bitte" und „danke". Die kleinen Geschichten, die er seiner Lehrerin in der Pause erzählt, weil er im Unterricht noch nicht zu sprechen wagt, sind nett und harmlos. Sie handeln vom lieben Gott, dem kleinen Eichhörnchen und dem schönen bunten Blumenbeet.

Einem Jungen, den alle Erwachsenen mögen, müßte es eigentlich gut gehen. Doch Alexander geht es nicht gut. Er ist unglücklich. Er hat Angst vor der Schule, wird rot, wenn die Lehrerin ihn ansieht und weint sogar manchmal, wenn er aufgerufen wird. In der Hofpause steht er meist für sich, weil die anderen Kinder kein Interesse an ihm haben und weil er es von sich aus nicht wagt, auf sie zuzugehen. Wird er außerhalb der Schule eingeladen, was selten vorkommt, so nimmt er die Einladung nur an, wenn die Mutter mitgeht. Allein traut er sich nirgends hin.

In der psychologischen Untersuchung wird er gefragt, was ein Zauberer, der alle Wünsche erfüllen kann, in der Schule verändern müßte, damit er lieber zur Schule geht. Alexander wünscht sich, „... daß ich nicht so schüchtern bin". Dabei stehen ihm die Tränen in den Augen. Er erzählt vom Sportunterricht „mit den schweren Übungen" und von seinem Herzklopfen, „wenn ich drangenommen werde". Nun kann er die Tränen nicht mehr zurückhalten. Im Verlauf des Gesprächs wünscht er sich vom Zauberer, daß er so wird wie der Klaus. Klaus ist selbstsicher, klug und hat viele Freunde. Doch Klaus und die anderen kümmern sich nicht um Alexander.

Schüchterne Kinder schaffen den Erwachsenen kaum Probleme, aber sie haben Probleme. Sie möchten anders sein. Sie leiden unter ihrem Verhalten und wissen oft nicht, wie sie es überwinden können. Schüchternheit hat verschiedene Ursachen, die zusammenwirken und sich gegenseitig verstärken können. Es gibt zum einen eine angeborene Schüchternheit, zum anderen aber auch frühe Erfahrungen und Streßerlebnisse, die das Kind zu verarbeiten sucht, indem es sich zurückzieht und schüchtern wird. Im folgenden sollen die angeborene und die im Laufe des Lebens erworbene Schüchternheit vorgestellt werden.

Angeborene Schüchternheit ist kein Schicksal

Kinder sind von Geburt an sehr verschieden. Auch Kinder der gleichen Familie können ganz verschieden sein. Da gibt es den empfindsamen Jungen, der zurückhaltend wirkt und seine draufgängerische Schwester, die auf jeden zugeht und offenbar keine Angst kennt. Für die Eltern ist dieser Unterschied der Temperamente ein Rätsel, denn beide sind ihre Kinder und sie meinen, beide gleich erzogen zu haben. Doch Kinder werden auch mit einem bestimmten Temperament geboren.

Der amerikanische Temperamentsforscher Kagan untersuchte schüchterne und leicht irritierbare Säuglinge. Solche Säuglinge reagieren aufgeregt, wenn sie in unbekannte Situationen geraten. Sie weinen häufiger als andere Kinder und finden schlechter in den Schlaf. Kagan beobachtete sensible Säuglinge jahrelang. Dabei entdeckte er, daß nicht alle ihr Leben lang schüchtern blieben. Nur einige von ihnen fielen auch im Schulalter durch Schüchternheit auf. Er fragte sich, unter welchen Bedingungen manche Kinder ihre Schüchternheit überwinden. Er fand heraus, daß diese Kinder in Familien aufwuchsen, die sie nicht übermäßig schonten. Sie wurden nicht „in Watte gepackt" und nicht vor schwierigen Situationen bewahrt, sondern immer wieder leichten Streßsituationen ausgesetzt. Sie wurden gefordert und lernten dabei, daß schwierige Situationen zu bewältigen sind. Das machte sie allmählich mutiger und sicherer.

Gerade für sensible Kinder ist es wichtig, daß sie nicht zu sehr behütet werden. Denn nur in der Herausforderung können sie lernen, ihre sozialen Ängste und Unsicherheiten zu überwinden. Erwachsene, die an panikartigen Angstanfällen leiden, sind meist sensible Kinder gewesen und stammen aus einem Elternhaus, in dem feinfühlig und verständnisvoll mit ihnen umgegangen wurde und in dem ihnen vieles aus dem Weg geräumt wurde. Deshalb konnten sie weniger lernen, die Schwierigkeiten des Lebens zu ertragen und mit ihnen umzugehen. Solche Ergebnisse und Erfahrungen zeigen, daß Schüchternheit nicht Schicksal ist. Auch Kinder mit angeborener Schüchternheit können lernen, damit zu leben und sie zu überwinden. Kagan fand auch heraus, daß nur ein Drittel der schüchternen Erwachsenen schon als Kind schüchtern waren. Die anderen zwei Drittel hatten ihre Schüchternheit erst im Lauf des Lebens erworben. Wie sich Schüchternheit entwickeln kann, zeigen die folgenden Beispiele.

Robert hat seine Schüchternheit als Kleinkind erlernt

Der achtjährige Robert fällt in der Schule auf, weil er im Unterricht kaum spricht. Er meldet sich nie, und wenn die Lehrerin ihn aufruft, sieht er sie mit großen Augen schweigend an. Er ist artig, sitzt steif auf seinem Platz und macht alles, was die Lehrerin sagt. Seine schriftlichen Arbeiten sind immer perfekt. Dafür sitzt er aber auch drei Stunden nachmittags an den Hausaufgaben. Er ist dabei langsam, weil er alles richtig machen und von der Lehrerin gelobt werden möchte.

Zu seinen Klassenkameraden hat er kaum Kontakt, obwohl er sich sehnlichst einen Freund wünscht. Doch er weiß nicht, wie man einen Freund findet. Weil er so steif und ungeschickt ist, kann er bei Bewegungsspielen der Kameraden nicht mithalten. Er hat auch keine Übung darin, wie man Kinder anspricht und mit ihnen spielt. Im Kindergarten war er nur ein Jahr lang und saß dort meistens in einer Ecke und beschäftigte sich allein. Er tat stets das, was die Erzieherin wünschte, beteiligte sich aber kaum an Spielen und sprach nie von selbst. Auch zu Hause spricht Robert so wenig wie möglich. Meistens bringt er nur halbe Sätze hervor, und manchmal macht er auch noch Fehler. In der Öffentlichkeit schweigt er lieber.

Schüchternheit als soziale Angst

Wie kommt es, daß der Junge so wenig spricht und sich immer wieder zurückzieht?

Robert war als Säugling sensibel und leicht irritierbar. Deshalb haben die Eltern ihn von Anfang an geschont. Diese Erziehungshaltung kam der Mutter gelegen, weil sie selbst schüchtern und ängstlich ist. Sie zog sich aus sozialen Kontakten zurück, „... weil Robert es nicht verträgt". So blieb Robert meist allein mit seiner Mutter, die mit ihm schweigend stundenlange Spaziergänge durch den Wald machte. Spielplätze mied sie, weil sie fürchtete, daß Robert schreien würde und sie vor anderen Müttern blamieren würde. Doch noch mehr fürchtete sie die Geräte auf dem Spielplatz. Robert könnte sich verletzen, oder seine Ungeschicklichkeit könnte auffallen. Bis heute hat Robert kaum Spielplätze besucht. Inzwischen ist er zu groß und zu steif und würde erst recht dort auffallen.

Robert wird von Fremden ferngehalten, aber zu Hause dafür um so intensiver beobachtet. Alle Verwandten blicken auf ihn. Die Mutter möchte, daß Robert auf keinen Fall so werden soll wie sie und all das erleiden muß, was sie selbst durchgemacht hat. Wenn er weint, ist sie hilflos. Sie kann ihn dann nicht trösten, sondern reagiert verärgert. Und wenn Robert berichtet, daß die Kameraden ihn ausgelacht haben, kann sie ihm auch nicht beistehen. Dann weint die Mutter, was Robert völlig verwirrt.

Die Haltung von Roberts Vater ist fordernd. Er hat mit viel Anstrengung einen eigenen Betrieb aufgebaut. Den soll Robert später weiterführen. Deshalb muß er wendig und kontaktfreudig sein und sich behaupten können. Die Großeltern blicken enttäuscht auf ihren Enkel. Sie beobachten mit Sorge, daß Robert ihrer Schwiegertochter gleicht, die so scheu und zurückhaltend ist und zu der sie schwer Kontakt bekommen. Sie wünschen ihren Enkel lockerer und fröhlicher.

Alle Verwandten möchten Robert eigentlich anders haben, als er ist. Schon im Säuglingsalter wünschten alle, daß er sich

„richtig" entwickelte. Deshalb war vieles, was er tat, nicht gut genug. Seine ersten babyhaften Laute wurden nicht aufgenommen und bestätigt, weil alle auf die „richtige Sprache" warteten. Die Eltern verbaten sich die Babysprache. Sie redeten nur in ganzen Sätzen. Die Mutter sprach wenig mit ihrem Sohn. So hat Robert spät sprechen gelernt. Als er es dann endlich tat, wurden seine sprachlichen Äußerungen nicht freudig aufgenommen und beantwortet, sondern korrigiert. Der Junge konnte keinen Satz sagen, ohne daß er verbessert wurde. Denn alle Erwachsenen hatten ein Interesse an einem korrekt sprechenden Robert. Die Mutter wollte, daß er mit seiner Sprache nicht auffällt, um nicht ausgelacht zu werden. Der Vater brauchte einen sprachgewandten Nachfolger, der sich Gehör verschaffen konnte. Und die Großeltern warteten auf ein kontaktfreudiges Kind.

Jeder meinte es auf seine Weise gut mit Robert. Doch der Junge lernte durch die Haltung der Erwachsenen, daß Sprechen gefährlich ist. Denn wer spricht, wird korrigiert. Wer Fehler macht, ist dumm. Also ist es besser, nicht zu sprechen. So nahm Robert sich immer mehr zurück, wurde schüchtern und einsam. Er kann nicht auf andere Kinder zugehen, denn dazu müßte er sprechen – was er fürchtet, oder er müßte mitspielen – was er nicht kann. Sein Kontakt zur Außenwelt beschränkt sich auf den Kontakt zu Erwachsenen, deren Regeln er genau und pedantisch einhält.

Roberts Schüchternheit hat also verschiedene Ursachen. Ein sensibles, leicht irritierbares Kleinkind wächst allein in einer spracharmen Umgebung auf. Es erhält keine freundliche Verstärkung, sondern Kritik. Es traut sich immer weniger zu und weicht allen schwierigen Situationen aus.

Marianne wird durch beschämende Erlebnisse in der Schule schüchtern

Marianne war ein mutiges, aufgewecktes Vorschulkind. Sie erzählte viel und wurde von den Erwachsenen ihrer Umgebung eine „Quasselstrippe" genannt. Sie sang gerne und kannte viele Kinderlieder auswendig. Sie sang ihre kleine Schwester abends in den Schlaf, und als eine Tante zu Besuch kam, weckte sie diese morgens mit einem Lied. Marianne wurde im Krieg geboren. Als sie im Vorschulalter war, gab es kaum Kindergärten. Sie hatte aber viel Kontakt zu anderen Kindern aus der Verwandtschaft und aus der Nachbarschaft. Wenn es einem Kind langweilig wurde, sagte dessen Mutter: „Geh zu Marianne, die spielt mit dir." So konnte Marianne gut mit anderen Kindern umgehen, als sie in die Schule kam.

Ihre Klasse wurde von einem Aushilfslehrer geführt, weil viele Lehrer nach dem Krieg noch in Gefangenschaft waren. Dieser Lehrer mochte die kleine aufgeweckte Marianne besonders gerne und zeigte es auch. Sie bekam besondere Aufgaben, durfte die Blumen gießen, die Tafel abwischen und wurde von dem Lehrer auf den Arm genommen, wenn sie als einzige aus der Klasse eine schwere Rechenaufgabe gelöst hatte. Zu Mariannes Geburtstag brachte der Lehrer eine Tafel Schokolade mit. Die anderen Kinder merkten, daß der Lehrer Marianne besonders gern hatte, und riefen „Lehrers Liebling" hinter ihr her oder nannten sie Heidi, weil die Tochter des Lehrers Heidi hieß. Marianne war das alles sehr peinlich.

Als der Lehrer eines Tages vor der Klasse sagte: „Ich habe alle Kinder gleich lieb!" rief die vorlaute Ingrid: „Aber Marianne haben Sie lieber." Nun mußte der Lehrer sich verteidigen. Er strich vor allen Schülerinnen und Schülern Mariannes Vorzüge heraus, sprach über ihre Freundlichkeit, über ihre Klugheit und darüber, was ihm noch alles einfiel. Marianne saß mit hochrotem Kopf auf ihrer Bank und mußte sich anhören, wie der Lehrer und die Klasse darüber stritten, ob sie nun

Lehrers Liebling sei oder nicht. Sie wäre am liebsten im Erdboden versunken.

Eine andere Situation war für Marianne noch schlimmer. Für den Musikunterricht brachte der Lehrer seine Geige mit. Er spielte einige Töne vor, die die Kinder dann nachsingen sollten. Marianne saß in der letzten Bank. Als der Lehrer mit der Geige durch die Klasse ging, dachte Marianne: „Das ist aber schwer. Das kann ich nicht!" und sie wünschte: „Hoffentlich komme ich nicht dran." Um nicht aufzufallen, blickte sie angestrengt auf ihre Füße. Doch der Lehrer ging direkt auf sie zu, blieb vor ihr stehen und bat sie, aufzustehen. In diesem Augenblick drehten sich alle Kinder um und blickten Marianne an. Vierzig Augenpaare waren auf sie gerichtet. Vierzig Kinder wollten wissen, ob Marianne den vorgespielten Ton nachsingen konnte. Marianne war hoch angespannt. Wieder stand sie im Zentrum der Aufmerksamkeit, wieder wußte sie nicht, wohin sie blicken sollte. Sie spürte einen Kloß im Hals, versuchte den Ton nachzusingen, doch er klang falsch. Der Lehrer war unzufrieden. „Das war falsch, versuch es noch einmal!" sagte er schroff. Mariannes Knie zitterten. Auch der zweite und dritte Versuch mißlang. Sie konnte den Geigenton nicht treffen. „Kein Gehör!" urteilte der Lehrer und schrieb es ins Klassenbuch. „Kein Gehör!" dröhnte es in Mariannes Kopf, als sie dastand und nicht wußte, was sie machen sollte. Die vorlaute Ingrid streckte ihr die Zunge heraus. Die anderen Kinder drehten sich wieder nach vorn. Für sie war die Situation erledigt, aber bei Marianne wirkte sie noch lange nach. Weil der Lehrer seine Gehörprüfungen häufig wiederholte und Marianne immer wieder versagte, glaubte sie schließlich an sein Urteil. Sie wurde immer schüchterner und vermied es, in der Öffentlichkeit zu singen und sogar zu sprechen. Noch heute als Erwachsene singt sie sehr gerne, wenn sie allein ist oder in vertrauter Umgebung. Vor fremden, kritischen Zuhörern aber versagt ihre Stimme.

Was ist hier passiert? Marianne, ein kleines Mädchen voller Selbstvertrauen, erlebt in der Schule, daß sie beschämt wird und wird schüchtern. Mariannes Schüchternheit ist nicht angeboren, sondern hat sich in den ersten Schuljahren entwickelt, weil sie mit dem Gefühl der Scham nicht fertig wurde. Beschämungen können Schüchternheit hervorrufen.

> **Ein Bilderbuch über Schüchternheit und Scham**
>
> In dem Buch: „Der Tag, an dem Marie ein Ungeheuer war" von Lotte Kinskofer und Verena Ballhaus begegnet uns eine traurige und verunsicherte Marie. Im Kindergarten wird sie dauernd gehänselt. Die anderen Kinder finden ihre Füße zu groß, ihren Bauch zu dick und lachen über ihre Kartoffelnase. Marie kann sich nicht wehren und glaubt all das, was die anderen sagen. Sie blickt auf ihren dicken Bauch, ihre großen Füße, ihre Kartoffelnase und ist davon überzeugt, ein „Ungeheuer" zu sein. Doch am Ende dieses schrecklichen Tages tröstet die Mutter sie und macht aus dem „Ungeheuer" wieder die Marie, indem sie ihr zeigt, daß die Urteile der anderen gar nicht stimmen.

Im folgenden geht es um das Gefühl der Scham. Wie entsteht sie? Wie erleben Kinder sie? Welche anderen Wege als den Rückzug gibt es, um damit fertig zu werden?

Die Scham und die Angst vor dem Beschämtwerden

*Wir sind sehr klein, die Großen sind doppelt so groß.
Und wenn alles lacht über meinen Pup, dann sagt der, der doppelt so groß ist wie ich:
Nun hört euch das an! Nun seht nur, rot ist er geworden. Ja, schäm dich. Du mußt dich ordentlich schämen. Am besten du gehst vor die Tür.*

(Cullum 1971, S. 16)

„Es ist nicht leicht, ein Kind zu sein"

So heißt ein Aufsatz der Kinderbuchautorin Astrid Lindgren aus dem Jahre 1939, in dem sie beschreibt, wie Kinder der Beurteilung der Erwachsenen ausgeliefert sind. Sie fragt: „Was bedeutet es eigentlich, Kind zu sein?" und gibt selbst verschiedene Antworten. Eine lautet: „Es bedeutet ferner, daß man ohne zu klagen die persönlichsten Bemerkungen von Seiten eines jeden Erwachsenen anhören muß, die das eigene Aussehen, den Gesundheitszustand, die Kleidung, die man trägt und die Zukunftsaussichten betreffen. Ich habe mich oft gefragt, was passieren würde, wenn man die Großen in derselben Art behandeln würde."

Das Erlebnis, von anderen beurteilt zu werden, die mehr wissen und können, ist die Grundlage der Scham. Scham kennen alle Kinder. Denn sie leben als kleine Menschen in einer Welt, die von den Großen bestimmt wird, und in der die Gesetze der Großen gelten; Gesetze, die sie nicht immer kennen und nicht immer erfüllen können. Scham ist eine soziale Angst vor den kritischen Blicken und den negativen Bewertungen der anderen. Scham ist stets gekoppelt mit dem Gefühl, bloßgestellt zu sein. Einige Beispiele von Kindern, die sich schämen, sollen dies verdeutlichen.

Piet fühlt sich vor der Schulklasse bloßgestellt

Der holländische Psychiater Piet Kuiper wird als Kind von seinem Lehrer wegen seines Nägelkauens vor der ganzen Klasse lächerlich gemacht. Was er damals empfunden hat, schreibt er als Erwachsener nieder: „Ich hätte im Erdboden versinken mögen, als ich so ausgelacht wurde, ich wurde purpurrot vor Scham ... mir wurde schwarz vor Augen, ich konnte nichts mehr sehen, ich fühlte nur mein brennendes Gesicht ... Den Rest weiß ich nicht mehr. Wohl, daß ich zu meiner Bank zurücklief mit dem intensiven Gefühl, lächerlich zu sein und immer zu bleiben, als ob der Kern meines Wesens aus Lächerlichkeit bestünde, aus etwas, das es nur verdiente, verhöhnt zu werden. Ich konnte zu Hause nicht erzählen, daß ich mich so geschämt hatte, und ich schämte mich, daß mir etwas widerfahren war, wofür ich mich so schämte." (Kuiper 1999, S. 43/44)

Ein Junge schämt sich und beginnt zu stottern

Die Erzählung „Der Sonntag, an dem ich Weltmeister wurde" von Friedrich Christian Delius (1994) beschreibt das Leben eines elfjährigen Jungen an dem Tag im Jahre 1954, an dem Deutschland Fußballweltmeister wurde. Der namentlich nicht genannte Icherzähler des Buches lebt in einer engen Welt. Als Pfarrerssohn eines kleinen Dorfes kennt ihn jeder, andererseits gilt er nicht viel. Denn er muß sich mehr als andere Jugendliche seinem Elternhaus anpassen, wo er an einen festen Tageslauf gebunden ist, wo er religiöse Einschüchterung erfährt und wo man von ihm erwartet, sich als Pfarrerssohn zu bewähren.

Eingeschüchtert durch die Autorität und die Sprachgewalt seines Vaters, stottert er. Er bewundert den Vater, der „ohne rot zu werden oder vom Blitz getroffen zu werden" (S. 51), vor der versammelten Gemeinde reden kann. Auch wenn andere Autoritätspersonen ihn „mit einer bestimmten herrischen Erwartung" (S. 12) fragen, kann er nicht mehr flüssig sprechen. „Als Sohn und Enkel im eigenen Haus mußte ich stottern und bangen, als Kind des Dorfes litt ich nicht." (S. 32)

Wenn er spürt, daß eine Antwort von ihm erwartet wird oder daß sein Gegenüber ungeduldig wird, empfindet er Unsicherheit und Angst. Dann beginnt sein Atem zu stocken, die Laute „verknoten sich zwischen Zunge, Zähnen und Gaumen" (S. 55), die Stimmbänder versagen. Er fühlt sich unfähig, erlebt sich als Versager und ist tief beschämt. Er beobachtet sich selbst: „Je mehr ich ins Schwitzen und Stocken geriet, desto mehr sah ich mich von außen: der Junge gerät ins Schwitzen und Stocken bei einfachen Wörtern. Ich sah den Beobachter mich beobachten ... und wußte gleichzeitig, daß dieser fremde Blick, in dem ich eine Anklage vermutete, richtig sah, denn ich fühlte mich ja schuldig, sah meine Fehler, mein Unwissen, meine Lügen und Ausflüchte längst durch die Augen des andern ..." (S. 56/57)

Er erlebt sich in einer „Sprachhölle" (S. 57), aus der ihn niemand befreien kann. Gleichzeitig glaubt er, seine Unfähigkeit, flüssig zu sprechen, sei seine Schuld. Sein Stottern strahlt aus und wird für ihn zum Zeichen seiner Wertlosigkeit. Von jemandem, der nicht einmal einfache Sätze klar aussprechen kann, ist nach seiner Meinung auch sonst nichts Gutes zu erwarten.

Doch neben diesen ihn selbst herabsetzenden Gefühlen spürt er etwas ganz anderes. Er entdeckt, daß er mit seinem Stottern auch eine gewisse Macht hat. Die Peinlichkeit, unter der er selbst beim Stottern leidet, kann auf den Zuhörer übergreifen und auch in ihm ein Gefühl von Peinlichkeit erzeugen. Dazu muß er nur das Stottern noch etwas in die Länge ziehen und die Pausen zwischen den einzelnen Lauten ausdehnen. Der Zuhörer wird dann in die Anspannung mit hineingezogen. Ein solches Erlebnis ist dem Zuhörer unangenehm, und er meidet deshalb den Kontakt zu dem stotternden Jungen. Der Junge wird in Ruhe gelassen. Es werden ihm keine Fragen mehr gestellt. Das ist der „Krankheits-Gewinn" seines Stotterns.

Gleichzeitig ist sein Stottern ein Protest gegen die Welt des sprachgewandten Vaters. Doch in einer Familie, in der der Vater alles bestimmt und alle anderen zu gehorchen haben, wäre es unmöglich, den Vater zu kritisieren. Der Junge darf nicht in Worte fassen, was ihn stört. So protestiert er mit seinem Verhalten gegen das perfekte Familienbild, das die Eltern gerne vorleben möchten. Der Sohn funktioniert nicht reibungslos, „wie ein Pfarrerssohn vorbildlich gut zu funktionieren hatte." (S. 61) Ein stotternder Sohn blamiert den Vater. Der Sohn will mit seinem Stottern dem Vater „einen Kloß in den Hals legen". (S. 61) Doch gleichzeitig wünscht er sich mehr Nähe und Verständnis. Sein Stottern kann auch als Appell an seine Umgebung gesehen werden. Er bettelt mit seinem Stottern darum, verstanden zu werden. Er bettelt um mehr Eigenständigkeit und Zutrauen, um Befreiung aus den Zwängen des Elternhauses. Sein Stottern will sagen: „Laßt mich meine eigenen Texte sprechen!" (S. 59)

Seine Gefühle während des Stotterns sind, wie alle Gefühle, zwiespältig. Er selbst leidet unter dem Stottern, es ist für ihn peinlich. Das ist die eine, uns allen verständliche Seite. Auf der anderen Seite erlebt der Junge seine gestörte Sprache als seine einzige Waffe. Denn er erreicht damit etwas und kann etwas mitteilen, was er sonst nie aussprechen könnte. Er selbst sagt: „... vielleicht war ich mir selbst nie so nah wie in der Hitze der Peinlichkeit ..." (S. 60)

Auffälliges Verhalten kann mehrdeutig sein

Das Stottern des Jungen kann – wie jede Auffälligkeit – gleichzeitig Verschiedenes ausdrücken:

Es ist eine Botschaft.
Das Kind wird mit einer schwierigen Situation nicht fertig, kann oder darf aber nicht darüber sprechen. So drückt es mit seinem Verhalten aus, daß etwas nicht stimmt.

Es ist ein Hilferuf,
mit dem es seiner Umgebung sagt: „Seht doch endlich, was ich brauche!"

Es ist ein Angriff.
Das Kind stört die Erwachsenen mit seinem Verhalten und trifft sie dabei.

Es ist eine Liebeserklärung.
Denn mit seinem störenden Verhalten zeigt das Kind auch, daß die Erwachsenen ihm nicht gleichgültig sind.

Kai und Tanja schämen sich, weil sie anders sind

Gerade Kinder mit Behinderungen und körperlichen Beeinträchtigungen neigen dazu, sich zu schämen. Denn sie entsprechen nicht der Norm und müssen viel mehr als andere Kinder die abschätzigen Blicke der Umgebung aushalten. Der Grund ihres Auffallens ist oft nicht veränderbar. Wenn sie sich nicht zurückziehen wollen, müssen sie lernen, mit dem Angestarrtwerden zu leben oder sich dagegen zu wehren.

Kai, ein sechsjähriger, kleinwüchsiger Junge kommt zu mir zur Schulreifeuntersuchung. Bei der Aufgabe, ein Selbstbildnis zu malen, malt er sich von hinten auf einem Stuhl sitzend. Man sieht nur den großen Stuhl, seinen Hinterkopf und seine Beine, die vom Stuhl herabhängen. Es ist ein Bild, das alle persönlichen Kennzeichen versteckt und seine Kleinwüchsigkeit nicht erkennen läßt. Damit zeigt er mir, einer Außenstehenden, die ihn beurteilen soll, daß er sich nicht so schnell öffnen wird. Dieser gut begabte sechsjährige Junge mit den Körperformen eines Vierjährigen hat sicher schon oft unbedachte Kommentare über seine Größe gehört. Oder es ist ihm passiert, daß die Menschen ihn wie einen kleinen Jungen behandeln, was nicht seiner Reife und seinen Fähigkeiten entspricht. Er ist mißtrauisch geworden.

Die sechsjährige Tanja hat einen anderen Weg gefunden, der Beschämung zu entkommen. Tanja ist entwicklungsverzögert, ungeschickt in ihren Bewegungen und langsam in ihrem Denken. Sie hat eine um zwei Jahre jüngere Schwester, die in allen Bereichen besser ist als sie. Immer wieder muß Tanja erleben, daß sie etwas, was ihrer Schwester gut gelingt, einfach nicht kann. Auch in der therapeutischen Förderung stößt Tanja immer wieder an ihre Grenzen. Begeistert übernimmt sie eine neue Aufgabe und merkt dann bald, daß sie nicht weiterkommt. Dann wendet sie sich ab, sieht die Therapeutin an und lacht laut. Sie will die Aufgabe und ihr damit zusammenhängendes Versagen einfach „weglachen". Sie verläßt den Leistungsbereich und wählt eine Verhaltensweise, von der sie weiß, daß Erwachsene darauf positiv reagieren. Sie lädt ihr Gegenüber zum Mitlachen ein. Doch ihr Lachen entspringt keiner freudigen Situation, sondern einer beschämenden Situation. Deshalb klingt es nicht hell und froh, sondern eher traurig.

Was gehört zur Scham?

Scham kennen wir alle, und doch ist es schwer, diesen Gefühlszustand zu beschreiben, weil er sich aus so vielen unterschiedlichen Gefühlen und Gedanken zusammensetzt. Vieles, was beim Gefühl der Scham zusammenwirkt, wird im folgenden einzeln hervorgehoben:

Die Scham ist mit körperlichen Begleiterscheinungen verbunden.
Kinder, die sich schämen, erröten oder erblassen. Ihr Herz klopft. Manche Kinder schwitzen, anderen wird dunkel vor den Augen. Sie glauben, nichts mehr richtig wahrnehmen zu können, und vermeiden den Blickkontakt. Ihr Lächeln wird

schief und verlegen. Ihre Bewegungen sind steif und linkisch, ihre Stimme wird leiser, manchmal versagt sie ganz, oder die Kinder beginnen zu stottern.

Zur Scham gehört ein Publikum.
Kinder fühlen sich besonders tief beschämt, wenn sie vor der Schulklasse lächerlich gemacht werden. Denn dann wissen alle Kameraden, daß sie zum Beispiel Nägel kauen, stottern oder einen Ton nicht nachsingen können. Ihre Probleme sind nicht mehr zu verbergen, sie werden durch den Lehrer öffentlich gemacht.

Die Scham verringert die Selbstachtung.
Das Gefühl der Scham bleibt nicht auf die Situation beschränkt, in der es entsteht, sondern wirkt sich auf die ganze Persönlichkeit aus. Tief in ihrem Innern fühlen die Kinder einen Makel. Nachdem Piet Kuiper von der Schulklasse ausgelacht worden ist, glaubt er, für immer lächerlich zu sein, ja daß die Lächerlichkeit zu seinem Wesen gehört. Beschämte erleben sich als „nackt", den Blicken der anderen ausgeliefert. Schüchterne Kinder fürchten die Ablehnung der anderen. Ihre Angst, von den anderen nicht gemocht zu werden, führt manchmal dazu, daß sie sich selbst nicht mehr mögen.

Zur Scham gehören Schuldgefühle.
Weil eine vermeintliche oder tatsächliche Unfähigkeit des Kindes offensichtlich wird, glaubt es, selbst Schuld zu haben. Denn wäre es anders, würde es ja nicht ausgelacht. Für das Kind ist die ganze Situation sehr peinlich. Deshalb möchte es nicht daran erinnert werden. Es möchte alles vergessen und nicht darüber sprechen. Kinder wagen oft nicht, ihren Eltern zu sagen, daß sie ausgelacht wurden. Doch durch ihr Schweigen können sie auch keine Hilfe erfahren.

Die Scham erhöht die Selbstaufmerksamkeit.
In der beschämenden Situation horcht das Kind in sich hinein, es beobachtet sich genau. Dabei spürt es, wie sein Atem stockt, wie seine Hände zittern und wie ihm heiß wird. Solche körperlichen Erscheinungen nimmt es als Beweis dafür, daß die anderen seine „Niederlage" genau so empfinden wie es selbst. Es glaubt dann: „Alle haben gesehen, wie ich rot geworden bin und wie meine Hände zitterten. Nun wissen alle, daß ich feige bin und wollen nicht mehr mit mir spielen."

Das Erlebnis der Scham verdrängt andere, positive Erlebnisse.
Werden Kinder beschämt, sind sie von der Situation so getroffen, daß sie sich gedanklich immer wieder damit beschäftigen. Dadurch treten andere, positive Erlebnisse in den Hintergrund. Marianne in unserem Beispiel weiß von ihrem Musikunterricht nur noch, wie peinlich es ihr war, einen Ton nicht nachsingen zu können. Daß alle vorher gemeinsam über ein lustiges Lied gelacht haben, weiß sie nicht mehr. „Forscher haben ermittelt, daß sozial ängstliche Menschen sich im Vergleich zu anderen an weniger Einzelheiten von Situationen erinnern und daß sie die Gesichtsausdrücke von anderen Menschen negativer bewerten als Menschen ohne soziale Angst." (Butler 2002, S. 167)

Die Blicke der anderen und die Scham

Die Blicke der anderen sind für unser Selbstwertgefühl wichtig. Von ihnen hängt ab, wie wir uns selbst sehen. Es gibt verschiedene Blicke:

Anerkennende und bewundernde Blicke

gelten großen, gut gekleideten und hübschen Menschen. Diese können die Blicke der anderen genießen, denn sie erleben sie als persönlichen Zuspruch und als Bestätigung.

Teilnehmende Blicke
können Menschen auffangen, die in Not sind. Es sind Blicke, die dem anderen sagen: „Du wirst gesehen! Du bist nicht allein!"

Herabsetzende Blicke
gelten Menschen, die sich ungeschickt und falsch benehmen. Sie fühlen sich bloßgestellt und schämen sich, weil andere durch ihren Blick zu Zeugen ihres Unvermögens werden.

„Scham ist ein Feuer, das sich selbst nährt"

Dieser Ausspruch von Piet Kuiper (1999, S. 42) verweist auf einen Teufelskreis. Schüchterne Kinder haben eine schlechte Meinung von sich und bleiben deshalb lieber allein. Doch jeder Rückzug verstärkt wieder das negative Bild, das sie von sich haben. So geraten sie immer mehr in den Teufelskreis der Scham:

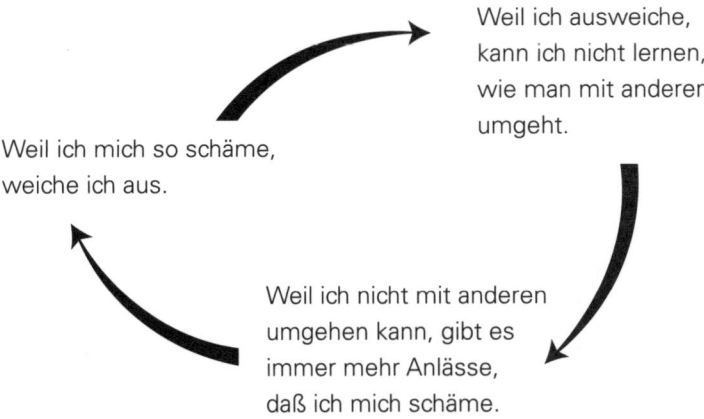

Ein solcher Teufelskreis wird auch „Vermeidungsspirale" genannt. Kinder meiden Dinge, vor denen sie Angst haben. Dies ist verständlich, aber es hilft ihnen nur für den

Augenblick. Auf die Dauer wird das Problem, dem sie ausweichen, nicht gelöst, sondern es wird sogar immer größer. Die Gehemmtheit und Vermeidungshaltung ist wie ein Schutzschild, hinter dem sich ein verunsichertes Kind verbirgt. Es schützt sich davor, negativ bewertet zu werden, indem es alle sozialen Situationen meidet. Wenn es die anderen nicht trifft, kann es auch nicht von ihnen ausgelacht werden.

Dem Teufelskreis der Schüchternheit und Scham kann ein Kind schwer entkommen, denn es gibt so viele Kräfte, die das Kind darin gefangen halten. Die Persönlichkeit des Kindes, seine Erlebnisse, Gefühle, Gedanken und Handlungen wirken zusammen und verstärken sich gegenseitig. Deshalb müssen Eltern, die ihrem Kind helfen wollen, die verschiedenen Kräfte kennen, die zur Schüchternheit führen. Sie werden hier noch einmal als Zusammenfassung des ganzen Kapitels aufgeführt:

Schüchternheit wird ausgelöst durch:

- **Die Persönlichkeit des Kindes:**
Sensible und irritierbare Kinder lassen sich leicht ängstigen und trauen sich wenig zu.
- **Frühe Erfahrungen:**
Werden Kinder früh beschämt oder abgewertet, prägt dies ihre Einstellung zu sich selbst und zur Welt. Sie trauen sich dann weniger zu. Wiederholen sich solche Erfahrungen, wird diese Einstellung verfestigt.
- **Streßerlebnisse:**
Auch nach einmaligen Beschämungen, die von dem Kind als besonders schwerwiegend erlebt werden, kann es sich zurückziehen. Es verliert sein Selbstvertrauen und wagt nicht mehr, auf andere zuzugehen.

Schüchternheit wird verfestigt durch:

- **Eine erhöhte Selbstaufmerksamkeit:**
Zu dem Erlebnis der Scham gehören meist körperliche Erscheinungen wie Erröten, Herzklopfen oder Schweißausbrüche. All dies irritiert das Kind, das sich nun viel intensiver beobachtet. Diese Selbstbeobachtung steigert sowohl die Verunsicherung als auch die körperlichen Erscheinungen.
- **Negative Gedanken und Erwartungen:**
Ein Kind, das ausgelacht wurde, beschäftigt sich in Gedanken immer wieder mit diesem Vorfall. Je mehr es darüber nachgrübelt, um so peinlicher wird ihm die Situation. Es mag sich selbst nicht mehr und schließt daraus, daß alle anderen ebenso wenig von ihm halten wie es selbst.
- **Ausweichendes Verhalten:**
Aus Angst vor einer Blamage ziehen sich schüchterne Kinder immer mehr zurück und werden immer ängstlicher. Sie geraten in einen „Teufelskreis des Ausweichens", weil sie keine neuen, korrigierenden Erfahrungen machen können.

Wie Kinder es schaffen, ihre Schüchternheit zu überwinden

Trau dich! Trau dich! Auch wenn es daneben geht.
Trau dich! Trau dich! Es ist nie zu spät.
Wer's nicht selber ausprobiert,
der wird leichter angeschmiert.
Trau dich! Trau dich! Dann hast du was kapiert.
(Liederkiste, 1977)

Der häufigste Satz, den schüchterne Kinder sagen, heißt: „Ich trau mich nicht!" Schüchterne Kinder möchten gerne mit anderen spielen, aber sie trauen sich nicht zu fragen, weil sie die Ablehnung durch die anderen fürchten. Schüchterne Kinder meinen oft, daß die anderen sie nicht mögen. Deshalb wagen sie nicht, auf sie zuzugehen. Damit schüchterne Kinder ihre Hemmungen überwinden, müssen sie sich wieder etwas zutrauen. Im folgenden wird gezeigt, wie Kinder selbst gegen ihre Schüchternheit angehen und wie Erwachsene sie dabei unterstützen können.

Marianne zwingt sich, am Unterricht teilzunehmen

Marianne wurde zu Beginn dieses Kapitels erwähnt. Als „Lehrers Liebling" stand sie im Mittelpunkt der Aufmerksamkeit, und das machte sie verlegen. Wenn alle Kinder sie im Musikunterricht ansahen, konnte sie eine Tonfolge nicht mehr richtig nachsingen. Dann schämte sie sich noch mehr. Sie wollte auf keinen Fall weiter auffallen und wurde immer schüchterner, nicht nur im Fach Musik. Sie beteiligte sich immer weniger am Unterricht, und das ärgerte sie selbst. Denn eigentlich interessierte sie sich für die Dinge, die in der Schule besprochen wurden. Manchmal hätte sie gerne noch mehr darüber gehört, doch sie wagte nicht, sich zu melden und Fragen zu stellen.

Eines Tages wird im Unterricht über Meerschweinchen gesprochen. Marianne hat selbst solch ein Tier zu Hause und weiß viel darüber. Ohne nachzudenken meldet sie sich und erzählt von ihrem Meerschweinchen Schnuffi. Sie berichtet, was Schnuffi gerne frißt, wie Schnuffi einmal weggelaufen ist und wie alle ihn gesucht haben. Die Klasse hört interessiert zu. Erst als Marianne sich wieder hinsetzt, wird ihr klar, daß sie ja gesprochen hat, daß alle sie dabei angesehen haben und daß nichts passiert ist. Den ersten Schritt, um ihre Schüchternheit zu überwinden, hat Marianne nicht bewußt getan; er geschah eher zufällig.

Nach diesem Erlebnis im Sachunterricht und nach einem Lehrerwechsel beteiligt Marianne sich mehr am Unterricht. Das fällt ihr nicht leicht, denn ihre Angst sitzt tief. Sie nimmt sich aber vor, einmal in jeder Unterrichtsstunde dranzukommen. Mit klopfendem Herzen hebt sie den Arm zunächst nur ganz wenig und ist erleichtert, wenn die Lehrerin dies übersieht. Wird sie aufgerufen, spricht sie zwar ganz leise, aber ihre Antwort ist fast immer richtig. Manchmal wird sie sogar für ihre Antwort gelobt. Das gibt ihr Mut, sich wieder zu melden. Nach solchen guten Erfahrungen wagt sie es, sich mehrmals in der Stunde zu melden. Und je häufiger sie sich meldet, um so leichter fällt es ihr. Marianne hat ihre Schüchternheit selbst überwunden, indem sie aus eigenem Antrieb genau das getan hat, was jeder Therapeut ihr empfohlen hätte. Sie ist ihrer Angst einen Schritt entgegengegangen und läuft nicht mehr vor ihr weg. Schließlich geht sie wieder gerne zur Schule.

Anne-Katrin und Susanne üben im Spiel, mutig zu sein

Schüchterne Kinder können schlecht „nein" sagen. Es fällt ihnen schwer, den eigenen Standpunkt zu vertreten und das zu tun, was sie gerne möchten. Sie können andere nicht in ihre Grenzen verweisen. Sie haben auch nicht gelernt zu kämpfen. Aber schüchterne Kinder möchten oft anders sein. Sie wagen es nur nicht, neue Verhaltensweisen zu zeigen, weil sie nicht wissen, ob es ihnen gelingt. Im Spiel jedoch haben sie einen Schonraum, in dem sie vieles ausprobieren können, denn „es ist ja nur ein Spiel".

Anne-Katrin soll demnächst zur Schule gehen und hat Angst davor. Denn in der Schule wird man verglichen und beurteilt und man könnte versagen. Immer wieder lädt sie andere Kinder ein, um mit ihnen Schule zu spielen. In ihrem Spiel ist sie dann nicht die ängstliche Anne-Katrin, sondern der freche Max. Sie lümmelt sich in der Bank herum, kaut während des Unterrichts ihr Butterbrot und gibt vorlaute Antworten. Manchmal erschrickt sie selbst vor ihren frechen Antworten. Doch sie merkt, daß die Welt dadurch nicht zusammenbricht. Im Spiel kann sie andere Lebensmöglichkeiten ausprobieren und Dinge tun, die sie in Wirklichkeit nie wagen würde. Im Spiel lernt sie sich anders kennen und entdeckt, daß auch sie mutig und frech sein kann. Die Erfahrungen des Spiels strahlen aus auf ihr tatsächliches Leben. Sie wird etwas sicherer, hat etwas weniger Angst, ohne gleich so frech und unverschämt zu werden wie der böse Max.

Auch die sechzehnjährige Susanne findet im Spiel einen Ausweg aus ihrer Schüchternheit. Susanne ist ein extrem schüchternes Mädchen. Sie blickt niemanden an, sondern hält ihre Augen stets auf den Boden gerichtet. Sie spricht nur ganz leise, und wenn man sie anspricht, erschrickt sie häufig und wird rot. Ihre Bewegungen sind steif und verkrampft. Geht sie in die Stadt, so läuft sie nie auf der Mitte des Bürgersteigs, sondern an den Häuserwänden entlang. Susanne leidet unter ihrer Schüchternheit. Sie möchte gerne anders sein und entscheidet sich, einer autonomen Theatergruppe beizutreten. Niemand hätte ihr diesen Schritt zugetraut. Alle glauben, daß sie auf der Bühne vor lauter Schreck keinen Ton herausbringen wird. Doch alle haben sich geirrt. Susanne wird eine gute Schauspielerin. Sie macht sich auf der Bühne breit, spielt den traurigen Clown mit weichen fließenden Bewegungen. Sie schimpft als Polizist mit lauter kräftiger Stimme und zankt als Geliebte mit ihrer Rivalin.

Alle Verhaltensweisen, die Susanne in ihrem Leben unterdrückt hat, probiert sie nun auf der Bühne aus. Sie darf sich hinter der Maske eines Clowns, eines Polizisten oder einer Rivalin verstecken. Sie braucht nichts Persönliches zu zeigen, sondern nur das, was die Rolle erfordert. Sie fühlt sich noch nicht sicher, so zu sein, wie sie ist. Sie braucht noch den Schutz ihrer Rolle, um auszuprobieren, wie es ist, anders zu sein. Im Kreis der Schauspieler macht Susanne Fortschritte. Dort wird sie anerkannt und kann ihre Einfälle an die anderen weitergeben. Sie kann sogar den anderen zeigen, daß man eine Rolle auch ganz anders spielen kann. Später überträgt sich ihre neue Sicherheit aus dem Schauspielleben auf ihren Alltag. Susanne kann einen großen Teil ihrer Schüchternheit ablegen. Zunächst verschwindet die Steifheit ihrer Bewegungen. Sie sieht jetzt auch häufiger ihr Gegenüber an und blickt nicht mehr auf den Boden. Ganz zuletzt kann sie sogar laut und deutlich vor anderen sprechen.

Georg lernt, vor den Blicken der anderen keine Angst zu haben

Georg hatte in seiner Grundschulzeit ein schlimmes Erlebnis. Als er acht Jahre alt war, zogen seine Eltern von der Stadt in ein kleines Dorf. So mußte der Junge die Schule wechseln. In der neuen Schule waren ungefähr achtzig Kinder. Alle kannten sich aus der Nachbarschaft, die Familien waren miteinander befreundet, alle Kinder hatten den gleichen Kindergarten besucht oder saßen in der Kirche nebeneinander. Nun sollte ein neuer Schüler kommen, und alle Kinder waren gespannt. Als die Mutter mit Georg auf den Schulhof trat, war gerade Hofpause. Die Kinder unterbrachen ihre Tätigkeiten und liefen herbei, um sich den neuen Jungen anzusehen. Sie stellten sich im Kreis um ihn herum und staunten ihn an. Keiner sprach Georg an, niemand lud ihn zu einem Spiel ein. Alle standen nur schweigend da und starrten auf Georg. Die Mutter versuchte, die Situation zu entspannen, indem sie andere Kinder ansprach, doch sie erhielt keine Antwort. Georg wurde kreidebleich. Er war umringt von einem Kreis neugieriger Schüler, die sich nicht bewegten, sondern nur auf ihn blickten. Er fühlte sich eingekesselt und konnte nicht entkommen. Am liebsten hätte er sich in Luft aufgelöst.

Diesen schrecklichen ersten Schultag in der Dorfschule konnte er nicht vergessen. Noch lange sprach er davon. Außerdem veränderte sich sein Verhalten. Von nun an wollte er nicht mehr in einer Gruppe von Menschen auffallen. Er wollte nicht mehr von vielen gleichzeitig angesehen werden. Hatten die Eltern Besuch, zog er sich zurück in sein Zimmer. In der Schule wurde er stiller, und er weigerte sich, bei Theaterstükken mitzuspielen.

Mit zwölf Jahren entdeckte Georg, daß er gut Rollschuh fahren konnte. Mit vierzehn Jahren nahm er an Wettbewerben teil. Er fuhr auf mehreren Meisterschaften und erhielt viele Pokale. Nun sahen ihn hunderte Augenpaare an. Weil er diese Situationen meisterte, wurde er auch in anderen Bereichen wieder freier. Er überwand seine Angst vor den Blicken anderer. Das Erlebnis aus seiner Grundschulzeit hatte keinen Einfluß mehr auf sein Verhalten.

Von dem Glück, etwas Schwieriges gewagt zu haben

Die achtjährige Monika ist in ihrer Schulklasse beliebt und wird häufig zu Kindergeburtstagen eingeladen. Darüber ist Monika gar nicht froh, denn sie ist eigentlich schüchtern und hat Angst vor all dem, was auf einer Geburtstagsfeier passieren könnte. Sie muß ein fremdes Haus betreten, dort sind vielleicht andere Kinder, die sie noch nie gesehen hat, bei den Spielen könnte sie verlieren, der Kuchen könnte ihr nicht schmecken, und vielleicht findet sie die Toilette nicht.

Die letzte Geburtstagsfeier bei Ariane war für Monika schrecklich. Sie hatte Ariane vorher noch nie besucht und wußte nicht, daß sie in einem Hinterhaus wohnte. So konnte sie zunächst das Haus nicht finden und lief immer unruhiger auf der Straße auf und ab. Als sie dann endlich vor dem richtigen Eingang stand, sah sie drei Klingeln. Auf zweien stand Arianes Familienname. Sollte sie oben oder unten schellen? Sie wußte es nicht und fing an zu weinen. Arianes Tante kam vorbei und brachte sie zur Geburtstagsfeier. Monika konnte sich nur schwer von der Anspannung lösen. Sie mußte noch häufig schluchzen. Die Tante sprach sie immer wieder auf ihr Weinen an, was Monika vor den anderen Kindern sehr peinlich war. Als sie nach Hause kam, sagte sie: „Ich gehe nie mehr zu einer Geburtstagsfeier."

Eine Woche später wurde sie wieder eingeladen. Monika weigerte sich, die Einladung anzunehmen. Doch die Mutter bestand darauf. Sie setzte sich zu ihr und besprach mit ihr, was denn passieren könnte und ob es wirklich so schlimm wäre. Diesmal wurde der Weg zur Freundin genau besprochen und auch überlegt, was Monika machen könnte, wenn es schwierig würde. Dann schob die Mutter Monika zur Tür hinaus und sagte: „Jetzt gehst du hin, und wenn du zurückkommst, bist du stärker!" Den ganzen Nachmittag war die Mutter unruhig. Sie fragte sich, ob sie ihrer Tochter nicht zu viel zugemutet habe. Gegen Abend sah sie aus dem Fenster. Ihre Tochter hüpfte über die Straße nach Hause. Als die Mutter die Tür öffnete, umarmte Monika die Mutter und sagte ganz glücklich: „Es war so schön. Es war so gut, daß ich hingegangen bin." Danach erzählte sie noch lange, was sie an dem Nachmittag erlebt hatte. Dieses Beispiel zeigt deutlich, daß ein Kind sowohl Mitgefühl als auch gleichzeitig „einen Schubs" braucht, um etwas Schwieriges zu wagen. Außerdem sehen wir, wie glücklich es Kinder macht, wenn sie eine schwierige Situation meistern.

Wie Erwachsene schüchternen Kindern helfen können

Pfui, sagt sie. Pfui. Und ruft mich nach vorn.
Warum sagt sie nicht einfach: Knöpf dir den Hosen-
schlitz zu.
Und zu den anderen: Was gibt's da zu lachen?
(Cullum 1971, S. 30)

Kinder vor Beschämungen schützen

Es ist für alle Kinder schwer zu ertragen, wenn sie beschämt oder ausgelacht werden. Für schüchterne Kinder ist es geradezu verhängnisvoll. Denn schüchterne Kinder zweifeln an sich selbst und trauen sich nichts zu. Das Erlebnis, bloßgestellt zu werden, bestärkt sie in ihrem negativen Selbstbild. Sie ziehen sich dann noch mehr zurück und trauen sich immer weniger zu. Deshalb sollten Erwachsene Kinder vor solchen Erlebnissen bewahren.

Beschämung ist kein Erziehungsmittel.
Wenn Eltern durch das Verhalten ihres Kindes sehr getroffen sind, können sie oft nicht gelassen und sachlich reagieren. Sie versuchen dann mit moralischen Appellen, mit Beschämungen oder sogar Bloßstellungen, ihr Kind zu einem anderen Verhalten zu bewegen. Besonders schlimm ist es, wenn Eltern ihr Kind vor anderen lächerlich machen. Manchmal lacht das Kind sogar mit, weil es nicht weiß, wie es sonst der peinlichen Situation entkommen kann. Manchmal hört es nach einer solchen Bloßstellung mit seinem störenden Verhalten auf. Doch der Preis dafür ist hoch. Denn die elterliche Erziehungsmaßnahme hat das Kind verletzt und sein Selbstwertgefühl beeinträchtigt. Es wird sich immer mehr zurückziehen und sich immer weniger zutrauen.

Wenn Eltern ihr Kind zurechtweisen müssen, sollten sie dies nicht vor anderen tun, sondern unter vier Augen. Sie können das, was sie ihrem Kind sagen möchten, sachlich und klar äußern, ohne moralisierenden Unterton. Es genügt zu sagen: „Wasch dir die Hände!" oder „Mach deinen Hosenschlitz zu!" Sprüche wie: „Schämst du dich gar nicht, so herumzulaufen?" oder „Du blamierst uns alle mit deinem Aussehen!" greifen das Kind persönlich an.

Das Kind vor dem Ausgelachtwerden schützen.
Wenn Kindern in der Schule ein Mißgeschick passiert, etwa wenn sie mit dem Stuhl umkippen, sich bekleckern oder etwas Falsches sagen, werden sie oft von den anderen Kindern ausgelacht. Auch Kinder, die zu dick sind, eine Brille tragen oder sich ungeschickt benehmen, müssen den Spott der Kameraden fürchten. Hier sind die Lehrer gefragt. Sie müssen Kinder vor dem Ausgelachtwerden schützen und in ihrer Klasse ein Klima des Miteinanderauskommens und Einanderhelfens schaffen. In der Grundschule werden Lehrer dies mit anderen Mitteln erreichen als mit älteren Schülern. Hilfreich ist es oft, Regeln einzuführen, nach denen Sticheleien beendet werden können. Wenn alle Schüler sich dazu verpflichten, auf ein bestimmtes Zeichen hin mit dem Hänseln aufzuhören, sind auch angegriffene Kinder der Situation nicht mehr so hilflos ausgeliefert.

Warum Kinder andere hänseln und auslachen

- Kinder, die andere auslachen, werden oft als grausam bezeichnet. Doch meist sind sie nicht grausam, sondern selbst verunsichert.
- Abweichungen von der Normalität wie ein anderes Aussehen oder andere Bewegungen erschrecken Kinder oft. Das Fremde und Unbekannte macht ihnen Angst. Wenn sie darüber lachen können, schieben sie die Angst von sich weg.

> - Kinder, die andere auslachen, sind oft selbst verletzlich und häufig auch beschämt worden. Sie möchten von den eigenen Unzulänglichkeiten ablenken, indem sie die Unzulänglichkeiten der anderen hervorheben und lächerlich machen. „Beschämte Kinder sind nicht nur verletzt, sie wissen auch gut, wo andere ihre schwachen Stellen haben." (Rabenschlag 2002, S. 101)

Auch im Kindergarten sollten Erzieherinnen die Kinder vor dem Ausgelachtwerden schützen. Denn es ist für Kinder ganz schlimm, von anderen Kindern ausgelacht zu werden. Nicht immer merken Erwachsene, was innerhalb einer Kindergruppe passiert. Solche Gruppen organisieren sich selbst und haben ihre eigenen Regeln. Erwachsene haben keinen Zutritt. Sie sollten aber wachsam sein und eingreifen, wenn sie merken, daß Kinder ausgelacht und bloßgestellt werden.

Erwachsene können den Kontakt zu anderen Kindern lenken

Der Ausspruch oder gar der Vorwurf: „Sei doch nicht so schüchtern!" macht kein Kind mutiger. Ein schüchternes Kind braucht keine Ermahnungen, sondern Hilfe bei der Kontaktaufnahme. Die folgenden Beispiele zeigen, wie dies geschehen kann.

Den Kindern etwas zutrauen.
Kinder sollten nicht nur vor Schwierigkeiten geschützt werden. Sie müssen auch lernen, sich selbst mit diesen Schwierigkeiten auseinanderzusetzen. Dazu brauchen sie oft das Zutrauen der Eltern und einen „kleinen Schubs": Das Mädchen Monika wollte nie mehr zu einer Geburtstagsfeier gehen, nachdem die letzte Einladung für sie so peinlich war. Doch die Mutter traut ihr zu, daß sie es diesmal schafft und schickt

sie hin. So kann Monika erfahren, wie schön eine Geburtstagsfeier sein kann.

Wenn Eltern ihren Kindern etwas abverlangen, zeigen sie ihnen gleichzeitig, daß sie an sie glauben, und ermöglichen den Kindern kleine Erfolgserlebnisse, die sie sonst nicht hätten. Nichts stärkt Kinder so sehr wie das Vertrauen, das man ihnen entgegenbringt. Das Zutrauen der Eltern fördert das Selbstvertrauen des Kindes und hilft ihm, eventuell auch in schwierigen sozialen Situationen etwas zu wagen.

Hilfe bei der Kontaktaufnahme.
Wenn ein Kind sich zurückzieht und aus Angst vor einer möglichen Blamage andere Kinder meidet, können Eltern ihrem Kind helfen. Dazu müssen sie aktiv werden und andere Kinder zu sich nach Hause einladen. In der häuslichen Umgebung fühlt sich ein schüchternes Kind meist sicherer und kann deshalb leichter mit anderen spielen. Das Dabeisein der Mutter ist für das Kind zunächst beruhigend, doch sie sollte sich so bald wie möglich zurückziehen, aber in der Nähe bleiben. Damit ein erster Kontakt nicht vor lauter Aufregung schiefläuft, ist es wichtig, daß die Eltern das Treffen gut vorbereiten. Ein schüchternes Kind fühlt sich nicht mehr so hilflos, wenn es weiß, welche Spiele es vorschlagen kann und daß es die Mutter um Kekse bitten darf, wenn es plötzlich allen langweilig wird.

Auch eine Verabredung auf dem Spielplatz, bei der noch die Mutter anwesend ist, hilft dem Kind, sich anderen Kindern zuzuwenden. Es hat die beruhigende Nähe der Mutter, und das Spiel mit den anderen Kindern ist zunächst eher ein Nebeneinander, was allen leichter fällt. Sie schaukeln nebeneinander, rutschen nacheinander, klettern gleichzeitig und brauchen nicht sofort miteinander zu spielen. Später sollten Eltern ihr Kind auch ermutigen, andere Kinder zu besuchen oder neue Gruppen kennenzulernen.

Das Kind auf Situationen vorbereiten, die es als beschämend erleben könnte.
Kinder schämen sich oft in neuen Situationen, wenn sie nicht sicher sind, ob sie diese bewältigen können. Beim Eintritt in den Kindergarten, bei der Einschulung oder beim ersten Besuch einer Jugendgruppe fürchten Kinder, negativ aufzufallen. Solche Situationen können im Spiel oder im Gespräch vorweggenommen werden. Gemeinsam kann man überlegen, was das Kind alles mitbringen soll und wofür es das braucht. Im Rollenspiel kann geübt werden, wie man andere Kinder anspricht oder wie man fragt, ob man mitspielen darf. Dann ist das Kind besser auf die neue Situation vorbereitet und fühlt sich nicht mehr so ausgeliefert.

Auch eventuell auftretende Schwierigkeiten sollten besprochen werden. Wenn Eltern die neue Situation nur in den schönsten Farben schildern, ist das Kind von der Wirklichkeit nachher doppelt enttäuscht und zieht sich noch mehr zurück. Wenn es aber weiß, daß aller Anfang schwer ist, kann es seine Schwierigkeiten besser einordnen. Mögliche Probleme, um die man vorher weiß und die offen besprochen werden, erscheinen gar nicht mehr so schlimm, wenn sie dann auftauchen.

Dem Kind helfen, sich anders zu sehen.
Schüchterne Kinder haben meistens eine schlechte Meinung von sich. Gelingt ihnen etwas nicht, grübeln sie darüber nach. Vor lauter Grübeln, was sie falsch gemacht haben, übersehen sie, was gut war. Auch ist bekannt, daß ein schüchternes Kind oft gar nicht merkt, wenn andere es gut finden oder es sogar loben. Weil es kein Lob erwartet, hört es dies auch nicht immer oder glaubt es nicht. Deshalb muß man ihm immer wieder sagen, was es richtig gemacht hat. Bei dem abendlichen Einschlafritual, wenn der Tag besprochen wird, sollten gerade die kleinen Fortschritte des Kindes hervorgehoben werden.

Neue Situationen, vor denen das Kind sich fürchtet, sind vielleicht gar nicht so neu. Man muß ihm nur zeigen, daß es eine ähnliche Situationen früher schon erfolgreich bewältigt hat. Denn an solche Erlebnisse erinnern sich schüchterne Kinder oft nicht mehr, weil ihr Denken um die Angst vor der schwierigen neuen Situation kreist.

Das richtige Auftreten üben.
Schüchterne Kinder halten sich oft zurück, sie sprechen besonders leise, und sie bewegen sich steif. Das bringt ihnen wenig Anerkennung bei den anderen ein. Im Spiel können Kinder üben, anders zu sein. Sie können brüllen wie Löwen, trampeln wie Elefanten, tanzen wie Schmetterlinge und sich so breit machen wie ein dicker Bär. Solche Übungen machen den Kindern Spaß, und sie können sich dabei selbst anders erleben.

Neuen Situationen ihren Schrecken nehmen.
Schüchterne Kinder glauben oft, nur sie hätten Angst und alle anderen meisterten die Situation ohne Probleme. Sie haben zu viel Respekt vor den anderen Menschen. Da hilft es oft, auch auf die Angst der anderen hinzuweisen.

Als die Schriftstellerin Isabel Allende (1995) als junges Mädchen zu einem Ball eingeladen wurde, weigerte sie sich, hinzugehen. In ihrem Kopf kreisten viele negative Vorstellungen. Sie stellte sich vor, kein Junge würde sie zum Tanzen auffordern. Sie glaubte, es gäbe keine schlimmere Demütigung, als bei einem Fest als Mädchen sitzenzubleiben. Doch ihr Stiefvater zwang sie, hinzugehen. Er brachte ihr Tanzschritte bei, kaufte ihr ein neues Kleid und fuhr sie selbst zum Ball. Vor der Tür sagte er: „Denk immer daran, die anderen haben mehr Angst als du." (S. 103) Dieser Satz half ihr nicht nur, ihren ersten Ball zu überstehen, sondern auch andere kritische Lebenssituationen zu meistern.

Gott und die Angst

Aber weißt du, was das Schlimmste ist, das sie mir über dich erzählt haben? Es ist die tückisch ausgestreute Überzeugung, daß du alles hörst und alles siehst und auch die geheimen Gedanken erkennen kannst ...
In der Kinderwelt sieht das dann so aus, daß man sich elend fühlt, weil du einem lauernd und ohne Pausen des Erbarmens zusiehst und zuhörst und mit Gedankenlesen beschäftigt bist.

(Moser 1980, S. 13)

Ein strenger und strafender Gott macht Angst

In seinem Buch „Gottesvergiftung" setzt sich der bekannte Psychotherapeut Tilmann Moser mit seiner religiösen Erziehung und seinem Gottesbild auseinander. Er glaubt, daß sein Leben durch den Gott, den man ihm vermittelte, vergiftet wurde. Sein Buch kam 1980 heraus und es zeigt, wie Tilmann Moser als Kind etwa dreißig Jahre früher Gott erlebt hat. Wir wissen heute, daß sich die Kindererziehung und auch die religiöse Erziehung in den letzten fünfzig Jahren verändert hat. Können wir uns also noch auf Tilmann Moser berufen, wenn wir über religiös bedingte Ängste nachdenken?

Eine Doktorarbeit aus dem Jahre 1994 von Annegret Stein trägt den Titel „Vermittlung religiöser Inhalte und religiös begründete Ängste". Für diese Arbeit wurden rund hundert Menschen über ihre religiöse Erziehung befragt und darüber, wie sie als Kinder Gott erlebten. Eine Hälfte der Befragten wurde zwischen 1950 und 1960 geboren, die andere zwischen 1969 und 1976, also rund zwanzig Jahre später. Auf die Frage, ob sie in ihrer Kindheit religiös begründete Ängste hatten, antworteten 78 Prozent der älteren Befragten mit ja. Die jüngeren Befragten wurden freiheitlicher erzogen, doch auch von ihnen erwähnten noch 38 Prozent religiös bedingte Kinderängste. Von den älteren Befragten haben 34 Prozent ihre religiösen Kindheitsängste noch nicht überwunden, und auch 14 Prozent der jüngeren Gruppe leiden noch als Erwachsene unter religiösen Ängsten. (S. 357/358)

Selbst wenn im Laufe der Zeit religiös bedingte Kindheitsängste abgenommen haben, sind sie nicht aus unserer Welt verschwunden. Auch heute noch gibt es Kinder, die unter einer einengenden religiösen Erziehung leiden. In einer solchen Erziehung wird den Kindern mit Gott Angst gemacht. Im folgenden wird zunächst gezeigt, wie ein „angstmachender Gott" gewöhnlich aussieht, um dann zu überlegen, welche Erziehungshaltung der Eltern ein solches Gottesbild bei den Kindern entstehen läßt.

Gott sieht und hört alles

Ein Gott, der zum „himmlischen Aufpasser" wird, dem nichts entgeht, ist unheimlich. Er hört alles, durchschaut alles und kann sogar Gedanken lesen. Er „sieht direkt ins Herz". Ein solcher Gott läßt sich nichts vormachen, vor ihm kann man nichts verheimlichen, vor ihm kann man sich nicht schützen. Kinder können ihre geheimen Gedanken und Wünsch vor den Eltern und anderen Erwachsen noch verstecken. Sie können ihnen aus dem Wege gehen oder sie sogar täuschen. Doch Gott läßt sich nicht täuschen. Seinem entlarvenden Blick bleibt nichts verborgen. Es gibt keinen Bereich, zu dem er keinen Zutritt hat. Selbst der Intimbereich des Kindes liegt ihm offen.

Der Sohn eines Pfarrers und Enkel eines Missionars, Friedrich Christian Delius, hat eine sehr einengende religiöse Erziehung erlebt. In seinen Erinnerungen „Der Sonntag, an dem ich Weltmeister wurde" (1994) setzt er sich mit seinem Gottesbild auseinander. Er beschreibt, daß die Vorstellung, von Gott beobachtet zu werden, „auch wenn ich nichts Verbotenes tat oder dachte, eine unerklärliche Scham" in ihm auslöste. Es war ihm unmöglich, dem „allgegenwärtigen Auge Gottes zu entkommen, das irgendwo im Himmel hing und alles sah und nicht gesehen wurde. Ich konnte versuchen, mich dem Blick zu entziehen, aber damit entlastete ich das Gewissen nicht, denn das Auge Gottes spiegelte sich in den Augen des Vaters, der Mutter, der Großeltern, ihre Augen flankierten und vervielfachten das Gottesauge, zu viele Augen sahen auf mich herab." (S. 15)

Gott wird traurig, wenn Kinder sich falsch verhalten

Wenn der kleine Tilmann Moser sich nicht so verhielt, wie die Mutter es wünschte, fragte diese: „Was wird der liebe Gott dazu sagen?" (S. 17) und häufig folgte die Beschuldigung, daß Tilmann mit seinem Verhalten Gott traurig gemacht habe. Es gibt viel im Leben eines kleinen Jungen, mit dem er Gott traurig machen kann. Moser zählt auf: „Hosen zerreißen hat dir nicht gepaßt; im Kindergarten mit anderen Buben im hohen Bogen an die Wand pinkeln, hat dir nicht gepaßt ...; die Mädchen an den Haaren ziehen, hat dich verstimmt; an den Pimmel fassen, hat dich vergrämt; die Mutter anschwindeln, was manchmal lebensnotwendig war, hat dir tagelang Kummer gemacht ..." (S. 14)

Eine mir bekannte Frau berichtet, daß ihre Mutter sie mit folgender Geschichte zum Gehorsam erzogen hat. Sie sagte ihrer Tochter, daß in ihrem Herzen ein Teufel und ein Engel wohnen, die um den Platz im Herzen kämpfen. Wenn sie lieb ist, hat der Engel viel Platz, und es geht ihm gut. Ist sie aber böse, macht der Teufel sich breit und drängt den Engel in eine Ecke. Dort geht es ihm ganz schlecht. Er wird zusammengedrückt und muß weinen.

Auch Jutta Richter beschreibt in ihrem Jugendroman „Himmel, Hölle, Fegefeuer" (1982), wie ein Mädchen unter dem Gefühl leidet, Gott traurig gemacht zu haben. Sie sagt: „Das wußte ich genau: Wer böse ist, tut dem lieben Gott weh. Wer böse ist, macht, daß das Blut vom lieben Heiland wieder fließt ... Jeden Abend im Bett nahm ich mir vor, ein gutes Kind zu sein, damit die Narben vom lieben Heiland nicht wieder aufplatzten." (S. 8/9)

Alle drei Kinder fühlen sich verantwortlich für das Wohlergehen des Vaters im Himmel. Sie entwickeln Schuldgefühle, wenn es diesem schlecht geht. Schon kleine Ungezogenheiten können Gott traurig machen, den Engel im Herzen weinen lassen oder sogar die Wunden des lieben Heiland wieder bluten lassen. Tilmann Moser formuliert das so: „... die ganze Last der Sorge um dein Befinden lag ständig auf mir, du kränkbare und empfindliche Person, die schon depressiv zu werden drohte, wenn ich mir die Zähne nicht geputzt hatte." (S. 14)

Der Teufel will Kinder zum Bösen verleiten

Noch mehr als Gott, der ja als „der liebe Gott" dargestellt wird, müssen Kinder vor seinen Widersacher, dem Teufel, Angst haben. Denn der Teufel hat es darauf abgesehen, die Kinder zu verderben, sie vom rechten Weg abzubringen. Außerdem ist das Bild des Teufels furchterregend. Er ist schwarz mit einem roten Kopf, auf dem zwei Hörner sitzen. Er hat einen langen Schwanz, einen Pferdefuß und in der Hand eine Mistgabel. Er wohnt in der Hölle, in der böse Menschen verbrennen müssen.

Dem Grundschulkind Hannah wurde in der Sonnntagsschule einer religiösen Sekte viel vom Teufel erzählt. So wurde ihr gesagt, daß der Teufel stets hinter ihr steht und sie zum Bösen verleiten will. Diese Aussage erlebte sie als bedrohlich, denn ständig saß ihr der Teufel im Nacken. Sie fühlte sich auf Schritt und Tritt von ihm verfolgt. Manchmal, vor allem, wenn sie etwas Unerlaubtes getan oder gedacht hatte, drehte sie sich erschrocken um, um den Teufel hinter sich zu entdecken. Sie blickte erst rechts über ihre Schulter, dann links über die Schulter, dann wieder rechts, doch sie sah nichts. Das machte die Sache nicht besser, weil ein unsichtbarer Teufel noch angsterregender ist als jemand, den man sehen kann.

Der Theologe und Therapeut Helmut Jaschke berichtet von einer Patientin, die unter dem Druck der elterlichen Erziehung ein besonders folgsames Kind wurde. Als sie sich einmal der Mutter widersetzte, wurde sie gleich mit dem Teufel in Verbindung gebracht. Sie sagt: „Ich kann mich nur an ein einziges Mal erinnern, wo ich meiner Mutter nicht gefolgt habe. Ich war bockig und stand in der Ecke des Zimmers. Meine Mutter sagte: Du siehst aus wie der Teufel!" (Jaschke 1992, S. 125) Es muß Kinder sehr belasten, wenn ihnen vorgeworfen wird, daß sie aussehen wie der Teufel, daß sie sich vom Teufel verführen lassen, daß sie dem Teufel einen Platz in ihrem Herzen einräumen. Wenn Kindern zum Zwecke der Erziehung gesagt wird, sie seien mit dem Teufel im Bunde, spricht daraus gleichzeitig eine Ablehnung des Kindes. Wie kann ein solches Kind sich dann selbst annehmen?

Gott kennt keine Gnade

„Jeden Abend habe ich dich um Gnade angefleht", sagt Tilmann Moser (S. 97). Doch er glaubt als Jugendlicher nicht, daß Gott ihn gnädig annimmt. Er hat Angst, mit Gott nicht „versöhnt" zu sein. In dieser Angst „sind *alle* nur möglichen Ängste zusammengeflossen" (S. 97). Vor Scham und vor Schuldgefühlen traut er sich manchmal nicht auf die Straße.

Auch Friedrich Christian Delius kennt dieses Gefühl, von Gott verworfen zu sein. Er fragt sich, welche Sünden er begangen haben mag und für welche Sünden er bestraft wird. „Ich wußte es nicht, ich wußte nur, ich hatte keine Chance, auch ich hätte in den verbotenen Apfel gebissen, auch ich schlug mich mit meinem Bruder Abel, für mich wäre kein Platz in Noahs Arche, ich wäre zum jämmerlichen Ersaufen verurteilt ... auch ich hätte in Babel mitgebaut, so ein Turm war doch eine gute Idee und eine Leistung immerhin." (S. 57) Delius erfindet Schandtaten, die er nicht begangen hat, aber eventuell begehen könnte, bloß um zu verstehen, warum Gott ihn nicht gnädig annimmt.

Als Beweis, daß er von Gott nicht angenommen ist, sieht er seine gestörte Sprache, sein Stottern. „Mein Stottern war der Beweis, daß ich in Babel dabeigewesen war zumindest in Gedanken. Wollte ich *bis an den Himmel reichen*, wollte ich *mir einen Namen machen*? ... meine Sprache war verwirrt und zerstreut. Ich trug die Babelgeschichte mit mir herum." (S. 58)

Gott hinterläßt das Gefühl, nicht liebenswert zu sein

Wer sich von Gott verworfen fühlt, kann sich auch selbst nicht annehmen. Tilmann Moser sagt: „Du wohntest in mir als mein Selbsthaß."(S. 10) Wer sich selbst haßt, kann nicht stolz „Ich" sagen. Er glaubt nicht, liebenswert zu sein, und hat deshalb auch Schwierigkeiten, die Zuwendung anderer Menschen anzunehmen. „In auffallender Regelmäßigkeit kehrt in den Lebensberichten von Menschen, die eine ‚religiöse Erziehung' hinter sich haben, die bittere Erkenntnis wieder, um die Lebensfreude betrogen worden zu sein. Statt dessen war es die *Angst*, die deutlich oder als heimliche Begleiterin ihr Lebensgefühl bestimmte: die Angst, so wie ich bin, nicht in Ordnung zu sein und am Ende trotz aller verzweifelten Anstrengungen von Gott verworfen, verdammt zu werden." (Jaschke 1992, S. 18)

„Selbstliebe" und sexuelle Regungen sind eine Sünde

Um Gott zu gefallen, darf das Kind sich selbst nicht gefallen. Es darf sich nicht achten und lieben, nicht „ja" zu sich sagen.

Die Freude an sich selbst, vor allem am eigenen Äußeren, wird als Hochmut und Sünde angesehen. Waltraud Anna Mitgutsch beschreibt, wie so etwas abläuft: „Ich kletterte auf einen Stuhl und betrachtete mich im Spiegel und fand, daß ich schön war, auch wenn die Welt behauptete, ich sähe nichts gleich. Wirst du vom Spiegel weggehen, rief meine Mutter entsetzt, als sei ich in höchster Gefahr, da schaut der Teufel heraus. Hochmut kommt vor den Fall, Schande folgt dir überall. Da half nur das Beten, zweimal am Tag vor der Heiligen Familie und am Abend, im Bett, ein Gesetzchen Rosenkranz." (Mitgutsch 1985, S. 118)

Bei einer leibfeindlichen Erziehung, bei der die Kinder nicht einmal ihr Gesicht im Spiegel ansehen dürfen, ist es noch verwerflicher, die „Körperteile unterhalb der Gürtellinie" anzusehen. Anette Dröge (1984, S. 68) beschreibt, wie sie als Kind mit diesem Verbot umgeht: „Ich habe einen guten Trick rausgefunden: Wenn ich meine Unterhose ausziehe, während ich meinen Rock noch anhabe und dann die Schlafanzughose anziehe und danach erst den Rock aus, dann brauche ich ‚da unten' nicht hinzusehen."

Ein anderes sechsjähriges Mädchen aus einer pietistischen Familie, dessen Vater ein wichtiges Gemeindemitglied ist, malt in allen Selbstbildnissen nur seinen Kopf und seine Schultern. Darunter kommt eine dicker Strich, und das Bild ist fertig. Das unvollständige Selbstbildnis deutet nicht darauf hin, daß das Mädchen noch nicht richtig malen kann. Es kann sogar sehr gut malen. Es malt sich mit großen Augen, mit langen Wimpern, einer feinen Nase und einem lächelnden Mund. Sogar Zähne sind zu sehen. Sein Haar ist mit Schleifen und bunten Spangen geschmückt, am Hals trägt es eine bunte Kette. Doch den Körper des Mädchens gibt es nicht, die Geschlechtsorgane schon gar nicht. Es malt nur das, was sein darf.

Doch was sein darf, wissen Kinder oft nicht, weil über den sexuellen Bereich nur in Andeutungen und voller Ablehnung gesprochen wird. Es ist der „Pfui-Bereich". Dies kann für Kinder sehr verwirrend sein. Johannes Glötzner (1984, S. 46) beschreibt, wie er als Kind diese Verwirrung erlebt hat und wie daraus das Gefühl entstand, etwas falsch gemacht zu haben, unwürdig und unrein zu sein: „Was das Sexuelle anbelangt, ergingen sich unsere Erzieher in möglichst vagen Andeutungen, in möglichst dunklen Drohungen, dadurch Unsicherheit und Schuldgefühle erzeugend. Nie wußten wir genau, wie wir dran waren ... Wo war die Grenze? Was durften wir noch sagen, sehen, hören, berühren und was nicht mehr? Woran durften wir noch denken und woran nicht mehr? Wo hörte die läßliche Sünde auf, wo begann die Todsünde?"

Wie ein angstmachendes Gottesbild entsteht

Da ist die Angst und immer wieder die Angst. Die Lehrerinnen bilden mit den Eltern und dem lieben Gott eine Verschwörergemeinschaft, aus der es kein Entrinnen gibt.

(Dröge 1984, S. 65)

Der „Gottesvergiftung" geht meist eine „Beziehungvergiftung" voraus. Bevor Kinder etwas über Gott erfahren, haben sie schon mit den Menschen ihrer Umgebung Erfahrungen gemacht. Die Haltung der Eltern, ihre Grundeinstellung, prägt auch das Gottesbild der Kinder. Unser Gottesbild trägt stets die Züge von Vater und Mutter. Werden Kinder von ihren Eltern eingeengt, abgewertet und in ihrer Vitalität nicht bejaht, können sie sich auch keinen Gott vorstellen, der sie um ihrer selbst willen bejaht. „Das Gottesbild des richtend-strafenden Gottes macht am ehesten Menschen krank, die durch eine besitzergreifend-kontrollierende Erziehung schon angstfixiert sind und kein Selbstwertgefühl entwickeln konnten." (Jaschke 1992, S. 39)

Das Bild von einem richtenden und strafenden Gott trifft

besonders empfindliche Kinder. Sie trauen sich selbst wenig zu, erleben sich als klein und unfähig und hören von einem Gott, der sie klein hält und unterdrückt. Doch trotz dieses angstmachenden Gottesbildes haben viele Kinder eine große Sehnsucht nach Gott. Dies ist auf den ersten Blick nicht zu verstehen und soll deshalb im folgenden erklärt werden.

Zum angstmachenden Gottesbild gehört noch etwas anderes, was meist übersehen wird, aber sehr wichtig ist. Kinder, die in einer einengenden religiösen Erziehung aufwachsen, leben meist auch in einer gefühlsarmen Umgebung. Gefühle werden in diesen Familien kaum gezeigt, es wird nicht einmal darüber gesprochen. Nur im gemeinsamen Gebet oder beim Singen von Kirchenliedern gibt es in den Familien Nähe und Wärme. Kirchenlieder und Gebete vermitteln das Gefühl von Geborgenheit, ja sogar von Glück. Da den Kindern diese Gefühle in ihrem Alltag fehlen, brauchen sie Gott, um Nähe und Wärme zu erleben. Er wird für sie zum Inbegriff ihrer Sehnsucht nach Zuwendung und nach Angenommensein.

Friedrich Christian Delius zum Beispiel geht nur in die Kirche, um die „Nähe der Mutter zu gewinnen". (S. 39) Denn die Nähe der Mutter erreicht er nicht leicht. Bei Tisch versucht er, ihren Blick aufzufangen, damit sie ihn sieht. Doch ihr Lächeln ist distanziert und kontrolliert. Sie meint nicht ihn, sondern um der Gerechtigkeit willen, alle ihre Kinder.

Tilmann Moser erlebt nur in den wenigen Augenblicken, in denen die Mutter mit ihm betet, die Stimme seiner Mutter als „innig, warm schwingend, als ob etwas ganz Kostbares ... plötzlich im Raum wäre". (S. 24) Die sonst so beherrschte Mutter bekommt ein „leichtes Beben" in ihre Stimme. Er sagt weiter: „Das hat mich ergriffen wie sonst nichts mehr im Leben." (S. 24) Da die Stimme seiner Mutter nur während des Betens so klingen konnte, muß Gott, der ja im Gebet angesprochen wird, etwas ganz Großes, Wunderbares und Geheimnisvolles sein. Für Tilmann Moser ist der Klang der mütterlichen Stimme ein Gottesbeweis.

Kinder brauchen gerade diese emotionale Seite Gottes, um in einer gefühlskalten Welt zu überleben. Alexander Markus Homes lebte von seinem zweiten Lebensjahr bis zur Pubertät in deutschen Heimen und litt dort unter der einengenden religiösen Erziehung. Er konnte diese Zeit nur überstehen, weil er sich in Tagträume flüchtete. In diesen Tagträumen traf er Gott, der ihn streichelte, ihn umarmte, mit ihm spielte und ihn für die Zeit des Traumes aus dem Heim entführte. Seine Phantasien von einem Gott, der bei ihm war, zu ihm hielt und ihn liebte, stärkten ihn für seinen schwierigen Alltag. Er erinnert sich: „Ich erinnere mich dann zurück an meine ‚Kindheit', an meine Zeit in diesem katholischen Heim. Erinnere mich an ‚ihren' Gott zurück, mit dem man uns disziplinierte, und sehe mich als Kind, das oft von Gott träumte und ohne ihn nicht überlebt hätte in der Hölle der Heimerziehung." (Homes 1984, S. 134/135)

Wie können Eltern ein angstmachendes Gottesbild vermeiden?

Ein angstmachendes Gottesbild entsteht durch das Zusammenspiel verschiedener Faktoren und muß auch durch Veränderungen in verschiedenen Bereichen überwunden werden. Am leichtesten ist die Veränderung des Erziehungsverhaltens:

- Eltern reagieren manchmal zu intensiv auf Ungezogenheiten ihres Kindes. Sie sollten dabei Gott als „Erziehunghelfer" aus dem Spiel lassen.
- Wenn Kinder etwas falsch machen, sollte nie im Namen Gottes gedroht oder gestraft werden.
- Der Teufel, die Hölle und das Fegefeuer haben als Bilder bei der Erziehung eines kleinen Kindes nichts zu suchen.

Schwieriger, aber noch viel wichtiger ist es, daß Eltern ihre eigene Einstellung zu Gott und zu ihrem Kind hinterfragen und eventuell ändern.

„Von der Gottesvergiftung zu einem erträglichen Gott"

So heißt ein neues Buch von Tilmann Moser (2003). Er berichtet darin von Therapien seiner erwachsenen Patienten, deren einengende religiöse Erziehung ihr ganzes Leben beeinträchtigt hat. Schritt für Schritt geben sie ihr Bild von Gott als strengem und strafendem Herrscher auf und kommen zu einem erträglichen Gottesbild. Tilmann Moser entdeckt ein religiöses Grundgefühl bei seinen Patienten und auch bei sich, nämlich die kindliche Fähigkeit zur Andacht, die „eine gewaltige Quelle von Kraft und seelischem Reichtum ist." (S. 27) Kinder können zu einem Bild vom guten und liebenden Gott finden, wenn ihre Fähigkeit zur Andacht nicht durch ein drohendes Gottesbild mißbraucht wird. Dann erleben sie sich nicht als „vergiftet", sondern als „beschenkt".

Ein gütiger und liebender Gott nimmt die Angst

> *Der liebe Gott sieht alles ... Er muß alles sehen, damit er dich beschützen kann. Er sieht zwar auch, was du alles anstellst. Aber erstens vergibt er dir, wenn du es hinterher bereust, und zweitens kann er bei kleinen Jungs auch mal fünfe gerade sein lassen.*
> (C. N. Nürnberger in: Die Zeit 15. 6. 2000)

„Der liebe Gott sieht alles. Er sieht auch dich!"

Daß Gott alles sieht, kann sowohl erschreckend als auch beruhigend sein. Erschreckend ist es für Kinder, die an einen strengen und strafenden Gott glauben, der ihnen „nachspioniert", um ihre Schuld aufzudecken. Beruhigend ist es für Kinder, die an einen gütigen und liebenden Gott glauben. Dann bedeutet die Feststellung: „Gott sieht alles!" gleichzeitig: „Gott sieht mich, er kennt mich, er mag mich!" Das Gefühl, von Gott auf diese Art gesehen zu werden, stärkt das Selbstvertrauen des Kindes. Das Kind fühlt sich anerkannt, so wie es ist. Gott sagt „ja" zu ihm. Diese Zusicherung wird auch in dem Kinderlied „Weißt du wieviel Sternlein stehen ..." gegeben. Dort heißt es, daß Gott die Sterne gezählt hat, damit ihm keiner fehlt, daß er die Tiere bei ihren Namen ruft und daß er sich an allen Kindern freut. Das Lied endet mit dem Satz: „Kennt auch dich und hat dich lieb."

Christian Nürnberger, von dem der oben zitierte Text stammt, glaubt sogar, daß das Gefühl, von Gott gesehen zu werden, Kinder angstfrei machen kann, weil sie sich behütet und beschützt fühlen. Er sagt: „Und weil ich wußte, daß Gott immer dabei ist, kannte ich als Kind keine Angst. Furcht in konkreten Situationen schon, aber auch dann sagte ich mir: Du mußt dich jetzt gar nicht besonders fürchten, denn entweder haut dich der liebe Gott hier raus, oder er braucht dich im Himmel."

Der beschützende Gott oder ein Schutzengel nehmen die Angst

Bei einem Gott, der das Kind liebevoll beobachtet, der es genau kennt und es liebhat, fühlt sich das Kind gut aufgehoben. Ein solcher Gott ist ihm nahe und wird es auch in schwierigen Situationen nicht verlassen. Christian Nürnberger beschreibt diese Gewißheit so: „Kein Spatz wird von Gott vergessen, und die Haare auf meinem Kopf sind gezählt. Weil ich dieser Zusage glaubte, war ich ein vor Selbstbewußtsein strotzendes Kind."

Andere Kinder glauben an einen Schutzengel, der sie begleitet. Es gibt ältere Bilder von Schutzengeln, die zwar nicht mehr unserem heutigen Kunstverständnis entsprechen, aber genau wiedergeben, wie Schutzengel wirken. Meist zeigen die Bilder Kinder in einer gefährlichen Situation. Sie gehen auf einer schmalen Brücke über eine tiefe Schlucht oder einen reißenden Bach. Auf anderen Bildern sehen wir Kinder an einer Felsschlucht schlafen. Hinter den Kindern steht riesengroß ein Engel mit weit ausgebreiteten Flügeln, der die Kinder liebevoll ansieht und seine Arme über sie hält. Die Kinder zeigen – trotz der gefährlichen Situation – keine Angst. Denn sie spüren, daß sie beschützt werden. Solche Bilder „entsprechen dem kindlichen Bedürfnis nach einer mächtigen Kraft, die über sein Leben wacht. Das übermenschliche Wesen mit den großen Flügeln vermittelt Vertrauen." (Ennulat 2001, S. 95)

Ein Schutzengel vermittelt das Gefühl: „Ich bin bei dir! Ich laß dich nicht im Stich! Du kannst dich auf mich verlassen!" Wichtig ist, daß der Schutzengel zu diesem einen Kind gehört. Es ist sein ganz persönlicher Engel, der mit ihm geht und es bewacht. Das Kind fühlt sich bei seinem Schutzengel geborgen. Dieses Gefühl beruhigt und vertreibt die Ängste. Ein Schutzengel trägt viele elterliche Züge. Auch seine Körperhaltung entspricht der Haltung der Eltern. Wenn ein Kind laufen lernt, lassen die Eltern es gehen, breiten aber ihre Arme aus, um es bei Schwierigkeiten sofort auffangen zu können. Die Eltern sind zuverlässige Partner im Hintergrund, wenn das Kind die Welt erobern will.

Wenn sich das Kind bei seinen Eltern geborgen fühlt, ist es sicher, daß auch Gott es mit den Menschen gut meint. Es braucht dann weniger Angst vor dem Leben zu haben. Aus der Bindungsforschung wissen wir, daß kleine Kinder, die sich der Zuwendung ihrer Eltern sicher sind, viel intensiver und länger spielen können als Kinder mit einer unklaren und unsicheren Bindung. Dieses Gefühl, sich auf jemanden verlassen zu können, der größer und mächtiger ist als man selbst, macht Kinder mutig, ihren Weg zu gehen.

„Gott mag mich, auch wenn ich Fehler habe"

Nicht alle Kinder leben in einer Umgebung, in der es ihnen gut geht. Sie ertragen aber Schwierigkeiten leichter, wenn sie daran glauben, daß Gott ihnen nahe ist und es gut mit ihnen meint. Gudrun Pausewang erzählt die Geschichte des stotternden Jungen Stefan. Er wird von seinen Klassenkameraden oft wegen seines Stotterns ausgelacht. In seinen Tagträumen überlegt er sich, wie es wäre, wenn Jesus heute als Mensch zu uns käme. Wahrscheinlich ginge er in Jeans und T-Shirt, aber Stefan würde ihn sofort erkennen, auf ihn zulaufen und ihn begrüßen. Stefan überlegt: „Er würde nicht über mein Gestotter lachen, wie die anderen in meiner Klasse. Aber ich würde ja auch gar nicht stottern! Nicht vor ihm. Weil ich keine Angst vor ihm hätte." (2000, S. 30)

In seinen Tagträumen wird Stefan von Jesus an die Hand genommen, und sie bummeln gemeinsam durch die Stadt. Doch am wichtigsten für Stefan ist, daß Jesus sich freut, ihn zu sehen. Er sagt sogar: „Da bist du ja, Stefan. Ich habe schon auf dich gewartet." Weil Jesus Stefan annimmt, so wie er ist, kann Stefan sich auch selbst annehmen. Er fühlt sich nicht mehr unterlegen und stottert nicht mehr.

Das Gebet als Rettungsring im „Meer der Ängste"

Er hört mich. Er hört mich nicht. Er hört mich ...
Es ist eine urmenschliche Hoffnung: daß da jemand ist, der unser Rufen wahrnimmt und uns den Rettungsring zuwirft. *(Chrismon 3/2001)*

Im Gebet können Kinder Gott ihre Ängste erzählen

Gott sieht das Kind, Gott beschützt das Kind, aber das Kind kann auch von sich aus mit Gott Kontakt aufnehmen, indem es zu ihm betet. Im Leben eines Kindes gibt es immer wieder Situationen, die ihm Schwierigkeiten bereiten. Und wenn diese Schwierigkeiten groß werden und das Kind sie alleine nicht mehr lösen kann, braucht es Gott, um ihn um Hilfe zu bitten. Denn das Kind weiß, daß es Gott alles erzählen darf, selbst Sachen, von denen die Eltern nichts wissen dürfen oder Wünsche, die die Eltern nicht erfüllen können. Gott wird als jemand erlebt, der zu dem Kind hält und der es auch aus schwierigen Situationen erlöst.

Die siebenjährige Judith sieht, wie im Gesicht ihrer Lieblingspuppe die Farbe abblättert. Sie weiß, daß niemand ihr helfen kann, weiß auch, daß die Eltern ihr keine neue Puppe kaufen können. Da bleibt nur noch Gott, der helfen kann. So bittet sie ihn, das Abblättern der Farbe zu verhindern und ihre Puppe wieder heil zu machen.

Der achtjährige Jakob hat heimlich den Schlüssel zu Vaters Schrank genommen, um sich dessen neue Bücher anzusehen. Als er die Bücher zurückstellt, kann er den Schlüssel nicht mehr finden. Er gerät in Panik. Der Vater darf nicht merken, daß er den Schlüssel genommen hat. In seiner Not bittet er Gott, ihm den Schlüssel zu zeigen. Doch er findet ihn nicht. Nun verspricht er Gott, sein ganzes Taschengeld beim nächsten Gottesdienst in den Klingelbeutel zu werfen.

Für die meisten Kinder bedeutet „beten" das gleiche wie „bitten". Gerade kleine Kinder haben noch nicht so viele Möglichkeiten, sich selbst zu helfen. Sie sind auf die Hilfe ihrer Umgebung angewiesen, und sie fordern Hilfe, sowohl von den Eltern als auch von Gott. Kinder haben keine Scheu, um alles zu bitten und sogar mit Gott zu „verhandeln", um ihrer Bitte Nachdruck zu verleihen. Jakob zum Beispiel hat Gott sein Taschengeld angeboten, damit er ihm „aus der Patsche hilft". Diese Haltung entspricht einer gewissen „Lausbubenfrömmigkeit". Gleichzeitig zeigt diese Haltung, daß Kinder Gott erleben als jemanden, der ihre Welt teilt und dem sie ihre Sorgen mitteilen können. Gott ist nicht fern und fremd, sondern sehr nahe. Sie kennen seinen Namen und sprechen ihn mit dem vertrauten „Du" an.

„Wie arm sind Kinder, wenn sie nicht beten können!"

Dies sagt die heute erwachsene Christiane, wenn sie an ihre Kindheit zurückdenkt. Sie glaubt, daß sie viele Situationen besser bestehen konnte, weil sie gebetet hat. Dabei war es nicht immer notwendig, daß ein Gebet erfüllt wurde. Oft half es schon, ein Gebet sprechen zu können. Ein besonders eindrucksvolles Erlebnis schildert sie aus ihrem achten Lebensjahr. Christiane wurde während des Krieges geboren. In der Nachkriegszeit gab es wenig zu essen. Christiane war ein dünnes und blasses Mädchen, als ihr Onkel, ein Arzt, den Eltern empfahl, sie für sechs Wochen zur Erholung in ein Kinderheim zu schicken. Die Eltern glaubten, ihrer Tochter etwas Gutes zu tun. Doch Christiane war unglücklich.

Zum ersten Mal mußte sie ihre Eltern und Geschwister verlassen und wurde ganz allein mit einer Gruppe von Kindern, die sie nicht kannte, mit dem Zug in die Berge geschickt. Die mitreisenden Kinder waren viel größer, lauter und frecher als sie. Die Witze der älteren Kinder verstand sie nicht. Sie wußte nie, warum alle lachten und ob sie mitlachen sollte. Das Heim wurde von katholischen Nonnen geleitet. Christiane war evangelisch und kannte vieles nicht, was für katholische Kinder selbstverständlich ist. Beim Tischgebet wußte sie nicht, wie man ein Kreuzzeichen macht, im Gottesdienst wußte sie nicht, wann sie hinknien, wann sie sich hinstellen und wann sie die Hände falten sollte. Immer wieder mußte sie heimlich bei den anderen Kindern „abgucken", was zu tun war. Sie war verunsichert und fühlte sich nicht dazugehörig.

Doch die schwierigsten Augenblicke waren für Christiane die Besuche des Arztes. Er kam einmal pro Woche, um die Kinder zu untersuchen und zu wiegen. In der vorhergehenden Woche war Christiane getadelt worden, weil sie nicht zugenommen hatte. Nun sollte sie wieder gewogen werden, und Christiane befürchtete, auch diesmal nicht zugenommen zu haben. Der Arzt in seinem weißen Kittel nahm hinter seinen Schreibtisch Platz. Neben ihm stand die Schwester Oberin ganz in schwarz und reichte ihm für jedes Kind eine Karteikarte. Vom Schreibtisch des Arztes bis zur Tür zog sich an den Wänden entlang eine lange Schlange von kleinen Mädchen, nur mit der Unterhose bekleidet. Alle warteten darauf, von dem Arzt untersucht zu werden. Christiane stand dünn und frierend zwischen zwei dicken Mädchen. Sie hatte große Angst, auch diesmal getadelt zu werden, denn sie sah ja selbst, wie dünn sie war, wenn sie sich mit ihren Nachbarinnen verglich. Langsam rückte die Schlange der Kinder weiter, und bei jedem Schritt vergrößerte sich Christianes Angst. Was konnte sie machen? Sie war gefangen zwischen den beiden dicken Mädchen und mit jedem Schritt kam sie der Waage näher, mit der ein Urteil über sie gefällt wurde.

In ihrer Not wollte Christiane beten. Doch wie konnte sie das tun, ohne aufzufallen? Wie konnte sie die Hände falten, ohne daß es jemand sah? Die Schlange rückte weiter. Nun stand Christiane in der Zimmerecke. Ganz vorsichtig ging sie einen kleinen Schritt zurück, drückte ihren Rücken in die Ecke und faltete ihre Hände hinter dem Rücken. „Lieber Gott hilf mir!" flüsterte sie. Nachdem sie in der Zimmerecke die Hände gefaltet hatte, ohne daß jemand es bemerkte, konnte sie auch bei den folgenden Schritten die Hände auf dem Rücken gefaltet lassen und ganz leise: „Lieber Gott hilf mir!" vor sich hinflüstern. Plötzlich fühlte Christiane sich nicht mehr allein. Gott war bei ihr. Gott wartete mit ihr auf das Urteil.

Beten verändert

Heute, als erwachsene Frau, kann sich Christiane nicht mehr daran erinnern, ob das Gebet ihr damals geholfen hat. Sie weiß nicht mehr, ob sie zugenommen oder abgenommen hatte, ob sie gelobt oder ausgeschimpft wurde. Doch sie weiß noch genau, daß das Beten sie beruhigte. Durch ein Gebet kann sich vieles verändern. Denn das Gebet ist ein Gespräch mit Gott. Schon allein die Tatsache, seine Angst ausgesprochen zu haben, hilft. Das Gebet verändert oft nicht die angstauslösende Situation, aber es kann den Betenden und seine Gefühle verändern. Christiane sagt heute: „In keiner Zeit meines Lebens habe ich das Gebet so gebraucht wie in jenem Kinderheim. Ich bin froh, daß ich damals beten konnte. Wer hätte mir sonst geholfen in meiner Angst? Wie arm sind Kinder, wenn sie nicht beten können!"

Warum ist das Händefalten für Kinder so wichtig?

In einer Untersuchung (Gutezeit/Finger 1969) wurden Kinder verschiedener Altersstufen über ihre Einstellung zum Gebet befragt. Dabei ergaben sich auffallende Unterschiede.
- Für die 6- bis 7jährigen Kinder mit ihrem magischen Weltverständnis ist Gott allmächtig. Er kann alles und tut alles, was das Kind will.
- Den Kindern wurde die Geschichte eines Mädchens erzählt, das um schönes Wetter gebetet hat, aber es regnete. Bei der Frage, wie dies zu erklären ist, antworteten 63 Prozent der 6- bis 7jährigen Kinder überhaupt nicht, oder sie sagten, sie wüßten es nicht. Denn die Nichterfüllung eines Gebets paßt nicht in ihr Weltverständnis.
- Wenn die Kinder einen Grund angaben, dann war es „Strafe für die falsche Art des Betens". Das Kind hatte wohl die Hände nicht richtig gefaltet oder die Augen nicht zugemacht oder gar beim Beten gelacht.

> ■ Die Vorstellung, daß zum Gebet ein striktes Einhalten von Regeln gehört, ist mit dem 9. Lebensjahr überwunden.

Das Gebet – ein Notruf an Gott

Gerade in schwierigen Situationen, in denen Kinder von niemandem Hilfe erwarten können, suchen und brauchen sie das Gebet. Dann beten sie, auch wenn sie es sonst nicht tun. Die Lehrerin Karin Ziegenfuß berichtet von ihrer krebskranken achtjährigen Schülerin Maja. Maja erzählt ihrer Lehrerin, daß sie abends stets unter der Bettdecke die Hände faltet, um zu beten. Sie muß die Hände unter der Bettdecke falten, da ihre Mutter es nicht sehen darf. Ihre Mutter glaubt nicht an Gott und möchte nicht, daß die Tochter betet, sie verbietet es ihr sogar. Doch Maja braucht das Gebet bei all ihren Ängsten und der Bedrohung durch die Krankheit. Es hilft ihr sehr, daß die Lehrerin sie versteht und mit ihr betet.

Die Malerin und Psychotherapeutin Elisabeth Wellendorf arbeitet in der Kinderklinik Hannover mit schwerkranken und sterbenden Kindern. Sie berichtet von ihrer neunjährigen Patientin Sophie, die an einer Fehlsteuerung des Immunsystems leidet. Sophies Lungenbläschen platzen, und sie bekommt kaum noch Luft. Sophie ist ein vernachlässigtes Kind. In den letzten Tagen ihres Lebens erhält sie wenig Trost von ihrer Familie. Es gibt kein Gespräch über ihre Krankheit und über den Tod und schon gar nicht über Gott. Auch die Therapeutin darf diese Themen nicht ansprechen. Ihr Kontakt mit Sophie wird von der Familie streng überwacht. Die Mutter erklärt dem Kind: „Wir kommen aus nichts und wir gehen zu nichts." Einen Tag vor ihrem Tod sagt Sophie: „Ich glaube nicht an Gott, aber je schwächer ich werde, desto größer wächst er in meinem Herzen." (Wellendorf 1999, S. 237)

Auch in einem Roman von Paulo Coelho ruft eine Frau während einer Panikattacke: „Mein Gott, ich glaub nicht an Dich, aber hilf mir!" (Coelho 2000, S. 129)

Diese Beispiele zeigen, wie sehr das Gebet oder die Nähe zu Gott zu einem „Rettungsring" werden kann, wenn niemand im Leben mehr helfen kann und wenn man glaubt, unterzugehen.

Ängste in Büchern helfen bei der Angstbewältigung im Alltag

Mit dem Helden des Buches kann das Kind seinem Alltag entfliehen, es kann in eine andere Welt eintauchen und diese gestärkt wieder verlassen.
(Finger 1998, S. 80)

Bücher als gedruckte Helfer

In schwierigen Lebenssituationen helfen oft Bücher. Dies gelingt, weil sie den Eintritt in eine andere Welt zulassen. Sie ermöglichen dem Lesenden, von sich selbst und seinen Problemen loszukommen und gleichzeitig sich selbst neu zu finden. Bücher können bisher Unausgesprochenes enthalten, Gefühle verständlich machen, Angst zulassen, Trost spenden und sogar Glücksgefühle vermitteln. „Das Glück schläft in Büchern, man muß es nur wecken. Dabei scheinen wir manche Bücher gar nicht erst verstehen zu müssen, weil wir uns beim Lesen unmittelbar von ihnen verstanden fühlen." (Wetz 2002, S. 7) Das macht die heilsame Wirkung der Bücher aus.

Beim Lesen kann man sich aus dem Alltag zurückziehen

Wenn Kinder in schwierigen Situationen leben, wenn ihr Alltag sie belastet und sie keine Möglichkeit finden, ihn zu verändern, können ihnen Bücher helfen, den Alltag zu ertragen. Bücher eröffnen dem lesenden Kind eine neue und andere Welt. Das Sichentfernen machen Kinder oft durch eine räumliche Entfernung aus der Welt der Erwachsenen deutlich. Besonders geliebte Leseorte gleichen Verstecken. Das Kind schleicht sich mit seinem Buch auf den Dachboden, liest mit der Taschenlampe unter der Bettdecke, zieht sich hinter Sträuchern und Hecken des Gartens zurück oder versteckt sein Buch unter den Schulheften, um zwischen den Hausaufgaben heimlich hineinzuschauen.

Bücher entsprechen den Tagträumen der Kinder

Wenn schüchterne Kinder nur Bratwurst mit Sauerkraut essen wollen, wie der Räuber Hotzenplotz, oder wenn sie sich als Freundin von Pippi Langstrumpf sehen, suchen sie eine andere Wirklichkeit. Gerade wenn ihr Alltag schwierig ist, können Kinder sich lesend mit den Helden der Bücher verbinden, die ihnen andere Lebensmöglichkeiten aufzeigen. In ihrer Phantasie dürfen ängstliche Kinder mit Pippi Langstrumpf mutig und stark sein. Manche Bücher werden so geliebt, weil sie den Tagträumen der Kinder entsprechen, mit denen sie sich aus dem Alltag „wegträumen" und in denen sie über sich selbst hinauswachsen.

Bücher ermöglichen dem Lesenden eine Verabredung mit sich selbst

Nicht jede Verabredung gelingt. Manchmal treffen sich ein Buch und ein Leser nicht. Doch wenn sie sich treffen, begegnet der Leser einem Ich, in dessen Gefühlen er sich selbst wiedererkennt. Gerade ängstliche Kinder trauen ihren Gefühlen oft nicht, weil auch die Umwelt versucht, sie ihnen auszureden. Wenn sie dann aus Büchern von anderen Kindern erfahren, die auch Angst haben und Ähnliches erleben wie sie, können sie erleichtert feststellen: „Ich bin nicht die einzige, die Probleme hat." Sie können ihre eigenen, bisher kaum verstandenen Gefühle in fremden Gestalten wiederfinden und oft zum ersten Mal verstehen. Peter Weiss (1975, S. 56) beschreibt dieses Lese-Erlebnis so: „Auch die Empfindung der Verlassenheit milderte sich, als ich sah, daß andere ähnlichen Erlebnissen unterworfen waren, so war ich nicht mehr ganz so verloren, ich gehörte zu einer Gemeinschaft von Verzauberten."

Lesend schlüpfen Kinder in das Leben der Helden, fürchten sich mit ihnen, bestehen Gefahren, hoffen und siegen. Mit den Helden können sie verzweifeln, weinen und getröstet werden. Ängste werden beim Lesen geweckt, gespürt und oft auch überwunden. Sogenannte „Angsthasen" werden in Büchern oft verständnisvoll und liebevoll geschildert und nicht so abgewertet, wie es in der Wirklichkeit geschieht. Das Kind kann sich mit ihnen verbinden. Die Gefühle der Helden sind auch die eigenen Gefühle. Siegfried Unseld bezeichnet Bücher als „Vergrößerungsgläser unserer eigenen Nöte, Gefühle und Gedanken." (1975, S. 12)

Bücher können Unaussprechliches aussprechen

Für das dumpfe Gefühl der Angst haben Kinder keine Worte, ebensowenig für die Bodenlosigkeit der Trauer oder für die Verwirrung, die sie fühlen, nachdem sie mißbraucht wurden. Manchmal schämen sie sich ihrer Gefühle, mißtrauen ihnen oder sich selbst.

Die zehnjährige Carla weiß nicht, wie ihr zumute ist. Manchmal ist ihr übel, dann wieder fühlt sie sich schwindelig, oder sie hat Kopfschmerzen. Sie fürchtet, an einer schweren Krankheit zu leiden. Doch dann liest sie ein Buch, in dem es einem Mädchen so ähnlich geht, und zwar, weil es sich vor der Schule fürchtet. Nun erst kann Carla zum ersten Mal den Eltern sagen, daß sie Angst vor ihrer Lehrerin hat.

Bücher lassen uns hinter die sichtbare Welt sehen. Sie geben uns Worte für das Unbenennbare. Sie beschreiben Gefühle, die wir erst erkennen, seitdem sie ausgesprochen wurden. Wenn unklare und unverständliche Gefühle benannt werden können, verlieren sie ihren Schrecken. Was ausgesprochen werden kann, macht weniger Angst. Diese Kraft, Gefühle in Worte zu fassen, besitzen Bücher eher als andere Medien wie etwa Comics oder das Fernsehen. Dort ist etwas nur oberflächlich zu sehen, und deshalb tritt die Deutung des Ganzen dahinter zurück.

Wenn Erwachsene Kinder über ihre Ängste befragen, erhalten sie oft nichtssagende Antworten. Es fällt Kindern schwer, über ihre eigenen Ängste zu sprechen. Viel leichter ist es jedoch, über Figuren in einem Buch zu sprechen. Deren Gefühle und Verhaltensweisen können zum Einstieg in ein schwieriges Thema werden. Durch die Figuren im Buch kann man Abstand schaffen von den eigenen Gefühlen und sie dennoch im Blick behalten.

Die Stimmung eines Buches überträgt sich auf den Leser

Manchmal sind es nicht nur die Worte eines Buches und seine Handlung, die uns erreichen, sondern auch seine Grundstimmung. Wir sind gefesselt von einem Buch, ohne zu wissen, warum. Da gibt es Sätze, die Herzklopfen hervorrufen oder die uns traurig machen. Dann weckt die Atmosphäre eines Buches unsere eigenen Gefühle, vermittelt uns eine neue Botschaft. Bevor die neunjährige Karin das Buch „Heidi" von Johanna Spyri gelesen hatte, wußte sie mit den Wörtern „Heimweh" oder „Sehnsucht" nichts anzufangen. Seit sie das Buch gelesen hat, spürt sie eine Sehnsucht nach den Bergen, ein Gefühl, das sie vorher nicht kannte. Sie malt Alpenbilder mit schneebedeckten Bergen, blühenden Blumen, Ziegen und spielenden Kindern. Lange kann sie vor diesen „Sehnsuchtsbildern" sitzen und sich in sie hineinträumen.

Auch die „Harry Potter"-Bücher von J. K. Rowling verdanken ihren Erfolg nicht allein den dort geschilderten Abenteuern und der magischen Welt der Zauberer. Sie enthalten eine Botschaft, die lesende Kinder aufnehmen. Diese Botschaft heißt: „Du bist auserwählt, etwas Großes zu leisten, obwohl dein Leben augenblicklich schwierig ist." Viele Kinder träumen davon, auserwählt zu sein und die Schwierigkeiten ihres Lebens meistern zu können. Harry Potter macht den Kindern vor, daß jemand, der bisher unscheinbar und benachteiligt war, Großartiges vollbringen kann, indem er seine Angst überwindet. Das Buch zeigt, wie das Gute siegt, trotz aller Machenschaften des Bösen. Dieses Vertrauen auf den Sieg des Guten finden wir in vielen Kinderbüchern und vor allem in Märchen.

Wenn Kinder Bücher immer wieder lesen möchten

Oft bitten kleine Kinder darum, daß man ihnen immer wieder die gleiche Geschichte vorliest. Sie können nicht genug davon bekommen, obwohl sie die Geschichte schon fast auswendig kennen. Dort wird etwas dargestellt, was sie bewegt. Peter zum Beispiel hat Angst vor Ungeheuern. In seiner Lieblingsgeschichte hat ein Monster Angst vor Kindern. Zufällig treffen das Monster und ein Junge aufeinander, und beide erschrekken entsetzlich. Doch dann merkt jeder, daß der andere gar nicht so schlimm ist, und sie werden Freunde. Wenn Peter diese Geschichte hört, freut er sich über die Angst des Monsters. Das dämpft seine eigene Angst, denn ein Monster, welches selber Angst hat, kann nicht so gefährlich sein. Wenn der Junge im Buch plötzlich vor dem Monster steht, stößt Peter einen kleinen Schrei aus, hält die Luft an und atmet dann erleichtert auf, als die Geschichte weitergeht und beide Freunde werden. Peter will seine Lieblingsgeschichte immer wieder hören, und bei jeder Wiederholung wird ihm versichert, daß Monster gar nicht so schlimm sind. Das kann er noch nicht glauben, deshalb muß er die Geschichte so oft hören, bis seine eigene Angst abnimmt. Peter hat die Geschichte selbst ausgesucht, er hat einen ihm entsprechenden Weg aus der Angst gefunden.

Ein Buch als „Rettungsanker" in großer Not

Das jüdische Mädchen Ruth Klüger wurde als Elfjährige ins Konzentrationslager gesperrt. Dort hatte sie keine Möglichkeit zu lesen, aber ihre auswendig gelernten Gedichte halfen ihr, die Strapazen und den Durst bei den stundenlangen Appellen zu vergessen. „Die Schillerschen Balladen wurden dann auch meine Appellgedichte, mit denen konnte ich stundenlang in der Sonne stehen und nicht umfallen, weil es immer eine nächste Zeile zum Aufsagen gab, und wenn einem eine Zeile nicht einfiel, so konnte man darüber nachgrübeln, bevor man an die eigene Schwäche dachte." (Klüger 1992, S. 123)

Jahre später ist sie noch immer im Konzentrationslager, und es geht ihr immer schlechter, sie ist „halb verrückt vor Hunger" (S. 160) und möchte fast aufgeben. In dieser schlimmen Zeit wird ihr ein altes Schullesebuch ohne Deckel und mit fehlenden Seiten geschenkt. Dieses Buch macht sie „selig", da es sie aus der Welt des Konzentrationslagers herausholt und ihr zeigt, daß es noch etwas anderes gibt. „Eine wohlbekannte Tür hatte sich wieder geöffnet, ich hatte einen vertrauten Zugang zur Welt wiedergefunden." (S. 160) Sie liest den „Osterspaziergang" von Goethe und fühlt sich von dessen Anfang „Vom Eise befreit sind Strom und Bäche ..." angesprochen. Sie schöpft Hoffnung, erlebt das Gedicht als einen Hinweis, daß sich ihre schreckliche Situation bald wenden wird. Der beschriebene Rückzug des Winters steht für sie auch für den Rückzug des deutschen Heeres, für das Ende ihres Leidens.

Soll man ängstlichen Kindern Märchen erzählen?

Wenn wir aber ein Märchen hören ... dann erfaßt uns oft eine Angst um den Helden oder um die Heldin ... Indem die Helden die Gefahren und die Bedrohungen überstehen, können auch wir aufatmen. Wir haben mit dem Helden ein Stück Angst bewältigt.

(Kast 1987, S. 13)

Machen Märchen ängstlich?

Viele Erwachsene befürchten, daß ängstliche Kinder noch ängstlicher werden, wenn sie Märchen hören. Es gibt Berichte über Eltern, die ihre Kinder vor den Grausamkeiten der Märchen schützen wollen. Sie achten darauf, daß ihre Kinder solche Geschichten nicht hören, und sind dann enttäuscht, wenn die Kinder dennoch Ängste entwickeln.

Wir können unsere Kinder nicht vor allen Ängsten schützen. Sie gehören einfach zur kindlichen Entwicklung, denn Ängste sind Reaktionen auf das Unbekannte und Unbegreifbare. Davon gibt es genügend im Leben eines kleinen Kindes. Die Ängste sind schon da, bevor das Kind Märchen hört. Märchen machen nicht ängstlich, auch wenn sich das Kind beim Zuhören fürchtet. Zugespitzt kann man sagen: „Wenn der Wolf Rotkäppchen frißt, hat das Kind zwar Angst, aber diese Angst schadet ihm nicht." Warum das so ist, soll im folgenden gezeigt werden.

Im Märchen dargestellte Ängste:

- die Angst vor Riesen, Hexen, Zauberwesen und wilden Tieren,
- die Angst vor dem Unheimlichen und Dunklen,
- die Angst vor Verfolgung und Tod,

- die Angst, eine Aufgabe nicht bewältigen zu können,
- die Angst vor Entdeckung, wenn man etwas Verbotenes getan hat,
- die Angst, verlassen oder fortgeschickt zu werden,
- die Angst vor Sexualität und dem anderen Geschlecht.

„Kinder brauchen Märchen"

Dies ist der Titel eines Buches, das der Kinderpsychologe Bruno Bettelheim geschrieben hat. Darin zeigt er, wie notwendig Märchen für die Entwicklung des Kindes und auch für seine Angstbewältigung sind. Er sagt: „Solange Kinder an Hexen glauben – wie sie es immer getan haben und immer tun werden, bis sie so alt geworden sind, daß sie sich nicht mehr gezwungen sehen, ihren gestaltlosen Ängsten eine menschliche Gestalt zu geben –, sollte man ihnen Geschichten erzählen, in denen gescheite Kinder es fertig bringen, sich von solchen Verfolgerfiguren ihrer Phantasie zu befreien." (Bettelheim 1977, S. 157)

Das Kind kann seine Angst an Märchen festmachen

Die Erzählweise der Märchen entspricht dem kindlichen Denken. Im Märchen werden die Gefühle der Helden vor allem durch Handlungen oder durch Bilder dargestellt. Eine Heldin ist nicht traurig, sondern sie setzt sich hin und weint. Wenn der Held verzweifelt ist und nicht mehr weiter weiß, spricht das Märchen nicht über seine Gefühle, sondern zeigt, wie er durch einen finsteren Wald irrt und den Weg nach draußen nicht finden kann.

Im Märchen gibt es nicht nur Hexen und Riesen, sondern auch Helfergestalten wie Feen, hilfreiche Tiere oder ein altes Männlein. Diese unterstützen den Helden und machen ihm Mut, den Hexen und Riesen entgegenzutreten und sie zu besiegen. Gefühle im Märchen werden mit fast allem verknüpft, was vorkommt, und zwar mit den Figuren, die entweder gut sind wie die „gute Fee" oder böse wie der „böse Zauberer", mit Fabelwesen und sogar mit Gegenständen wie einem Zauberstein oder einem Ring.

Kinder denken auf ähnliche Weise. Auch sie drücken ihre Gefühle in Bildern aus. Ihre unklaren, gesichtslosen Ängste werden zur Furcht vor Hexen und Riesen. Wenn die Helden der Märchen von Hexen und Riesen bedroht werden, kann das Kind sich mit den Helden fürchten. Es kann sich mit seinen Ängsten in das Märchen „hineinflüchten". Wenn wir unseren Kindern sagen, daß es dumm ist, sich vor Hexen und Riesen zu fürchten, nehmen wir ihnen eine Möglichkeit, sich gegen ihre diffusen Ängste zu wehren. Sie können dann keine Gegenkräfte entwickeln, mit denen sie in ihrer Phantasie eine böse Hexe überlisten. Wenn wir den Kindern die Hexen und Riesen ausreden, nehmen wir ihnen auch die Feen und die hilfreichen Tiere, die dem Kind Mut machen und Zuversicht geben, daß alles gut ausgeht.

Märchen helfen, eigene Ängste auszudrücken

Tiefenpsychologen berichten, daß Menschen in der Therapie ihre tiefsitzenden Ängste oft nur in einer Märchensituation ausdrücken können. Ähnliches geschieht in dem Roman „Pawlows Kinder" (1999) von Simone Borowiak. Dort gesteht der erwachsene Held seiner Kollegin, daß er als Kind von seinem Vater mißbraucht wurde. Das Sprechen fällt ihm schwer, er sucht nach Worten und kann diese Tatsache nur schildern, indem er auf die Märchensprache zurückgreift. Die Personen seiner Kindheit werden zu Märchenfiguren. Der Vater ist der Drache, die Mutter eine hilflose Prinzessin und er selbst ein Löwe. Doch der Junge als Löwe verliert alle Kraft, weil er mit dem Vorgefallenen nicht fertig wird und zu viel Angst entwickelt: „Und er hat mehr Angst, als ein Löwe jemals haben darf." (S. 214) Um zu überleben, darf er nichts mehr fühlen, er wird zu einem „toten" Löwen. „Niemand tötet den Drachen. Er kommt immer wieder zurück in seine heimische Höhle und zu seinem toten Löwen. Der Drache mag das." (S. 216)

Wenn Kinder Märchen erfinden, können sie über ihre Probleme sprechen

Die Psychoanalytikerin Traudel Simon-Wundt hat den „Märchendialog" (1997) entwickelt. Dies ist ein Testverfahren, bei dem das Kind und die Therapeutin abwechselnd sprechen und so die Märchenhandlung erfinden.

Es gibt bestimmte Regeln für dieses Verfahren. Die wichtigste Regel ist, daß die Therapeutin keine inhaltlichen oder gefühlsmäßigen Äußerungen macht. Ihre Aufgabe ist es, die Märchenhandlung behutsam zu begleiten und das Erzählen nicht stocken zu lassen.

Das Kind erhält die Möglichkeit, seine Konflikte im Märchen darzustellen, ohne sie direkt nennen zu müssen. Das selbst erfundene Märchen bietet den Kindern einen Raum, um sich ihren Ängsten zu nähern, sie zuzulassen und sie auszudrücken.

Haben die Grausamkeiten im Märchen einen Sinn?

Wenn Erwachsene Märchen wieder lesen, die sie in ihrer Kinderzeit gerne gehört haben, sind sie oft entsetzt über Einzelheiten, die ihnen jetzt als grausam erscheinen. Da gibt es Stiefmütter, die nach dem Leben ihrer Kinder trachten, da gibt es kinderfressende Hexen, da hackt ein Vater seiner Tochter die Hände ab, und ein anderer Vater wünscht seinem Sohn den Tod. Warum haben sie als Kinder diese Grausamkeiten nicht bemerkt?

Kinder erleben Märchen oft ganz anders als Erwachsene. Für Kinder sind Märchen keine Tatsachenberichte, sondern sie stellen ihre Gefühle dar. Es geht nicht um die äußere Wirklichkeit, sondern um die innere Wirklichkeit. Dann sind die grausamen Bilder ein Ausdruck der kindlichen Angst, der Wut, der Eifersucht und der Verzweiflung. Solche starken Gefühle hat jedes Kind. Doch Erwachsene möchten oft diese Gefühle, die „dunklen Seiten des Menschen", bei Kindern nicht sehen.

Die Handlung des Märchens stellt kindliche Entwicklungsschritte dar

In allen Märchen geht es um die Bewältigung von Schwierigkeiten. Oft muß ein schwacher, meist verachteter Held sein Elternhaus verlassen und sich in der Welt bewähren. Dabei wird er bedroht und erlebt viele Gefahren und Prüfungen. Das Thema der Handlung ist oft die Ablösung von den Eltern. Walter Scherf (in Dombrowski 1994, S. 69) hat die Anfänge bekannter Kindermärchen untersucht und herausgefunden, daß von 176 Märchen 169 mit Ablösungskonflikten zwischen Erwachsenen und Kindern beginnen.

Die Trennung und Lösung von den Eltern ist eine Aufgabe, die in jeder Entwicklungsstufe neu gemeistert werden muß. Solche Schritte zur Selbständigkeit werden zwiespältig erlebt. Sie versprechen neue Erfahrungen und Erlebnisse und machen gleichzeitig Angst, weil die bekannte, enge Bindung an die Eltern gelockert wird. Der Weg des Helden entspricht der kindlichen Entwicklung und der Aufgabe des Kindes, selbständiger zu werden. Erst wenn das Kind seine Persönlichkeit entwickelt hat, kann es neue Bindungen eingehen, was im Märchen meist durch die Heirat eines Prinzen oder einer Prinzessin dargestellt wird.

Je nach den Themen der Märchen stehen andere Entwicklungsaufgaben im Vordergrund, sodaß das Kind seine eigene Geschichte und seine Probleme in verschiedenen Märchen wieder finden kann. Märchen, die ein Kind immer wieder hören möchte, zeigen, mit welchen Fragen es sich im Augenblick beschäftigt.

Das Gute und Böse im Märchen erlaubt dem Kind, seine Gefühle ohne Angst zuzulassen

Im Märchen gibt es keine Personen, die zugleich gut und böse sind. Alle Figuren sind entweder gut oder böse, sie sind entweder faul oder fleißig, sie sind schön oder häßlich. Die verschiedenen Seiten eines Menschen werden meist durch zwei Personen dargestellt. Es gibt die gute Mutter und die böse Hexe, den lieben Vater und den gefährlichen Drachen. Diese Aufspaltung einer Persönlichkeit in zwei Wesen macht es möglich, daß das gute Bild von einem Menschen erhalten bleibt. Doch auch eine „gute Mutter" wird einem Kind manchmal zu viel; es wehrt sich dann gegen die Einengung durch zu viel Liebe und zu viel Fürsorge. Im Märchen findet es den Ausdruck für seine zwiespältigen Gefühle. Es kann ohne Schuldgefühle gegenüber den Eltern wütend auf die Stiefeltern sein und Rachegedanken ihnen gegenüber entwickeln.

Wie werden Märchen vermittelt?

Wenn ein Märchenfilm im Fernsehen läuft, so geht meistens etwas von der typischen Wirkung des Märchens verloren. Ein Märchen erzählen oder einem Märchen zuhören ist ein zwischenmenschliches Ereignis. Das Kind erfährt durch die Erzählsituation eine besondere Zuwendung. Es gibt neuerdings wieder Märchenerzähler, die das Zuhören zu einem Erlebnis machen. In der Familie spürt das Kind Geborgenheit, wenn die Mutter oder der Vater oder die Großmutter erzählen. Einem kleinen Kind hilft es, wenn es dabei auf dem Schoß sitzen darf. Es hört von Riesen, von Hexen und Drachen. Es erfährt von Eltern, die ihre Kinder wegschicken und von Kindern, die ihre Eltern verlassen. Dies kann ein Kind besser ertragen, wenn es sich durch die Nähe der Eltern geborgen fühlt.

Zur inneren Sicherheit gehört für das Kind auch, daß der Text stets gleich bleibt. Kinder werden unzufrieden, wenn Eltern beim Erzählen den Wortlaut verändern oder die Geschichte abkürzen. Der Inhalt der Geschichte, der die zwiespältigen Gefühle der Kinder spiegelt, ist schon beunruhigend genug. Da muß der äußere Rahmen stimmen und die Sicherheit vermitteln, daß alles so ist, wie es immer war und daß am Ende das Gute siegt. Zum guten Ende gehört auch die Bestrafung der bösen Mächte. Wenn dies geschieht, weiß das Kind, daß alles wieder in Ordnung ist und daß es dem Leben trauen kann.

Was ist beim Erzählen von Märchen zu beachten?

Vor dem vierten Lebensjahr sollten keine Märchen erzählt werden.

Kinder, die jünger als vier Jahre sind, sind noch zu sehr damit beschäftigt, die sie umgebende Welt zu ordnen. Für sie können die Gestalten der Märchen noch zu viel Angst erregen, weil sie noch nicht zwischen Phantasie und Wirklichkeit unterscheiden können. Kinder ab vier Jahren wissen, obwohl sie die Märchen ganz intensiv erleben, daß es doch „nur" Geschichten sind. Sie können in die Geschichten „einsteigen", aber auch wieder „aussteigen".

Märchen sind kein „Erziehungsmittel".

Märchen erzählen ist ein gemeinsames Erlebnis von Eltern und Kind. Dabei geht es nicht darum, daß das Kind erzogen wird, sondern daß beide von dem Märchen angesprochen werden. Eltern und Kind können sich selbst mit ihren Konflikten und ihren Lebensaufgaben in den Märchen wiederfinden.

Erklärungen des Märchens sind zu vermeiden.
Kinder erfassen das Märchen auf ihre Weise, wobei wir Erwachsenen gar nicht wissen, welche Einzelheiten im Augenblick für das Kind wichtig sind. Ein Kind kann sich bei mehrmaligem Hören ein Märchen auch schrittweise aneignen.

Hab keine Angst vor der Angst deiner Kinder!

Zehn Regeln für den Umgang mit kindlichen Ängsten

Kindliche Ängste sind für Erwachsene manchmal schwer zu ertragen, und dennoch sind sie sinnvoll, denn sie regen die Kinder an, etwas dagegen zu unternehmen und sich dabei weiterzuentwickeln. Eltern brauchen keine Angst zu haben vor den Ängsten ihrer Kinder, solange die Kinder Wege finden, ihren Ängsten zu begegnen. Viele dieser ungewöhnlichen kindlichen Wege zur Angstbewältigung wurden in diesem Buch dargestellt. Daraus kann man die folgenden Regeln für Eltern ableiten.

1. Akzeptiere deine eigenen Ängste!

Um Nicole von ihren Ängsten und Verunsicherungen zu befreien, muß die Mutter ihre eigenen Ängste überwinden und ihre Probleme selbst lösen.
(Finger 2002, S. 92/93)

Unser Verständnis der Kinderängste beginnt beim Verständnis unserer eigenen Ängste. Wir können die Ängste unserer Kinder besser verstehen, wenn wir uns als Erwachsene die Fähigkeit zur Einfühlung erhalten. Kinder lassen sich nicht leicht täuschen. Wir können vor ihnen unsere eigenen Ängste nicht „weglügen". Wir müssen es auch gar nicht. Denn es geht nicht darum, „angstfrei" zu sein, sondern darum, von der Angst zu wissen. Nur, wenn wir unsere eigenen Ängste akzeptieren, können wir etwas gegen sie unternehmen und brauchen nicht etwa unsere Kinder zur Lösung unserer Probleme. Dann können wir auch die Ängste der Kinder aushalten und mit ihnen gemeinsam nach Lösungen suchen.

2. Unterstütze die kindlichen Schritte der Angstbewältigung!

Es verunsichert viele Eltern, wenn ihre Kinder Ängste zeigen, denn sie glauben, in der Erziehung etwas falsch gemacht zu haben. Manche Eltern fürchten die Ängste ihrer Kinder mehr, als diese es tun. Sie fragen dann andere Erwachsene nach Tips und Tricks, um ihren Kindern zu helfen. Dabei könnten ihnen ihre Kinder viel besser Auskunft geben. Wenn Eltern genau beobachten, welche Strategien Kinder einsetzen, um ihre Ängste zu bewältigen, können sie viel lernen.

Kinder vollbringen bei der Bewältigung ihrer Ängste manchmal wahre Wunder. In ganz kurzer Zeit kann eine starke, fast lähmende Angst verschwinden, weil das Kind sie „weggezaubert" hat. Andere Kinder schaffen sich heimliche Begleiter, die ihnen zur Seite stehen, wenn das Leben schwierig wird. Sie spielen ihre Ängste weg, malen sie oder schreiben darüber und bekommen sie dadurch in den Griff. Die Möglichkeiten der Kinder sind nahezu unbegrenzt. Ihre teils phantastischen Lösungen sind so wirkungsvoll, weil sie dem kindlichen Weltverständnis und Denken entsprechen und gleichzeitig die Gefühle der Kinder erreichen. Wenn wir Erwachsenen es wagen, unseren Kindern zu folgen, und ihre ungewöhnlichen Wege der Angstbewältigung aushalten, ja, sie sogar dabei unterstützen, werden wir zu ihren Verbündeten im Kampf gegen ihre Ängste.

Manchmal müssen sich Eltern von ihren Kindern anregen lassen und selbst zu phantastischen Handlungen greifen. Sie können dann zum Beispiel einen hinter der Gardine versteckten Geist mit einem Besenstiel verjagen oder einem Gespenst mit magischen Zeichen den Weg versperren, selbst wenn der Erwachsenen-Verstand ihnen sagt, daß es so nicht gehen kann.

3. Mache deinem Kind keine zusätzliche Angst!

Raubtieren und Kindern darf man keine Angst machen. Sie haben zu viel davon. Man muß ihnen die Angst nehmen.

(Schami 2003, S. 42)

Im Kindesalter geht die Entwicklung schnell voran. Die Kinder begegnen täglich Neuem und Unbekanntem. Doch dabei entsteht auch Angst, besonders wenn Dinge geschehen, welche die Kinder nicht verstehen. Vor solchen Ängsten können wir unsere Kinder nicht schützen. Sie fordern die Kinder aber heraus, etwas zu unternehmen, und im Kampf gegen ihre Ängste werden Kinder stärker.

Wenn wir unseren Kindern aber zusätzliche Ängste aufbürden, um sie uns gefügig zu machen, überfordern wir sie. Wenn Eltern mit dem Polizisten, dem bösen Geist oder gar dem lieben Gott drohen, nehmen Kinder diese Drohungen ernst und glauben das, was die Eltern ihnen sagen. Dann wird ihr Leben noch unberechenbarer. Sie fühlen sich den fremden Mächten, die sie bedrohen, ausgeliefert. Sie können ihnen auch nicht entkommen, so wie sie entwicklungsbedingte Ängste abstreifen, sobald ein neuer Entwicklungsschritt im Leben erreicht ist. Viel Lebensangst und Verunsicherung im Erwachsenenalter hat sich durch Angsterzeugung in der Kindheit entwickelt. Angstmachen darf nie zu einem Erziehungsmittel der Erwachsenen werden.

4. Rede deinem Kind seine Angst nicht aus!

> JILL: Ich habe Angst.
> JACK: Hab keine Angst.
> JILL: Ich habe Angst, Angst zu haben,
> wenn du mir sagst,
> ich soll keine Angst haben.
>
> *(Laing 1993, S. 26)*

Wenn Eltern ständig sagen: „Da ist doch nichts, du brauchst keine Angst zu haben", helfen sie ihrem Kind wenig. Denn die Angst des Kindes ist tatsächlich vorhanden. Versuchen die Eltern, ihm diese Angst auszureden, dann lernt es, daß seine Gefühle zwar da sind, aber irgendwie falsch sind, vielleicht sogar dumm. Es kann ihnen nicht mehr trauen, ja glaubt sogar, sich seiner Angst schämen zu müssen. Manchmal kommt es sogar so weit, daß das Kind fürchtet, mit ihm selbst stimme etwas nicht. Es wagt dann immer weniger, über seine Angst zu sprechen, bleibt aber genau so ängstlich wie vorher. Das Kind muß seine Angst verstecken und kann dann keine Wege finden, mit ihr fertig zu werden.

Eltern sollten ihrem Kind vielmehr zu verstehen geben, daß es menschlich ist, Angst zu haben, und daß wir nicht immer alles spielend schaffen können. Nur wenn Kinder ängstlich sein dürfen, manchmal auch hilflos, ohne daß ihnen diese Gefühle ausgeredet werden, können sie etwas dagegen unternehmen.

5. Habe nicht zuviel Mitleid mit deinem Kind!

Gutgemeinte Hilfsbereitschaft wirkt langfristig angstfixierend, da Verantwortung für das eigene Tun abgegeben wird.

(Butollo 1984, S. 56)

Manchmal haben Eltern zu viel Mitleid mit ihrem ängstlichen Kind. Gerade Eltern mit einem hohen Einfühlungsvermögen erleben die Ängste ihrer Kinder so intensiv, als ob es ihre eigenen Ängste wären. Sie erinnern sich an ihre eigenen, ganz schlimmen Ängste. Davor möchten sie ihre Kinder schützen, sie möchten nicht, daß diese erleben, was sie als Kinder erlitten haben. Sie schenken deshalb den Ängsten ihrer Kinder viel Aufmerksamkeit. So lernt das Kind zweierlei:
– Es lernt, daß Ängste ein wirksames Mittel sind, die Aufmerksamkeit und die Anteilnahme der Eltern zu gewinnen.
– Es lernt aber auch, seine Ängste zu fürchten. Denn seine eigene Angst vermischt sich mit der Angst der Eltern. Dann wird das Gefühl des Bedrohtseins in der Familie immer größer und das Kind wagt immer weniger.

Das Bedürfnis der Eltern, ihre Kinder vor Ängsten zu schützen, läßt sie oft stellvertretend für diese handeln. Dann suchen Eltern nach Lösungen für kindliche Ängste, sie übernehmen die Verantwortung, und das Kind hat keine Chance, eigene Lösungen zu finden. Die Vorschläge der Eltern entsprechen aber oft nicht dem kindlichen Weltverständnis. Manchmal können die Hilfsangebote der Eltern sogar die Ängste der Kinder verstärken. Wenn die Mutter, weil ihr Kind Einschlafängste hat, jeden Abend an seinem Bett sitzt und seine Hand hält, macht sie ihr Kind von sich abhängig. Das Kind kann dann nur noch einschlafen, wenn die Mutter daneben sitzt und es fühlt sich hilflos, wenn sie nicht da ist. So wird das Kind immer unselbständiger und entwickelt das Gefühl, selbst nichts tun zu können. Die italienische Pädagogin Maria Montessori erklärt, welche elterliche Hilfe hilfreich sein kann. Sie läßt das Kind sagen: „Hilf mir, es alleine zu tun!"

6. Laß dein Kind über seine Angst sprechen, aber vermeide Ratschläge!

Wenn Kinder ihre Angst in Worte fassen, so verliert sie an Macht – sie ist nicht mehr diffus, sondern konkret. Daraus können Bewältigungsmöglichkeiten erwachsen. Das Sprechen über die Angst ist wohl die bedeutsamste Bewältigungsmöglichkeit.

(Schwendemann 2002, S. 94/95)

In einer wissenschaftlichen Untersuchung wurden 18 Grundschulkinder im Alter von sieben und acht Jahren über ihre Ängste befragt (Schwendemann 2002). Bei der Frage, wie sie selbst ihre Ängste bewältigen können, meinen die meisten Kinder, indem sie darüber sprechen. Das Gespräch wird von 25 Prozent der Kinder als die wichtigste Strategie zur Angstbewältigung genannt. Doch auch die anderen Kinder, die das Gespräch nicht von selbst nennen, geben an, daß sie mit mehr als einer Person über ihre Ängste sprechen. Wenn Kinder ihre Angst in Worte fassen, können sie sich von ihr befreien. Dies erfolgt auf verschiedene Weise:

– **Die Angst kann ausgesprochen werden und wird dadurch weniger bedrohlich.** Das Kind findet Worte für etwas Unklares und Bedrohliches, für Situationen, die sonst sprachlos machen. Die Angst wird zu einem Gesprächsgegenstand und ist dadurch nicht mehr so unheimlich. Sie verliert an Macht.
– **Das Kind ist nicht mehr allein mit seiner Angst.** Es kann seine Angst aussprechen und sich seinem Gegenüber anvertrauen. Verletzende Erlebnisse werden leichter verarbeitet, wenn man sie jemand mitteilt, selbst wenn dieser Mensch die schwierige Situation nicht ändern kann.

— **Das Kind erhält Unterstützung.** Erwachsene können einem Kind nur helfen, wenn sie wissen, was es bedrückt. Nur wenn das Kind über seine Ängste spricht, können die Erwachsenen mit ihm nach Lösungen suchen.

In ihrem Wunsch, dem Kind zu helfen, geben Eltern oft Ratschläge. Ratschläge helfen dabei mehr den Eltern als den Kindern, weil die Eltern sich so beweisen, daß sie etwas getan haben. Je unsicherer Eltern sind, um so mehr reden sie. Doch meist kann das Kind die gutgemeinten Ratschläge nicht in die Tat umsetzen. Wäre das so einfach, hätte das Kind es schon längst getan.

Ratschläge geben den Eltern ein Gefühl von Kompetenz, dem Kind aber ein Gefühl von Abhängigkeit und Ohnmacht. Denn es sieht, daß die Eltern etwas von ihm wollen, was es nicht kann. Sinnvoller wäre es, mit dem Kind zusammen nach einer Lösung zu suchen. Eltern, die zuhören können, geben ihrem Kind Zeit und Raum, nach Worten für das so schwer Aussprechbare zu suchen, es immer wieder neu zu formulieren und es dadurch besser zu verstehen. Diese schrittweise Annäherung an die eigenen Gefühle würde durch einen Ratschlag abgebrochen.

7. Schaffe eine verläßliche Umwelt!

Ängstliche Kinder sind verunsichert, sie trauen sich nichts zu und wittern hinter jeder Situation Gefahren. Deshalb brauchen gerade sie Klarheit und Verlässlichkeit in ihrer Umgebung. Sie sollen erfahren, daß auf ihre Eltern Verlaß ist, daß diese halten, was sie versprechen oder sich vornehmen. Feste Abläufe im Tagesverlauf machen die Welt für das Kind sicherer.

Eine Erziehung, die keine Grenzen setzt, kann Kinder ebenfalls verunsichern. Wenn das Kind jederzeit tun kann, was ihm gerade einfällt, ist ihm nicht geholfen.

Eine Erziehung ohne Grenzen oder Regeln gibt Kindern das Gefühl, daß die Eltern sich nicht um sie kümmern und sie nicht wichtig nehmen. Das kann dazu führen, daß die Kinder sich von ihren Eltern vernachlässigt fühlen und meinen, nicht liebenswert zu sein.

8. Verändere den „Ohrwurm" deines Kindes!

Nun gibt es verschiedene Ohrwürmer: Einer flüstert dem Menschen negative Wörter und Sätze ins Ohr, die schwächen, der andere dagegen flüstert Positives, das stärker macht.

(Neumeyer 2003, S. 64)

Unter einem Ohrwurm versteht man eine Melodie, die uns nicht losläßt. Wir summen sie vor uns hin, ohne es zu merken. Die Therapeutin und Zauberin Annalisa Neumeyer meint, daß jeder Mensch seinen Ohrwurm hat, eine eigene Melodie, die erkennen läßt, wie wir uns selbst sehen. Innerlich wiederholen wir bestimmte Gedanken so oft, bis wir an sie glauben.

Es gibt verschiedene Ohrwürmer. Ein negativer Ohrwurm macht das Leben kompliziert und schwer, ein positiver läßt uns mutig werden und etwas wagen. Hat das Kind einen sorgenvollen und unsicheren Ohrwurm, so wird dieser ihm einflüstern: „Alles ist so schwer!" oder „Das klappt bestimmt nicht!" oder „Ich traue mich nicht." Ein aufmunternder Ohrwurm dagegen flüstert dem Kind zu: „Ich will es mal versuchen!" oder „Es ist doch nicht so schlimm, wenn es diesmal nicht klappt!"

Lydia Suhr spricht von „Angstkillergedanken". Sie leitet in Köln ein Projekt, bei dem Schulkinder ihre Prüfungsängste überwinden sollen. (Psychologie Heute, Juli 2003, S. 18) Ein Baustein bei dieser Behandlung ist die Entwicklung von „Angstkillergedanken". Diese können heißen: „Ich fange mit dem an, was ich kann" oder „Meine Eltern mögen mich, auch wenn ich eine schlechte Note bekomme!" oder „Ich kann das schaffen, ich habe das schon oft geschafft!"

Angstkinder trauen sich wenig zu und entwickeln deshalb häufig sorgenvolle Ohrwürmer. Diese blockieren dann die Leistungsfähigkeit und nehmen dem Kind allen Mut. Deshalb sollten wir als Eltern versuchen, die negativen Ohrwürmer unserer Kinder in positive zu verwandeln. Gerade morgens, wenn die Kinder das Haus verlassen, um sich mit den Anforderungen im Kindergarten und in der Schule auseinanderzusetzen, sollen Kinder bestärkt werden. Neumeyer nennt Sätze wie „Viel Spaß beim Spielen mit den anderen Jungs!" oder „Ich weiß, daß Du das tust, was Dir möglich ist, und das ist gut so!" (S. 67)

9. Hilf deinem Kind, sich selbst zu mögen!

Gibt es einen Weg aus dieser Versagensangst?
Kinder brauchen Menschen, die Ja zu ihnen sagen,
auch wenn sie Schwierigkeiten machen oder
„versagen".

(Benedict 1993, S. 19)

Ängstliche Kinder haben oft eine schlechte Meinung von sich und mögen sich häufig auch nicht. Sie möchten vielmehr so sein wie andere Kinder, die sie bewundern. Weil sie nicht zu sich stehen, sind sie abhängig von dem Urteil anderer. Sie fürchten die Ablehnung der anderen, weil sie sich selbst ablehnen. Es fehlt ihnen an Selbstvertrauen.

Je selbstbewußter ein Mensch ist, um so besser wird er mit ängstigenden Situationen fertig. Kinder sollen erfahren, daß wir „ja" zu ihnen sagen, auch wenn sie verletzlich und ängstlich sind. Wenn wir ihnen etwas zutrauen, gewinnen auch sie an Selbstvertrauen. Dazu helfen schon kleine, auf den ersten Blick unbedeutende Handlungen, wie dem Kind zuhören, es um Rat fragen oder ihm Entscheidungen erlauben. Denn all das zeigt dem Kind, wie ernst wir es nehmen.

10. Laß dein Kind nicht vor seiner Angst weglaufen!

Wer vor der Angst davonläuft, den fängt sie ein.
Wer der Angst entgegengeht, vor dem läuft sie weg.

Auch Kinder haben Angst vor ihrer Angst. Sie fürchten, durch sie bloßgestellt zu werden. Deshalb meiden sie Situationen, die Angst erzeugen könnten und schränken dadurch ihr Leben immer mehr ein. Dieses Verhalten bringt ja auch kurzfristig Entlastung, aber auf Dauer kann es schädlich sein, weil die Angst wächst und der Mut sinkt. Manchmal brauchen Kinder „einen kleinen Schubs", damit sie es wieder wagen, eigene Wege zur Angstbewältigung zu entdecken. Denn nur so erlebt das Kind ein Gefühl von Kompetenz und Kraft. Es ist seiner Angst nicht mehr ausgeliefert. Zwar hat es auch dann immer noch Angst, aber die Angst hat nicht von ihm Besitz ergriffen.

Angst und verwandte Gefühle

Angst ist ein Sammelbegriff für eine Vielzahl von Gefühlen, die mit Unlust verbunden sind und hilflos machen. Im folgenden werden die wichtigsten dieser Gefühle voneinander abgegrenzt.

Angst.
ist ein in die Zukunft gerichtetes Gefühl der Bedrohung, das durch neue und unbekannte Situationen hervorgerufen wird. Sie wird begleitet vom Gefühl der Unsicherheit und Hilflosigkeit und von verschiedenen körperlichen Symptomen wie zum Beispiel Herzklopfen oder Atemnot. – Angst ist ein wichtiges und lebensnotwendiges Gefühl, weil es uns vor möglichen Gefahren warnt. In der Auseinandersetzung mit unserer Angst können wir neue Kräfte entfalten und Kinder können neue Entwicklungsschritte machen. Angst ist aber auch ein unangenehmes Gefühl. Wir streben danach, sie zu vermeiden. Dann entwickeln sich Angst vor der Angst und eine Beeinträchtigung der eigenen Fähigkeiten und Möglichkeiten.

Furcht.
Während Angst eher ein unklares Gefühl des Bedrohtseins ist, bezieht sich die Furcht auf eine tatsächliche Gefahr oder Bedrohung. Das Kind fürchtet sich vor einer Prüfung, vor einem bellenden Hund oder vor einem bestimmten Menschen. Deshalb wird Furcht häufig „Realangst" genannt. Oft kann Angst gemildert oder sogar überwunden werden, indem sie sich in Furcht verwandelt. Dann wird eine unbestimmte, unklare Angst auf einen Gegenstand gerichtet und kann bekämpft werden. Ein Vorschulkind fürchtet sich zum Beispiel nach der Geburt der kleinen Schwester plötzlich vor Gespenstern.

Seine viel tiefer liegende, aber nicht mitteilbare Angst vor Liebesverlust wird zur Furcht vor Gespenstern, über die man sprechen kann. Das Kind „gibt seiner Angst ein Gesicht".

Angst und Furcht im Kindesalter.
Im Vorschulalter sind Angst und Furcht nicht immer klar zu trennen, weil das Kind noch nicht zwischen Phantasie und Wirklichkeit unterscheiden kann und auch phantasierte Gefahren als wirklich ansieht.

Schüchernheit und Scham.
Beides sind soziale Ängste, denn bei beiden geht es um die Befürchtung, den Erwartungen der anderen nicht zu entsprechen. Ein Kind, das beschämt wird, fühlt sich bloßgestellt und hilflos den Blicken der anderen ausgesetzt. Es verliert an Selbstachtung, traut sich immer weniger zu und meidet aus Angst vor weiteren Beschämungen den Kontakt zu anderen. Es gerät in einen „Teufelskreis des Ausweichens".

Phobie.
Als Phobie bezeichnet man eine zwanghaft auftretende Angst vor Dingen oder Situationen, ohne daß von diesen eine tatsächliche Gefahr ausgeht. Eine Phobie ist eine „übertragene" Angst. Tiefer liegende, meist unklare Ängste werden auf eine bestimmte Situation übertragen und dort als Angst vor dieser Situation erlebt. Eine häufige Phobie im Kindesalter ist die Schulphobie. Die Kinder erbrechen morgens vor der Schule und zeigen alle Anzeichen von Angst, obwohl der Grund ihrer Angst nicht in der Schule liegt. Sie haben vielmehr Angst, sich von den Eltern zu trennen. Eine Phobie ist „eine Angst am falschen Platz".

Schreck.
Der Schreck ist die Antwort auf ein plötzliches und unerwartetes Ereignis, ohne vorherige Angstbereitschaft.

Panik.
Ohne sichtbaren äußeren Anlaß kommt es zu einem plötzlichen Ausbrechen von Angstgefühlen. In einer Panikattacke steigert sich die Angst, und in wenigen Minuten kommt es zu schweren körperlichen Symptomen, Ohnmachtsgefühlen und der Angst, zu sterben.

Zwänge.
Wenn Menschen bestimmte Ideen immer wieder denken müssen oder bestimmte Handlungen immer wieder ausführen müssen, leiden sie unter Zwängen. Obwohl sie oft erkennen, daß ihr Verhalten unsinnig ist, können sie es nicht unterlassen. Sie müssen es nach bestimmten Regeln und in immer gleicher Weise durchführen. Am bekanntesten sind die Putz- und Waschzwänge. Zwänge entwickeln sich meist, um unklare Ängste zu binden. Doch die Befreiung von den Ängsten ist nur kurzfristig, dann kommen die willentlich nicht zu kontrollierenden Ideen und Handlungen wieder. Auch Kinder neigen dazu, Handlungen immer auf die gleiche Weise durchzuführen. Doch das sind keine Zwänge, sondern Rituale. Sie gehören zur normalen kindlichen Entwicklung. Rituale sind stets gleich bleibende Verhaltensmuster für bestimmte Situationen. Sie geben dem Kind ein Gefühl von Sicherheit und Beständigkeit in einer sich wandelnden Welt. Da für Kinder vieles in ihrer Umgebung unverständlich und unklar ist, brauchen sie Rituale zur Orientierung. Wenn Kinder zum Beispiel darauf bestehen, stets auf die gleiche Weise von den Eltern ins Bett gebracht zu werden, wird die schwierige Situation des Übergangs vom Wachen zum Schlafen besser gemeistert. Im Unterschied zu Zwängen sind Rituale beweglich. Das Kind braucht sie für eine bestimmte Zeit in seiner Entwicklung, kann sie aber aufgeben, sobald sich die Situation verändert.

Schock oder traumatische Ängste.
Sie entstehen nach Katastrophen oder schweren seelischen Verletzungen, die nicht verarbeitet werden können. Es gibt keine Möglichkeit zum Widerstand und auch nicht zur Flucht. Die Menschen erleben sich als im Schock gefangen. Sie werden handlungsunfähig und können deshalb ihre innere Anspannung nicht abbauen. Dies zeigt sich in chronischer Übererregung, Verspannungen, erhöhtem Blutdruck und dem Erlebnis, von angsterzeugenden Bildern überflutet zu werden.

Literatur

Allende, Isabel: Paula. Frankfurt a. M. 1995.
Alvarez, Alfred: Nacht. Von Dunkelheit, Träumen und Nachtschwärmern. Frankfurt a. M. 2000.
Bánk, Zsuzsa: Der Schwimmer. Frankfurt a. M. 2002.
Benedict, Hans Jürgen: „Los, der Nächste! Die Angst zu versagen." In: Publik-Forum Extra: Mut zur Angst. Oberursel 1993.
Bettelheim, Bruno: Kinder brauchen Märchen. Stuttgart 1977.
Blackham, Garth J.: Der auffällige Schüler. Weinheim, Berlin, Basel 1971.
Bodrožić, Marica: Tito ist tot. Frankfurt a. M. 2002.
Borowiak, Simone: Pawlows Kinder. Frankfurt a. M. 1999.
Bowlby, John: Verlust, Trauer und Depression. Frankfurt a. M. 1983.
Butler, Gillian: Schüchtern – na und? Selbstsicherheit gewinnen. Bern 2002.
Butollo, Willi: Die Angst ist eine Kraft. Über die konstruktive Bewältigung von Alltagsängsten. München 1984 (2. Aufl.).
Canetti, Elias: Die gerettete Zunge. Geschichte einer Jugend. Franfurt a. M. 1980 (1. Aufl. 1977).
Coelho, Paulo: Veronika beschließt zu sterben. Zürich 2000.
Cullum, Albert: Die Geranie auf der Fensterbank ist soeben gestorben, aber Sie reden einfach weiter, Fräulein Schmitt. Insel-Bilderbuch. Frankfurt a. M. 1971.
Delius, Friedrich Christian: Der Sonntag, an dem ich Weltmeister wurde. Reinbek 1994.
Dombrowski, Sabine: Elternfiguren im Märchen. Orientierungshilfen im Alltag. Solothurn, Düsseldorf 1994.
Dröge, Annette: „Zum Teufel mit der Kirche – Stationen einer Gehirnwäsche". In: Scherf, Dagmar (Hg.): Der liebe Gott sieht alles. Erfahrungen mit religiöser Erziehung. Frankfurt a. M. 1984, S. 65–71.
Ende, Michael und Fuchshuber, Annegret: Das Traumfresserchen. Stuttgart 1978.
Ennulat, Gertrud: Ängste im Kindergarten. Ein Praxisbuch für Erzieherinnen und Eltern. München 2001.
Ernst, Heiko: „Das Geheimnis der Träume". In: Psychologie Heute, März 1991, S. 21–24.
Finger, Gertraud: Mit Kindern trauern. Zürich 1998, Stuttgart 2002 (2. Aufl.).
Finger Gertraud: Ja, mein Kind ist anders. Ein Mutmachbuch für Eltern behinderter Kinder. Zürich 2000.

Finger, Gertraud und Simon-Wundt, Traudel: Was auffällige Kinder uns sagen wollen. Verhaltensstörungen neu deuten. Stuttgart 2002.
Fraiberg, Selma: Die magischen Jahre in der Persönlichkeitsentwicklung des Vorschulkindes. Reinbek 1977 (1. Aufl. 1972).
Freud, Sophie: Meine drei Mütter und andere Leidenschaften. München 1992.
Glötzner, Johannes: „Das Vierte und das Sechste – Erziehung zum braven Untertan und komplexbeladenen Sexmuffel". In: Scherf, Dagmar (Hg.): Der liebe Gott sieht alles. Erfahrungen mit religiöser Erziehung. Frankfurt a.M. 1984, S. 45–53.
Grimm, Gebrüder: Kinder und Hausmärchen. München 1963.
Gutezeit, Günter und Finger, Gertraud: „Kindliche Stellungnahmen zum Gebet. Eine Untersuchung an 6-, 9-, und 13jährigen Schülern und Schülerinnen beider Konfessionen". In: Schule und Psychologie, 16. Jahrg. 1969.
Hahn, Ulla: Das verborgene Wort. München 2003 (1. Aufl. 2001).
Harnisch, Günter: Was Kinderträume sagen. Traumbilder verstehen, deuten, gestalten. Freiburg im Breisgau 1995.
Homes, Alexander Markus: „Gott hat die Kinder geliebt – und seine Diener hassen uns". In: Scherf, Dagmar (Hg.): Der liebe Gott sieht alles. Erfahrungen mit religiöser Erziehung. Frankfurt a.M. 1984, S. 125–135.
Hüther, Gerald: Biologie der Angst. Wie aus Stress Gefühle werden. Göttingen 1997.
Irving, John und Hauptmann, Tatjana: Ein Geräusch, wie wenn einer versucht, kein Geräusch zu machen. Zürich 2003.
Jaschke, Helmut: Dunkle Gottesbilder. Therapeutische Wege zur Heilung. Freiburg im Breisgau 1992.
Jenny, Zoë: Das Blütenstaubzimmer. Frankfurt a.M. 1999.
Kästner, Erich: Als ich ein kleiner Junge war. Zürich 1996 (1. Aufl.1957).
Kast, Verena: Wege aus der Angst und Symbiose. Märchen psychologisch gedeutet. München 1987.
Kast, Verena: Vom Sinn der Angst. Wie Ängste sich festsetzen und wie sie sich verwandeln lassen. Freiburg im Breisgau 1996.
Kast-Zahn, Annette und Morgenroth, Hartmut: Jedes Kind kann schlafen lernen. Ratingen 2002.
Keyserlingk, von Linde: Geschichten gegen die Angst. Freiburg im Breisgau 1999.
Kinshofer, Lotte und Ballhaus, Verena: Der Tag, an dem Marie ein Ungeheuer war. Zürich 2001.
Klüger, Ruth: Weiter leben: eine Jugend. Göttingen 1992.
Kollwitz, Käthe: Ich will wirken in dieser Zeit. Berlin 1989 (1. Aufl.1923).
Kuiper, Piet C.: Seelenfinsternis. Die Depression eines Psychiaters. Frankfurt a.M. 1999 (1. Aufl. 1995).

Laing, Ronald D.: Knoten. Reinbek 1993 (1. Aufl. 1972).
Lempp, Reinhart: Frühkindliche Hirnschädigung und Neurose. Bern 1978 (1. Aufl. 1964).
Lindgren, Astrid: „Es ist nicht leicht, ein Kind zu sein" (1939). In: Astrid Lindgren. Zum Donnerdrummel! Ein Werk – Portrait. Hg. Paul Berf und Astrid Surmatz. Hamburg 2002.
Mann, Thomas: Buddenbrooks. Frankfurt a. M. 1975 (1. Aufl.1922).
Michel, Gabriele: Ich trage dich wie eine Wunde. Nach dem plötzlichen Säuglingstod – eine Mutter erfährt in einer neuen Schwangerschaft wieder Lebensmut. Freiburg im Breisgau 1995.
Mitgutsch, Waltraud Anna: Die Züchtigung. Berlin 1985.
Moser, Tilmann: Gottesvergiftung. Frankfurt a. M. 1980 (1. Aufl. 1976).
Moser, Tilmann: Grammatik der Gefühle. Frankfurt a. M. 1983 (1. Aufl. 1979).
Moser, Tilmann: Von der Gottesvergiftung zu einem erträglichen Gott. Psychoanalytische Überlegungen zur Religion. Stuttgart 2003.
Neumeyer, Annalisa: Wie Zaubern Kindern hilft. Stuttgart 2003.
Norwood, Robin: Wenn Frauen zu sehr lieben. Die heimliche Sucht, gebraucht zu werden. Reinbek 1987.
Nothomb, Amélie: Robert des noms propres. Paris 2002.
Olmi, Véronique: Nummer sechs. München 2003.
Pausewang, Gudrun: „Komm!" In: Steinwede, Dietrich und Ryssel, Ingrid (Hg.): Angst und Geborgenheit – erzählen und verstehen. Gütersloh 2000.
Pohl, Peter und Gieth, Kinna: Du fehlst mir, du fehlst mir! München, Wien 1994.
Pressler, Mirjam: Malka Mai. Weinheim, Basel 2001.
Rabenschlag, Ulrich: So finden Kinder ihren Schlaf. Informationen und Hilfen für Eltern. Freiburg im Breisgau 2001.
Rabenschlag, Ulrich: Kinder stark machen gegen die Angst. Wie Eltern helfen können. Freiburg im Breisgau 2002.
Richter, Jutta: Himmel, Hölle, Fegefeuer: Versuch einer Befreiung. Weinheim, Basel 1982.
Richter, Jutta und Janssen, Susanne: An einem großen stillen See. München 2003.
Rilke, Rainer Maria: „Ich bin eine Waise. Nie". In: Richter, Dieter (Hg.): Kindheit im Gedicht. Frankfurt a. M. 1992.
Rinser, Luise: Den Wolf umarmen. Frankfurt a. M. 1997 (1. Aufl. 1984).
Rogge, Jan-Uwe: Ängste machen Kinder stark. Reinbek 1999.
Rusch, Regina: Zappelhannes. Kevelaer 1988.
Schami, Rafik: Reise zwischen Nacht und Morgen. München 2003 (1. Aufl. 1995).
Schredl, Michael und Pallmer, Ruth: „Geschlechtsspezifische Unterschiede in Angstträumen von Schülerinnen und Schülern". In: Praxis der Kinderpsychologie und Kinderpsychiatrie 47 (1998), S. 463–476.

Schwendemann, Wilhelm u.a.: „Dann fühl ich mich wie Jona ..." Ursprung und Bewältigung kindlicher Ängste. Forschungsprojekt Gott der Kinder, Band 2. Münster 2002.

Simon-Wundt, Traudel: Märchendialoge mit Kindern: ein psychodiagnostisches Verfahren. München 1997.

Solter, Aletha J.: Wüten, toben, traurig sein. Starke Gefühle bei Kindern. München 1994.

Stein, Annegret: Vermittlung religiöser Inhalte und religiös begründete Ängste. Eine empirische Untersuchung im Bereich katholischer religiöser Erziehung. Essen 1994.

Suer, Paul: Wenn Kinder Angst haben. Familienratgeber. München 1998.

Unseld, Siegfried: Erste Lese-Erlebnisse. Frankfurt a.M. 1975.

Weiss, Peter In: Unseld, Siegfried (Hg.): Erste Lese-Erlebnisse. Frankfurt a.M. 1975.

Wellendorf, Elisabeth: Es gibt keinen Weg, es sei denn, Du gehst ihn: Abenteuer des Werdens – Bedeutung der Kreativität. Stuttgart 1999.

Wetz, Franz Josef (Hg.): Glück. Eine Auswahl aus 25 Jahren Klett-Cotta. Stuttgart 2002.

Wolf, Christa: Kindheitsmuster. Berlin, Weimar 1993 (1. Aufl. 1976).

Zur Autorin

Gertraud Finger, Dipl.-Psych., war früher Lehrerin und hat in der Erziehungs- und Schulberatung gearbeitet, hat eine Frühförderstelle geleitet und war Lehrbeauftragte an der Pädagogischen Hochschule Freiburg. Sie hat mehrere Bücher über die Arbeit mit Kindern und Familien verfaßt und bietet Fortbildungen an. Die Autorin ist verheiratet, hat zwei Söhne und zwei Enkel.

Annalisa Neumeyer:
Wie Zaubern Kindern hilft
160 Seiten, broschiert, zweifarbig, ca. 50 Abbildungen,
ISBN 3-608-94067-7
Mit dem Zauberstab Probleme verschwinden lassen? Aber ja! Denn Zaubern fördert bei Kindern und Jugendlichen die unterschiedlichsten Fähigkeiten, zum Beispiel die Feinmotorik, das Konzentrationsvermögen und die Fähigkeit, Handlungen zu planen und bis zum Ende durchzuführen. Zaubern trägt zur Persönlichkeitsentwicklung bei und vermittelt mehr Selbstsicherheit – wenn die jungen Zauberlehrlinge alleine vor anderen auftreten und dabei frei reden.

Hermann Giesecke:
Das Ende der Erziehung
Neue Chancen für Familie und Schule
159 Seiten, broschiert, ISBN 3-608-91766-7
Die These, wir sollten Kinder wie kleine, ständig größer werdende Erwachsene behandeln, will feststellen, daß Kinder nicht die einzigen Menschen sind, die altersspezifische Bedürfnisse haben, auf die entsprechend Rücksicht zu nehmen ist. Nur wenn wir Kinder als selbstverständliche Zeitgenossen behandeln, ohne ihnen einen Ausnahmestatus einzuräumen, werden wir auch ihren spezifischen Bedürfnissen gerecht.

Gisela Schmeer:
Das sinnliche Kind
142 Seiten, broschiert, ISBN 3-608-91201-0
»Da wird nicht doziert, da werden wir verständnisvoll und humorvoll an vieles erinnert, das wir vergessen oder verdrängt haben. Herzlich und menschlich werden wir zurückgeführt zu den Düften, Lauten, Farben, Bildern und Empfindungen, dem ganzen Aroma unserer Kindheit.«
Kinder

Klett-Cotta

Gertraud Finger / Traudel Simon-Wundt:
Was auffällige Kinder uns sagen wollen
Verhaltensstörungen neu deuten
172 Seiten, broschiert, ISBN 3-608-94330-7

Aggressivität und Diebstahl, aber auch Trauer, Depression, Ängste und Eßstörungen – das alles wird bei unseren Kindern immer häufiger beobachtet. Eltern und Erzieher sind besorgt, fühlen sich hilflos und fragen sich, was sie tun können.
In anschaulichen Fallbeispielen zeigen die Autorinnen, daß es durchaus Auswege gibt. Sie bieten eine neue Sichtweise auf die Probleme der Kinder an, denn auffälliges Verhalten ist nicht nur belastend, sondern kann sogar sinnvoll sein. Verhaltensstörungen enthalten Botschaften, sie sind oft lebenswichtige Hilferufe der Kinder in einer schwierigen Situation.

Gertrud Ennulat:
Enkelkinder fordern uns heraus
Wie die Beziehungen zwischen Kindern, Eltern und Großeltern gelingen können
168 Seiten, broschiert, ISBN 3-608-93756-0

Meine Enkel halten mich jung!« Großeltern heute sind meist noch sehr aktiv, und nicht selten übernehmen sie wichtige Erziehungsaufgaben, immer dann, wenn die Mütter berufstätig sind. Dabei sind die Jungen und die Älteren begeistert voneinander und verstehen sich gut. Beide profitieren voneinander. Gerade frisch-gebackene Großeltern erleben einen vitalisierenden Vorgang der Verjüngung. Dabei wirken die Enkel als Brücke zwischen Eltern und Großeltern. Die Großeltern wiederum schützen die Kinder vor zu viel Nähe der Eltern. Aber häufig sind auch Konflikte vorprogrammiert, etwa dann, wenn die Großeltern in die Erziehung der Kinder hineinreden oder die beiden Großelternpaare um die Gunst ihrer Enkel buhlen. Die Autorin zeigt, wie solche Konflikte aus-getragen werden können, ohne daß die emotionale und soziale Entwicklung der Kinder Schaden nimmt.

Klett-Cotta

Renate Hörburger:
Selbstbewußtsein
Wie Erwachsene sich und ihre Kinder stärken
230 Seiten, broschiert, ISBN 3-608-91025-5
Im Gegensatz zu vielen Erziehungsberatungsbüchern, welche an immer diffenzierter diagnostizierten Entwicklungsstörungen ansetzen, beleuchtet dieses Buch einen Kernpunkt, dem bei psychischen Entwicklungsstörungen eine allgemeine zentrale Bedeutung zukommt. Es bezieht sich auf das breite Spektrum psychischer und psychosomatischer Probleme und Störungen, die nach Ansicht der Autorin aus dem Mangel an Selbstbewußtsein herrühren.

Elisabeth Cope:
Allein erziehen und stark sein
Lösungen für schwierige Situationen
192 Seiten, broschiert, Lesezeichen
ISBN 3-608-94337-4
Wer Kinder allein erzieht, ist gefordert: Beruf, Haushalt, die Doppelrolle von Mutter und Vater, der Alltag ... Wie Sie dies meistern, ohne tagtäglich zu kapitulieren, zeigen über 25 Lösungsvorschläge aus dem Alltag von Alleinerziehenden.

Elisabeth Cope:
Allein erziehen und optimistisch bleiben
Probleme erkennen und Prioritäten setzen
208 Seiten, broschiert, ISBN 3-608-94244-0
In über 20 neuen Beispielen zeigt die Autorin, wie Sie schwierige Situationen meistern können. Es kommt nicht darauf an, perfekt zu sein, sondern sich in der Kunst des Möglichen zu üben.

Klett-Cotta

Christoph Eichhorn:
Eltern sind nicht immer schuld
Warum manche Kinder schwieriger sind
174 Seiten, broschiert, ISBN 3-608-94045-6

Dieses Buch will Eltern helfen, künftig gelassener zu reagieren, wenn sich ihre Kinder nicht so entwickeln, wie die Großeltern, die Familie und Verwandten, die Kindergärtnerinnen und Lehrer und überhaupt alle, die es immer besserwissen, sich wünschen.

Rudolf Dreikurs / Shirley Gould / Raymond J. Corsini:
Familienrat
Der Weg zu einem glücklichen Zusammenleben
von Eltern und Kindern
Aus dem Amerikanischen von Dietrich Hamm
183 Seiten, broschiert, 3-608-94242-4

Rudolf Dreikurs und seine Mitarbeiter haben mit diesem Handbuch einen Klassiker für die Planung und Durchführung eines Familienrates vorgelegt.
Das Buch führt anhand von zahlreichen Beispielen aus dem Alltag in die Verhaltensweisen ein, mit denen das Zusammenleben in der Familie verbessert werden kann.

Karin Stark-Schwehn:
Kinderseelen wollen wachsen
Gesundheit im Kindergarten fördern
191 Seiten, broschiert, ISBN 3-608-94340-4

Sind Körper, Geist und Seele im Einklang, werden Kinder den geheimen Verführern wie Fernsehen, Süßigkeiten, Fast-Food und legalen wie illegalen »Drogen« widerstehen können.

Klett-Cotta